**In-*forma*-tion / Band 2:**
*„Biographie vom Standpunkt der Information"*
Menschlicher Geist. – Wie gestalten wir Leben?

*„Das Bindeglied zwischen Affe und Mensch
sind wir.“*

(Nobelpreisträger Konrad Lorenz)

Gewidmet jenen, die die Wichtigkeit anerkennen,
von der beherrschenden „Macht-des-Stärkeren“,
zu bewusster Selbstbestimmtheit zu gelangen.

Klaus Podirsky / Wien, Sommer 2024

# Klaus Podirsky

# In-*forma*-tion / Band 2:

*„Biographie vom Standpunkt der Information"*
Menschlicher Geist. – Wie gestalten wir Leben?

## Impressum:

Bibliographische Information der Deutschen Nationalbibliothek:
Die Deutsche Nationalbibliothek verzeichnet diese Publikation in der
Deutschen Nationalbibliothek; detaillierte bibliographische Daten
sind im Internet über dnb.dnb.de abrufbar.

3. Neugestaltete Auflage 2024: © Klaus Podirsky
Verlag: BoD · Books on Demand GmbH, In de Tarpen 42,
22848 Norderstedt, bod@bod.de
Druck: Libri Plureos GmbH, Friedensallee 273, 22763 Hamburg
Umschlagbild: „Mensch & Biographie"; Klaus Podirsky (mit chatGPT)
Umschlaggestaltung: Klaus Podirsky

(1. Auflage 2011: „*Quantensprung*", Berliner Wissenschafts Verlag)
(2. überarbeitete Auflage 2016: „*Wissenschaft trifft Spiritualität*", BWV)

ISBN: 978-3-7597-9451-2

# Inhaltsverzeichnis

Inhaltsverzeichnis

Inhaltsverzeichnis

# Prolog

## Zum Anliegen des Buches

Menschen übergeben gerne ihre Macht an andere. Sie fragen sich, lieber Leser, liebe Leserin, ob Sie richtig gelesen haben und ob das stimmt?! Sie haben richtig gelesen und es stimmt leider. Menschen übergeben ihre Macht allerdings nur dann gern an andere, wenn sie als Gegenleistung keine Verantwortung übernehmen müssen, beziehungsweise sich und anderen dadurch weismachen können, sie hätten keine.

Wir leben in einer gewaltigen, soziologischen Umbruchsituation. Von unseren Vorfahren noch wurde ein Machtsystem kulturell etabliert, das sich am – von der Natur vorgegebenen – „Recht" orientierte: die Macht des Stärkeren / Größeren gegenüber dem Schwächeren / Kleineren.

Als die primär naturgegebenen Instinkte in Menschengemeinschaften abzuflachen begannen, wurde die patriarchale Rang-Ordnung kulturell fundiert, sodass ihre soziale Ordnung auf Basis dieses nunmehrigen „Kultur-Rechts" weiterfunktionierte. Aus heutiger Sicht kritisieren wir diese Vergangenheit. In der Auflösung dieses Patriarchats erleben wir in der westlichen Welt die bedeutendste Errungenschaft der Gegenwart. Aber es geht doch um viel Umfassenderes, mit viel weitreichenderen Konsequenzen für Persönlichkeits- und Bewusstseins-Entwicklung! [1] Es ist die legislative Festlegung der Gewaltfreiheit in der Gesellschaft: Die Verankerung der Menschenrechte sowie Grundrechte für Kinder, Frauen und gesellschaftliche Minderheiten, Asyl für Verfolgte und gesellschaftliche Unterstützung für behinderte Menschen, Auflösung sozialer Abhängigkeit, Leibeigenschaft. Korruptionsgesetze und vieles mehr. Klammheimlich setzen wir – Männer und Frauen gemeinsam! – einen viel entscheidenderen Schritt als wir meinen. Dass das Limbische System, unser emotionales Bewertungs-Gehirn, da nicht sofort auf Punkt-und-Komma mitspielt, braucht wahrlich nicht zu verärgern!

Wir befinden uns als Menschheit auf einem entscheidenden Abschnitt des Evolutionsweges, den Konrad Lorenz in einem Bonmot so treffend formulierte: *„Das Bindeglied zwischen Affe und Mensch sind wir."* [2]

---

[1]  Siehe Bewusstseins-Übungen hier in Band 2 von *„Jn-forma-tion"*.

[2]  K. Lorenz, in: *„Zeitschrift für angewandte Umweltforschung"*, 12/1999/4, S. 442-446.

Das „Wir" dieser Einsicht des österreichischen Nobelpreisträgers wird sich dergestalt zu Gunsten des Schöpfers im Mensch-Sein verschieben. In jedem Fall ist es der erstmalige Versuch eine kulturell gewollte Gewaltfreiheit auch in Erziehung und menschlichen Beziehungen zu etablieren. Es geht somit um weit mehr, als bloß die Legalität des Patriarchats über Bord zu werfen. Auch dieses alte Recht bediente – auf *alte* Weise – Schutzfunktionen in Menschengemeinschaften wie auch das Überleben im Allgemeinen: Solange man sich in der Gemeinschaft als schwächeres Individuum sozial und politisch daran hielt, „*genoss*" man grosso modo den Schutz des Stärkeren („*Halt-die-Fresse-Schutz*").

Macht wird es immer geben auf dieser Welt. Und sollte sich dennoch irgendwo ein Machtvakuum bilden, so wird irgendwer oder irgendwas kommen, das diese Macht ausfüllt. Macht ist wichtig – denn: Ohne Macht keine Verantwortung! Heutige Gesetze ändern zwar Machtstrukturen, wenn auch teilweise nur zum Schein. Es gilt jedoch, die „Macht-des-Stärkeren" auszuhebeln, zugunsten einer „Stärke-der-Macht" über sich selbst. – Hier will ein gänzlich neues „Kultur- und Menschenrecht" legalisiert und etabliert werden. Wiederum mit einem soziologisch fundierten Anliegen ausgestattet: dass menschliche Gemeinschaft – in nunmehr veränderter Bewusstseinslage – als System stabil funktioniert („*Halt-an-Dich-Schutz*"). Diesbezüglich werden wir alle, Männer wie auch Frauen, noch viel zu lernen haben. Die meisten von uns haben nämlich noch kaum neue Fähigkeiten gebildet, um mit der veränderten Sachlage umzugehen. Wohlwollen und Achtsamkeit sowie Geduld und Mitgefühl [3] werden nötig sein. „Selbstbestimmtheit" zu erringen, ist eine diesem Jahrtausendwechsel wahrhaft würdige Herausforderung, die ein völlig neues Verständnis von Verantwortung bringen wird: Bewusstheit über unsere Bewertungen, Glaubenssätze und Haltungen. Dennoch: Es ist erreichbar – wenn auch nur mit Beharrlichkeit und über viele Generationen hinweg. Lernen wir die Wirkungsweisen des Bewusstseins kennen und wie wir ticken und ändern wir mitfühlend, was zu ändern ist. Stehen wir voll hinter dieser Lebens-umwälzenden Veränderung! Die Übungen im Buch sind ein erster, gut sortierter Bewusstseinsimpuls zu größerer individueller Bewusstheit und Freude.

---

[3]  Siehe die Bewusstseins-Übung „*Empathie*" („Mit-Gefühl") am Ende von Kapitel 2.

Es gibt allerdings noch ein weiteres, ebenbürtiges Anliegen dieses Buches. Es wendet sich damit an speziell wissenschaftlich orientierte Zeitgenossen und Zeitgenossinnen, die sich mit der heute gängigen, reduktionistischen Weltsicht nicht mehr zufrieden geben wollen. An Menschen, die selbst über spirituelle Erfahrungen verfügen und die auf ihrer Suche nach einer als stimmig erlebten Sicht ihres Daseins, bei der rein materialistischen Wissenschaft keine befriedigenden Antworten finden. Menschen, für die „Religion" nicht mehr trägt, die sich aber dennoch ihre Anerkennung für „etwas Großes" (etwas „Geistiges") erhalten haben. „In-*forma*-tion ..." versteht sich sowohl als Brückenbauer- wie auch als Entwicklungs-Buch. Es bietet fundierte Basisliteratur, um Spiritualität und Wissenschaft an einem Tisch zu versammeln und ihre erneuerte Liaison wieder „salonfähig" zu machen. Ich selbst schätze die unserem Zeitgeist eigene, säkulare Grundhaltung als wesentliches Durchgangsstadium der Erneuerung, sehe mich aber auch verwandt mit einer spirituell-orientierten Kultur, für die „Geist & Spiritualität" ein höchstes Maß an wissenschaftlicher Plausibilität besitzen. Das Buch will aufzeigen, inwiefern heutige Naturwissenschaft, in den Äußerungen ihrer namhaftesten Vertreter, bereits weit über das gängige, materialistische Wissenschaftsdogma hinausweist. Und wir Menschen dürfen als gestaltende Schöpfer dabei sein! Auch dafür will das Buch sensibilisieren, Verantwortung wecken.

Das Gute einer neugestalteten Auflage ist unter anderem, geäußerten Bedürfnissen von Leser/innen zu entsprechen. So vermissten einige an der Erstausgabe („*Quantensprung*") z.B. persönliche Erfahrungen und eindrückliche Geschichten sowie Nuancen, die sie erst in persönlichen Gesprächen, Coaching-Übungen und Vorträgen zu hören bekamen. Diesen Bedürfnissen nachkommend, habe ich das Buch gestrafft und mit eigenen Erlebnissen und Bewusstseins-Übungen (zum Selber-forschen) ergänzt. Sie stehen in Bezug zum vorangehenden Inhalt und bieten Einblick in Art und Arbeitsweise solcher Übungen. Hier wird von mir bewusst das Du-Wort verwendet, um die Mitte anzusprechen. Sie repräsentieren jedoch keine didaktische Abfolge oder einen spezifisch methodischen Aufbau, der ein persönliches Coaching ersetzen kann. [4]

---

[4] Kontakt bzgl. persönlichem Coaching über: http://www.twogetherwien.com/coaching.

**Ein neues Paradigma. – Die Rolle von In-*forma*-tion in der Evolution**

In alten Vorstellungen ist das Weltbild vom Primat des Substanziellen geprägt. Da sind Landschaften und Lebewesen. Und so etwas wie In-*forma*-tion wird kein anderer Stellenwert beigemessen als jener, die Verkabelung zwischen ihnen abzugeben. Stillschweigend hat sich dies heute geradezu umgekehrt und so gilt es heute als wissenschaftlich gesichert, dass verschiedene Feldwirksamkeiten verantwortlich dafür zeichnen, um so etwas wie lebendige Substanz, aus einer „Ursuppe" vorgelagerter Bedingungen, entstehen zu lassen. Und, es prägen seit Längerem auch andere Feldtheorien wie „*Morphogenetische Felder*" den wissenschaftlichen Diskurs: Informationsfelder im weitesten Sinn.

Wenn wir das Leben und seine In-*forma*-tion auf ihrer Reise durch die Evolution begleiten, ist es entscheidend, sie in ihren unterschiedlichen Ausprägungen anzuerkennen. In-*forma*-tion geht in der Evolution nicht wie ein Schatten mit einher, also nachträglich, sondern wie das Knochenmark, immer schon inmitten: Der Kosmos sowie „das Leben" als Ausdruck von In-*forma*-tion. Diese existiert mit der ihr immanenten Entwicklungstendenz jeweils *vor* beziehungsweise *mit* der materiellen Form, nie aber erst als Folge der materiellen Ebene. Sie muss auch etwas mit der Steigerung der Komplexität zu tun haben, ist dies doch die wuchtige Gesamtfolge des Werdens in der Evolution. – „*Selbstorganisation*", was für ein nichts-sagendes Wort heutiger Evolutionsforschung?! Weiters sind auch Hormone und Gene etc. Informations-Träger und die heutige Epigenetik weist noch entscheidend über diesen Standpunkt hinaus. [5] Das menschliche Gehirn als komplexestes Ergebnis, bildet in seiner Funktion den Weg zu dieser späten Frucht ab.

Neben wissenschaftlichen Befunden angesehener Forscher/innen geht es in der Auseinandersetzung auch um Komplexitätssteigerung von In-*forma*-tion als etwas Geistigem. Hans Peter Dürr, ehemaliger Direktor am Max-Planck-Institut für Physik in München und Träger des Alternativen Nobelpreises, anlässlich eines Vortrags in Wien: „*Es gibt keine Dinge, es gibt nur Form und Gestaltveränderung: Die Materie ist nicht aus Materie zusammengesetzt, sondern aus reinen Gestaltwesen*

---

[5]   Siehe „*In-forma-tion / Band 1: Evolution vom Standpunkt der Information.*"; Kap. 7: Epigenetik: In-*forma*-tion fürs Genom.

Prolog – Einleitung

*und Potenzialitäten ... Im Grunde gibt es nur Geist, aber er verkalkt und wir nehmen nur den Kalk wahr, als Materie."* [6] Die vorliegende Auseinandersetzung behandelt daher auch die kosmologische Rolle von In-*forma*-tion in der Evolution (*„Jn-forma-tion / Band 1: Evolution vom Standpunkt der Information."*). Dazu meint der renommierte Quantenteleportations-Forscher und Professor an der Uni Wien, Anton Zeilinger, dass der Information in der Evolution infolge quantenphysikalischer Überlegungen ein höherer Stellenwert beizumessen ist, als dem was als Materie verstanden wird. Er besteht darauf, dass jegliche Art materieller Strukturen lediglich Ausdruck von Information und daher nur ihr Ergebnis im physischen Bereich darstelle. Und dieser Physiker bleibt mit seiner Sicht keineswegs allein.[7] Zeilinger: *„Information ist der Urstoff des Universums."* [8]

Da scheint nicht nur kosmologisch alles im Umbruch. Diese Wandlung zieht wesentliche Fragestellungen für den gesamten gemeinschaftlich-sozialen Kontext nach sich sowie wesentliche individuell-biographische Konsequenzen. So weit ist der Bogen in beiden Büchern auch gespannt.

Bislang galt Information als Begriff aus der Welt mathematischer Wissenschaften, der Technik beziehungsweise dem Alltagsgeschehen. Der erneuerte Begriffsinhalt „In-*forma*-tion" (von mir absichtsvoll so geschrieben; KP.), bezieht seine Idee lediglich vordergründig, weil zur Versinnbildlichung, aus der sprachlich-inhärenten Interpretation seines Wortstammes „in-*forma*" – etwas also, was *in-die-Form* geht. Seine Plausibilität wurzelt vielmehr in der Idee, dass In-*forma*-tion auf jeder

---

[6]  H.P. Dürr: *„Gott, Mensch und Wissenschaft"*, Vortrag in Wien am 10.11.1998, zitiert in: *Der Standard: „Materie ist Kruste des Geistes"*, Wien 12.11.1998; Siehe *„In-forma-tion / Band 1: Evolution vom Standpunkt der Information."*, Kap. 3: Das Primat der Information, Anm. 16.

[7]  So schreibt der Physiker und emeritierte Professor der Uni Frankfurt sowie Vorsitzender der Carl Friedrich v. Weizsäcker-Gesellschaft, Thomas Görnitz: *„Alle Objekte – energetische wie die Photonen oder materielle wie Moleküle – sind letztlich Information ... Die Quanteninformation des Bewusstseins ist nicht weniger real als diejenige, die die Materie konstituiert."* T. Görnitz / B. Görnitz: *„Die Evolution des Geistigen – Quantenphysik, Bewusstsein, Religion"*, Göttingen 2009, S. 219, S, 230.

[8]  A. Zeilinger: *„Einsteins Schleier – Die neue Welt der Quantenphysik."*, München 2003, S. 217; Siehe: *„Jn-forma-tion / Bd.1: Evolution vom Standpunkt der Information."*: Kap. 3: Das Primat der Information, Anm. 17.

Realitäts-Ebene dieses Kosmos stets *vor-oder-mit-der-Form* da ist und nicht erst *in-Folge-von-Form*: Sei es als Naturgesetze im Kosmos, als Gene, Hormone (Botenstoffe) im Bereich der Körperphysiologie oder eben auch als Überzeugungen (Vorstellungen) im Bewusstsein und dem anschließenden menschlichen Erleben als Wahrnehmung und Biographie. Die Auseinandersetzung mit den aktuellsten Forschungsergebnissen führt zu einem spannenden Diskurs bezüglich eines zentralen Postulats: der Einheit unseres Kosmos. Gelten hier konsistent dieselben Gesetzmäßigkeiten bezüglich Energie, Schwingung und Resonanz – im Großen wie im Kleinen? Daraus nämlich ergäben sich, ohne der Versuchung zu erliegen, menschlichem Bewusstsein, das ja ebenfalls innerhalb des Kosmos entstanden ist, eine wissenschaftliche Sonderstellung zuzuweisen, weitreichende Konsequenzen für die Erkenntnisebene sowie jegliche soziale Ebene des Mensch-Seins.

Persönlich erachte ich diese neue Dimension des In-*forma*-tions-Begriffs, wie gesagt, nicht nur für Zeitgeist-typisch, sondern auch als grundlegend. Weiter bin ich der Auffassung, dass die postulierte Sicht dem Verständnis jeglicher Natur- und Kulturentwicklung ein gänzlich neues Gepräge verleihen wird, weil die in der Auseinandersetzung erarbeitete Plausibilität von etwas wie „Geist", die beforschten Phänomene im fachlich interdisziplinären Diskurs, jeder Anrüchigkeit eines religiös motivierten Hokuspokus künftig entkleiden wird. So müssen derartige Phänomene nicht mehr ignoriert werden, sondern führen zu erweiterten Sichtweisen in der Wissenschaft. In-*forma*-tion, im Sinne einer geistigen Komponente, die jeglicher Aus-*form*-ung zugrunde liegt, kann sich schlussendlich als DER Schlüssel zu ganzheitlicher Betrachtungsweise entpuppen. Auf die Weise und in dem Zusammenhang der Betrachtung, wird auch das Wort Spiritualität naturwissenschaftlich wieder Verwendung finden dürfen, ohne Forscher mit überkommenen Vorstellungen zu identifizieren und abzuwerten.

Zukünftig wird es meines Erachtens auch keine Frage mehr sein, ob es derartige In-*forma*-tion im Universum gibt, sondern zeitgenössische Forschung und Wissenschaft wird sich vielmehr der Frage stellen: *„Wie eröffnen sich Zugänge zur In-forma-tion (als Aspekt einer für alles Physische und Psychische bedeutsamen Feldwirksamkeit), um sie*

*auf den verschiedenen Ebenen für den Menschen sinnvoll zu nutzen?"*
Solche Zugänge gibt es heute, jenseits jeglicher Fachhypothesen, in
wissenschaftlich durchaus ernstzunehmenden, ersten Ausformungen
und mit hoher gesellschaftlicher Relevanz: Wir finden sie in Bereichen
wie der Systemischen Psychologie (Familienaufstellung), der Physik
(Quantenteleportation), im Bereich der Genetik (bzw. Epigenetik / wie
Mikro-RNAs) oder auch auf dem Feld individueller Bewusstseins-
entwicklung sowie angewandtem Intuitions-Management u.v.m. [9]

Konsequent gedacht, schwemmt dies eine alte Idee an die Oberfläche
künftiger Entwicklung: *„Glaubet nur, so wird's euch werden.",* oder:
*„Glaube versetzt Berge"* [10]. Etwas, das im Bereich von Motivations-
Trainings jeglicher Couleurs, im Spitzensport wie im Management,
heute längst state-of-art ist: self-fulfilling prophecies. Da persönliche
Bewertungen, Glaubenssätze und ihre Lebenshaltungen – ob kulturell,
familiär oder religiös geprägt – als schöpferisches In-*forma*-tions-
Konglomerat im Bewusstsein ebenso *„vor-oder-mit-der-Form"* da
sind, ist naheliegend, dass es auch hier der In-*forma*-tions-Inhalt ist, der
in der Folge unsere Erfahrungen erschafft, Kultur bedingt und unsere
individuelle Biographie schreibt: *„Überzeugung schafft Erfahrung".*
Und: dass wir in der Welt nur wahrnehmen können und als Biographie
lediglich mit *all dem* konfrontiert werden, was mit unserem Bewusstsein
und seinen Informations-Inhalten, in Resonanz zu kommen vermag.

## Zugangs-Code

Die Fragen, die sich im Zuge der bisherigen Überschau stellen, lauten
somit: *Welche effektiven Methoden des Zugangs zu diesen In-forma-
tions-Feldern kennt man bereits und wie sehen jene Zugänge aus?*
Sowie: *Welche Saat gibt wohl welche Ernte?!* Während der erste Band
von *„In-forma-tion. – Evolution vom Standpunkt der Information"*
sich vermehrt den Bereichen Kosmologie, Physik, Epigenetik und
Medizin widmet, wird es hier um Forschungsergebnisse der Neuro-
und Bewusstseins-Wissenschaft sowie der Soziologie und Systemischen Psychologie und ihre wissenschaftliche Relevanz gehen. Die

---

[9]  Siehe Kap. 9, Anm. 26-34.
[10]  Jesus, zitiert nach: *„Die Bibel / Neues Testament.",* Markus 11/24; Siehe dazu
*„In-forma-tion / Bd.1",* Kap. 9: Placebos und Überzeugungen, Anm. 15-17f.

daraus abgeleitete, soziale Aktualität kann helfen, neue Impulse in der Pädagogik und Kulturentwicklung zu setzen. Parallel dazu wird anhand von Bewusstseins-Übungen eine Möglichkeit skizziert, wie man selbst wieder forschend Zugang zur absichtsvollen Gestaltung der eigenen Biographie finden kann, um schöpferisch Verantwortung für sich zu nehmen. Wir alle sind nämlich stets Schöpfer des eigenen individuellen Daseins, ob wir das so wollen oder nicht. Die Arbeit kreist in ihrem Anliegen außerdem um eine Wiederentdeckung des „Fühlens" (durch bewusst gesetzte, paradigmatische Differenzierung und Abgrenzung zwischen Emotion und Fühlen [11]). Sowie um die Bedeutung seiner Schlüssel-Kompetenz, der Intuition, als Zugangs-Code zum In-*forma*-tions-Feld, mit jeglicher personaler oder transpersonaler In-*forma*-tion.

Es wird weiters zu zeigen sein, inwiefern Fühlen als Wahrnehmungs-Organ wiederzuerlernen, letztlich dem Erwerb einer Basis-Kompetenz wie Lesen-lernen vergleichbar ist. Wer sich forschend darauf einlässt, kann die Dimensionen innerer und äußerer Kommunikation ermessen, die sich neu eröffnen. Dies jedenfalls ist meine Erfahrung. Da auch die Kognitions-Forschung dem Fühlen, als „vergessenem 7. Sinn", heute wissenschaftliche Anerkennung zollt, kann die Entwicklung von unserer Verstand-dominierten Episode, nun eine neue Richtung nehmen.

**Rote Fäden ...**

*„In-forma-tion / Band 2: ‚Biographie vom Standpunkt der Information. – Menschlicher Geist. Wie gestalten wir Leben?'",* halten Sie in Händen. Er gliedert sich in zwei Teile:

1. „In-*forma*-tion als kulturbildende Vernetzung"
   Vom menschlichen Verstand, seiner Sprache – und der Kunst
2. „In-*forma*-tion im menschlichen Bewusstsein"
   Vom menschlichen Bewusstsein als individuell freier Geist

Diese Sicht erweiternd gibt es parallel dazu ein weiteres Taschenbuch: *„In-forma-tion / Band 1: Evolution vom Standpunkt der Information. – Naturgesetze, Gene & Botenstoffe."*

Es umfasst ebenfalls zwei Teile:

---

[11]  Siehe Kap. 2, Anm. 20; Siehe Kap. 9, Anm. 27; Siehe „*In-forma-tion / Bd.1*", Kap. 3: Das Primat der Information, Anm. 26.

1. „In-*forma*-tion als Naturgesetze"
Physikalisches Da-Sein in Kosmos, Evolution und Leben
2. „In-*forma*-tion als Träger des Lebens"
Gene & Botenstoffe. – Körper-Bewusstsein und Psyche

Die Roten Fäden von beiden Bänden folgen verschiedenen Aspekten von In-*forma*-tion, um Ihnen „Welt und Leben" fachübergreifend auf überraschend neue Weise näherzubringen. Ich wünsche Ihnen, dass Sie beim Lesen das Staunen wiederfinden. Lassen Sie sich von diesem Plädoyer-für-den-Menschen anstecken. Fangen Sie Feuer. So werden Sie eventuelle Schwellen mit Interesse meistern und sich wohlbehalten in weiterführenden Aspekten einfinden, um sich letztlich beschwingt der Conclusio des Buches zu widmen. – Beziehungsweise der sinnvollen Ergänzung durch die Lektüre im Geschwister-Buch „In-*forma*-tion Band 1". Hier geht es vorrangig um fundierte Auseinandersetzung mit Phänomenen aus dem Bereich der „Evolution": „In-*forma*-tion" als Naturgesetze, genetische Codes und körpereigene Botenstoffe.

Beide Taschenbücher dieser Serie moderieren primär Spitzen-wissenschaftler, Nobelpreisträger und Newcomer verschiedenster Richtungen und Couleurs in deren persönlichem Wortlaut. Sie führen Schritt für Schritt zu einer ungewohnt neuen Sicht bezüglich der Korrelation von In-*forma*-tion und Bewusstsein. Im Mittelpunkt stehen Fragen wie: Welche Bedeutung mag die In-*forma*-tion unseres persönlichen Bewusstseins, als spezifisch gefülltem, individuellem In-*forma*-tions-Träger (kulturell, familiär und religiös bestimmte Überzeugungen etc.), für die Aus-*form*-ung unserer Biographie haben? Was bedeuten die erkannten Funktionszusammenhänge in einem Kosmos, wo jegliche Existenz als Folge von In-*forma*-tion und Schwingung und ihren formgebenden Resonanzen, ganz im Sinn einer großen Ordnung, manifest wurde? Und: Welche Bedeutung hat Resonanz als universelles Übertragungs-Prinzip – im Großen wie im Kleinen bezüglich des menschlichen Bewusstseins und Bereichen wie Gesundheit, Beziehung, Beruf, Authentizität, Aufmerksamkeit und Wille – ja, für menschliche Biographie, ganz allgemein?

Letztlich eröffnet das Buch nicht nur die Basis für ein grundlegendes Verständnis, sondern macht anhand von Bewusstseins-Übungen eine lösungsorientierte Methode publik, die erkennen lässt wie jeder von uns tickt und welche Bedeutung jeder persönlich-individuellen Forschung zukommt. So können Sie Aspekte des eigenen Bewusstsein erkennen lernen und im Bedarfsfall verändern. Das Buch liefert somit auch ein tatkräftiges Plädoyer für Eigenverantwortlichkeit, fühlende Verbindlichkeit und Wertschätzung gegenüber der gesamten Schöpfung.

## Danksagung

Wiewohl ich während der Arbeit an dem Buch nicht das Glück hatte, eigene Überlegungen mit speziell kenntnisreichen Kollegen zu erörtern, so hatte ich doch die wunderbare Möglichkeit mit den bedeutendsten Fachleuten einen inneren Dialog zu pflegen. Nämlich, mit den Autoren all jener Zitate, welche die Bücher zu dem machen, was sie geworden sind. Ohne ihre bahnbrechenden Forschungen und Erkenntnisse wären weiterführende Schritte unmöglich gewesen. Besonders zu nennen sind die Neurowissenschaftler Antonio Damásio, Sir John Eccles, Candace Pert sowie die Neurologen Gerald Hüther und Manfred Spitzer. Weiters die Genetiker Kazuo Murakami und Bruce Lipton wie auch die Physiker David Bohm, Anton Zeilinger und Antoine Suarez. Ebenso diente Rupert Sheldrakes unermüdliches Engagement. Weiters verdanke ich Paul Cézanne, Pablo Picasso und Joseph Beuys wegweisende Ideen, die mir stets Inspirationsquelle beim Erobern weißer Flecken dieses Neulands gewesen sind. Nicht zuletzt gaben auch die philosophischen Anstöße eines Sir Karl Popper, Ludwig Wittgenstein und Rudolf Steiner spannende Impulse, das vielschichtige Terrain auch von dieser Warte her zu durchdringen. Danke.

Mein Dank gilt auch jenen, die die zukunftsweisende Bedeutung der Forscher erkannten und ihren Ideen die nötige Publizität ermöglichten. Danke auch den Redakteur(inn)en der ORF-Bildungsabteilung, durch deren Fachwissen und Engagement bemerkenswerte Recherchen und Interviews entstanden – sowie allen hier namentlich Unerwähnten.

Last but not least: Mein inniger Dank auch allen meinen Freunden, welche mich durchs Leben begleiten, ob seit langem oder seit kurzem: Ihr seid's mir wichtig! Danke.

Klaus Podirsky, Wien, 7. März 2011;   7. Oktober 2016;   27. Mai 2024

# Teil 1 In-*forma*-tion als kulturbildende Vernetzung

Vom menschlichen Verstand, seiner Sprache – und der Kunst

## Kapitel 1: Kunst als Vorläuferin eines neuen Bewusstseins

**.... vorweg**

Einer der bedeutendsten deutschen Künstler des 20. Jhdts., Joseph Beuys, antwortet auf die Frage seines Studenten Johannes Stüttgens an der Kunstakademie Düsseldorf in den 1960-er Jahren „*was Kunst sei?*": „*Kunst ist eine Botschaft. Kunst kommt in Wirklichkeit nicht von können, sondern von **künden**.*" [1] Diese Auffassung trägt bedeutende Konsequenzen in sich, um zu einer sachgemäßen Ein- und Wertschätzung von Kunst vorzudringen. Vor allem in ihrer Bedeutung einer steten Erneuerin und Aufrührerin; aber auch in ihrer Funktion eines Bindegliedes zwischen den Wissenschaften und der Spiritualität (nicht Religion / Konfession), im Menschen und in der Welt der Kultur-Entwicklungen. Joseph Beuys wurde zeitlebens nicht müde, die Kunst auch in ihrer grundlegenden Bedeutung jeglicher Sozialität zu outen und zu verdeutlichen. Für ihn als Künstler war die Idee eines „*erweiterten Kunstbegriffs*" – mit der „*Sozialen Kunst*" als höchster Ausdrucksform menschlichen Schaffens – jedenfalls das zentrale Anliegen schlechthin. So forderte er seine Studenten auch immer wieder vehement dazu auf, persönlich „*über das Verhältnis von Kunst und Leben zu forschen*".

Wer behauptet, die *reale* Welt IST, was gemessen werden kann – und es gibt solche Auffassungen ja nach wie vor –, der schließt damit eine Idee und Wirklichkeit, welche Raum- und Zeitgeschehen übersteigt, per se aus. Solch ein Bewusstsein erklärt diese Dimension und alles, was intuitiv aus ihr entsteht, zur Illusion und verleugnet auch, dass es In-*forma*-tion, Sinn, Deutung und Be-Deutung geben kann. Künstler und Kunst reduzieren sich für solch ein Bewusstsein zum netten Wohlstandsphänomen. Von so etwas wie „künstlerischer Intuition" keine Rede. Was es aber alles in der verborgenen Fülle zu erfahren gibt, das muss ja vielmehr erst einmal aufgeschlossen werden: Bewusste, echte Erfahrungen werden jedoch nur dann gemacht, wenn sich persönliches

---

[1]  J. Beuys zitiert in: J. Stüttgen: „*Der ganze Riemen*", Köln 2008 (gilt auch für die nächsten Zitate in Folge).

Interesse und Aufmerksamkeit im Sinne einer (Vor-)Frage an eine Sache mit persönlicher Reflexion im Sinne einer (Rück-)Frage, verbinden. Wie hat es z.b. der Physiker Werner Heisenberg intuitiv-künstlerisch gemacht, neue Einsichten in seinen Forschungen zu gewinnen? Sein langjähriger Mitarbeiter und Träger des alternativen Nobelpreises, Hans Peter Dürr zeichnet folgendes Bild: *„Heisenberg hat es immer so ausgedrückt – und das ist typisch für ihn als Künstler – dass er, wenn er neue Einsichten gewonnen habe, nie eigentlich das Gefühl gehabt hätte, wirklich etwas Neues entdeckt zu haben. ... Er sagt, dass man hier in einer ganz anderen Weise zur Erkenntnis komme: Indem man die Gedanken mehr als Keime wirken lässt, die ... neue Triebe bilden und dann als das überwuchern, was man Gesamtwirklichkeit nennt."* [2]

Unter anderem selbst seit Jahrzehnten als Künstler tätig, fühle ich das persönliche Anliegen, der Kunst und ihren Protagonisten, für die Entwicklung eines Bewusstseins als Freier Geist, den gebührenden Stellenwert einzuräumen. Es waren wegweisende und bahnbrechende Impulse, die das kulturelle Bewusstseins-Feld aufpflügten, bestellten und den menschlichen Geist erweitert und beflügelt haben. Wir wollen daher unser Augenmerk zunächst der Kunst zuwenden, der ihr eigenen Intuitionskraft sowie der Befreiung des menschlichen Bewusstseins im Zuge ihrer Entwicklungen. *„Im Anfang sei die Kunst ..."*

### *„Der Zeit ihre Kunst – der Kunst ihre Freiheit!"*

Diese Worte sind in goldenen Lettern über das Tor der Sezession [3] geschrieben. Sie stehen für Aufbrüche zu neuen Ufern; nicht nur auf dem Feld der Kunst, sondern auf jenem menschlichen Bewusstseins, welches mit und durch die Kunst wächst. Sich frei-wächst: Malen – etwas um-seiner-selbst-willen-tun! In der Malerei war mit Ende des 19. Jhdts. endgültig der Weg frei, Malerei um ihrer selbst willen, um der Farbe willen, der Dynamik der Form willen, zu leben. Damit wurde in

---

[2]  H.P. Dürr: *„Das Netz des Physikers"*, München 1990, S. 127f, in Kap. 9: Intuition, Anm. 1.

[3]  Sezession bedeutet: Auszug. Die „Sezession" in Wien war als Gebäude das architektonische Zeichen einer Generation junger Künstler/innen, die mit der Kunstauffassung der Väter brach und gemeinsam die später sogenannte „Moderne" inaugurierte. Viele von ihnen fühlten sich in ihrer Malerei zwar noch der Form verpflichtet, führten diese aber immer mehr zur Auflösung und letztlich in die Abstraktion.

der Kunst etwas völlig Neues möglich – eine neue Zeit war eingeläutet: Keine Abbilder der Natur mehr, keine vorgestellten Nachschöpfungen von irgendetwas. Etwas diesbezüglich um-seiner-selbst-willen-zu-tun, trug die essentielle Chance in sich, wieder – wie die Kinder – aufzugehen im Spiel der Farben als dem eigentlichen Element der Malerei. Und dasselbe galt bald auch für andere Bereiche der Kunst. Damit wurden in der Kunst die Grenzen zu all dem, was Spielen im höchsten Sinn bedeutet [4], niedergerissen, überschritten. Lassen Sie es mich noch pointierter formulieren: Etwas „um-seiner-selbst-willen-tun", bedeutet letztlich nicht mehr und nicht weniger als – zu lieben. Dieser Schritt in der Kunst, das „in-Frage-Stellen" etablierter Sehgewohnheiten, die Entrümpelung und Befreiung individueller Wahrnehmung von festen Vorstellungen, öffnete im 20. Jhdt. das Bewusstsein auch in anderen Bereichen der Kultur. So blieb bald auch in den Wissenschaften letztlich kein-Stein-auf-dem-anderen: Die vermeintlich als gesichert geltenden Wahrheiten reduktionistischer Wissenschaftsgläubigkeit mutierten zu veralteten Vorstellungen über Natur und Kosmologie. „Ein-Stein" des Anstoßes für das moderne Bewusstsein, das zu Beginn der 1920-er Jahre in den umstürzlerischen Erkenntnissen der Quantenphysik gipfelte. Niels Bohr: *„Ein Mensch, der von der Quantentheorie nicht schockiert ist, hat sie nicht verstanden!"* [5] ... Doch nun zurück zur kunstgeschichtlichen Entwicklung des ausklingenden 19. Jahrhunderts.

**Spielen. – Künstlerisches Schaffen um-seiner-selbst-willen**

Zur Zeit der dynamischen technologischen Errungenschaften während des 19. Jhdts. werden auch die technischen Grundlagen der Photographie entdeckt und entwickelt. Dadurch wird der Sinn der damals üblichen Malerei, welche vornehmlich versuchte, das Leben detailgenau und realistisch abzubilden, in Frage gestellt. Eine neue Freiheit wird

---

[4]  F. Schiller: *„Der Mensch spielt nur, wo er in voller Bedeutung des Wortes Mensch ist, und er ist nur da ganz Mensch, wo er spielt."* F. Schiller: *„Briefe über die ästhetische Erziehung des Menschen."*, Reclam, Stuttgart 2000, 15. Brief, S. 62.

[5]  Niels Bohr gilt neben Physikern wie Max Planck, Ernest Rutherford, Albert Einstein, Werner Heisenberg und Erwin Schrödinger als einer der bedeutendsten Physiker der ersten Hälfte des 20. Jahrhunderts. Niels Bohr erhielt für seine Verdienste um die Erforschung der Struktur der Atome und der von ihnen ausgehenden Strahlung 1922 den Nobelpreis für Physik; Siehe Kap. 5, Anm. 19.

dadurch in der Kunst bewusst. [6] Zunächst bildet sich eine Art Gegenbewegung zur abbildenden Malerei der Ateliers beziehungsweise zur Photographie. Eine neue Art zu sehen entsteht: der Impressionismus. Junge Künstler lösen sich von den herrschenden Konventionen realistischer Malerei. Einer der Vorläufer war Edouard Manet, ihr erster großer Vertreter wurde Claude Monet. Ihm folgten die Franzosen Pissarro, Degas, Sisley, Renoir, Cézanne und der Deutsche Corinth.

**Paul Cézanne. – Das neue Paradigma in der Malerei**

*„Einen Maler wie mich gibt es alle zwei Jahrhunderte nur einmal. ... Ich bin der Primitive einer neuen Kunst."* [7]

Cézannes eigene Auffassung bestätigt sich aus heutiger Sicht, da er während seiner persönlichen Entwicklung als Maler gewissermaßen das ganze Spektrum moderner Malerei inaugurierte und entwickelte. Er sagte von sich selbst, dass ihn nicht die flüchtige Wiedergabe heiterer Sinneseindrücke oder irgendwelcher oberflächlicher Lichtwirkungen interessiere. Vielmehr suche er eine Möglichkeit *„innere Erregungszustände mittels Form und Farbe wiederzugeben."* [8] Selbst Künstler der Gegenwart beziehen sich heute noch auf ihn. Der Maler Henri Matisse zum Beispiel sagte von ihm: *„Er ist der Vater von uns allen."* Cézanne wurde zum Wegbereiter des Expressionismus. Bei Cézanne werden Farben im Hintergrund nicht schwächer, um die Dinge optisch zurücktreten zu lassen, sondern sie haben überall die gleiche Intensität. Dadurch wird ein Bild *farbig* zusammengefasst. [9] (Cézanne: *„Die Farbe ist der Ort, wo unser Gehirn und das Weltall sich begegnen".* [10])

---

[6]   Entsprechendes kann heute für die Pädagogik gelten: *„Welches sind jene essentiell ‚neuen Ufer', zu denen es auch hier aufzubrechen gilt, diesmal in Folge der stattgefundenen ‚Befreiung der Pädagogik' (Entwicklung eines online-basierten Wissens-Pools) von ihrer bisherigen gesellschaftlichen Aufgabe, der Weitergabe von Wissen über Welt (einseitig-getreues Abbilden der äußerlich fertigen Wirklichkeit). Welchen Inhalt, welche Bedeutung und eventuelle Aufgabe kann eine Pädagogik in diesem ‚Post-Zustand' künftig ergreifen?"* K. Podirsky, in: L. Weiss, C. Willmann (Hrsg.): *„Grundlagen, Methoden und Gestalt der Waldorfschule"*, Wien 2016, S. 119f.

[7]   P. Cézanne, zitiert in: Y. Taillandier: *„Cézanne."*, Vaduz 1991, S. 33, S. 34.

[8]   E. Schmitt: *„Cézanne in der Provence."*, München 1955, S. 44.

[9]   Ebenda, S. 45.

[10]  Ebenda, S. 96 (Cézanne, überliefert durch J. Gasquet).

Vor dem Impressionismus (seit der Renaissance) wurden räumliche Objekte und Motive punktgenau (Zentralperspektive nach Dürer) auf eine Fläche abgebildet. Auf diese Weise schuf sich der Maler eine Distanz zur Welt, welche zwar exakt – „objektiv" – dargestellt war, aber eben nur so, wie sie physiologisch erschien. Dieser Stil in der Malerei hielt etwa vierhundert Jahre an. Erste Wandlungen bezüglich derart tradierter Vorstellungen hatten sich bereits in der Romantik angedeutet, als Kaspar David Friedrich in einigen seiner Bilder etwas „Subjektives" hineinbrachte: Der Mensch wurde bei ihm zum kleinen Punkt in der Natur. Oder auch bei William Turner: Er versuchte bereits atmosphärische Lichteindrücke malerisch darzustellen. Doch erst der Impressionismus brach radikal mit der Vergangenheit: Waren bei den Ägyptern alle Darstellungen auf die Unendlichkeit, auf den Horizont ausgerichtet und später in der Renaissance auf einen Fluchtpunkt fixiert, so versuchten sich die Impressionisten erstmals in der Hervorbringung eines Gesamteindrucks – auch subjektiver Art. Die Oberfläche der Dinge wurde aufgelöst und auf diese Weise die Farbe in Bewegung gebracht. So entstand eine neue Sehweise in der Kunst.

Es ist unser Verstandes-Bewusstsein, welches der Wahrnehmung bereits bekannte Muster oder Begriffe zuordnet. Physiologische Basis für die Leistungen unseres Verstandes bietet, wie man aus neurowissenschaftlichen Erkenntnissen weiß, zentral der Neocortex im Gehirn. Er „zerstückelt" im Wahrnehmen alle Eindrücke – ganz ähnlich wie der Verdauungsapparat unsere Nahrung. Und unser Bewusstsein setzt sie für uns wieder zusammen und nährt uns. Baut Wirklichkeit auf. Diese Muster-Erkennung ist unserem Verstand gegeben. Sie ist ein stets zugreifendes, dienendes Werkzeug. Mehr allerdings sollte es nicht sein.

Wir können dieses auf folgende Weise verdeutlichen: Unsere Augen liefern zwei auf-dem-Kopf-stehende Bilder. Durch unser Bewusstsein werden diese zwei Bilder im Gehirn richtiggestellt und zur Deckung gebracht – zu einem einzigen Bild mit räumlicher Qualität. Dabei sind auch Erfahrungen und bereits bekannte Begriffe im Spiel, sodass wir *meinen*, etwas zu sehen, was aber eigentlich nur eine hinaus projizierte Reproduktion einer Vorstellung ist: die Illusion einer „Begrifflichkeits-Wahrnehmung". Dass von jeder erkannten Sache ein Begriff im vorstellenden Denken vorhanden ist, das wusste auch Cézanne. Um wirklich *neu* wahrnehmen zu können, beziehungsweise dies wieder zu lernen, müsse man diese Pseudo-Wahrnehmungen ausschalten, meinte er. Cézanne: *„Wenn ich die geringste Ablenkung habe, die leiseste Schwäche fühle, ... wenn ich beim Malen denke, wenn ich dazwischen komme, päng, dann entwischt alles."* [11] Sein Satz: *„Wenn wir nicht sehen lernen wie die Neugeborenen, können wir keine Künstler sein ..."* greift nicht nur einen Gedanken der Bibel [12] neu auf, sondern gibt einen wesentlichen Hinweis, dass ausschließlich Unvoreingenommenheit echtes Wahrnehmen ermöglicht! *„Ich will Dir sagen, dass ich vor der Natur hellsichtiger werde."* [13] Diese Mitteilung Cézannes, in seinem Brief vom 8. September 1906, weist uns darauf hin, wie sich die wahre Verbindung mit der Welt, mit dem Leben – die Verbindung des Schöpferischen in uns, gestalten will. Es ist die Verbindung des „Künstlers-in-uns", des wahrhaft „Sehenden", dessen „der-mit-dem-Herzen-sieht" ... [14]

Paul Cézanne schuf durch seine intuitive Wahrnehmungs-Kraft ein Übungsfeld der „exakten Phantasie" für den Betrachter seiner Kunst. Nachdem er im Malen alle Vorstellungen und Begriffe auflöst, darf der Betrachter einen Neuaufbau leisten, eine Nach-Schöpfung sozusagen.

### *Polyperspektive.* – Der Künstler in uns: Flexibilität der Standpunkte

Betrachtet man die gesamte bisherige wissenschaftliche Entwicklung, so ist es doch ziemlich anmaßend anzunehmen, dass der momentane Erkenntnisstand das letzte Wort an Rationalität wäre. So gelten heute in verschiedenen wissenschaftlichen Bereichen sogenannte Standardmodelle, die dem gängigen Paradigma entsprechen. Modelle, welche Experten zum gegenwärtigen Zeitpunkt akzeptieren. Um im wissenschaftlichen Jargon zu bleiben, sprechen wir hier von approximativen Theorien. Es sind Theorien, mit denen man in gewissen Bereichen

---

[11] Ebenda, S. 100 (überliefert durch J. Gasquet).

[12] Jesus, zitiert nach: *„Die Bibel / Neues Testament."*, Matthäus 18/3: *„Wahrlich ich sage euch: Es sei denn, dass ihr euch umkehrt und werdet wie die Kinder, so werdet ihr nicht ins Himmelreich kommen."*.

[13] P. Cézanne, zitiert von K. Dumke anlässlich der Cézanne-Ausstellung in Basel 1989, abgedruckt in: *„Goetheanum"* 68. *Jahrgang Nr. 41*, Dornach 1989.

[14] Siehe dazu auch die Bewusstseins-Übung *„Standpunktwechsel"* am Kapitelende.

zufriedenstellend arbeiten kann, die aber nicht beanspruchen, die ganze Wahrheit zu sein. Es sind immer wieder kontroverse Phänomene, die dazu anregen, einen erweiterten Erkenntnis-Standpunkt zu finden.

Die Spitzenwissenschaftlerin Dr. Candace Pert beschreibt diesen erweiterten Standpunkt der Erkenntnissuche aus Sicht ihres Forschungsgebietes, der „Neurowissenschaft" – dem *„heißesten Forschungsgebiet der akademischen Welt"* [15]: *„Vertrau auf Deine Instinkte – auf Deine Intuition. ... Glaube nicht, dass etwas kompliziert sein muss, um von Nutzen zu sein, denn oft bringen die einfachsten Experimente die eindeutigsten Resultate. ... Stelle die Autoritäten in Frage."* [16]

Genau das ist es, wo auf dem Gebiet der Malerei die „Kubisten" mit der Entwicklung der sogenannten „Polyperspektive" als wesentlicher Neuerung der Malerei im 20. Jahrhundert, bewusstseinsmäßig Vorarbeit leisteten. Sie lehrt, die Realität von verschiedensten Standpunkten *gleichzeitig* zu betrachten, keine selektiv reduktionistische Brille zu tragen, alle Möglichkeiten gleichermaßen im-Kopf-zu-behalten und sie als Ausdruck ganzheitlich-universeller Wahrheit bestehen zu lassen.

Die heutige Zeit jedoch bietet unserem Bewusstsein gewissermaßen einen nächsten Schritt der Reifung und Entwicklung an. Nämlich entsprechend Paul Cézanne (und Joseph Beuys), den „Künstler-in-uns" als geistige Kraft zu realisieren und unserer intuitiven Wahrnehmung Berechtigung und Aufmerksamkeit zuzusprechen. Ansonsten uns die angesprochene und beschriebene Eigenschaft und Fähigkeit unseres Bewusstseins – hinausprojizierte Reproduktionen von vorgefertigten Vorstellungen als Quasi-Wahrnehmungen einer vorgeblich objektiven Wirklichkeit zu deuten –, zum Bremsklotz für die Erweiterung unseres Bewusstseins werden kann. Ohne die Bereitschaft und Fähigkeit zu entwickeln, uns des „Künstlers-in-uns" bewusst zu werden, sondern weiter den projizierenden Betrachter zu perpetuieren, wird die menschheitliche Entwicklung behindert – oder gar verhindert.

---

[15] Das renommierte US-amerikanische Wirtschaftsmagazin „Forbes" bezeichnete in einer vor ein paar Jahren erschienen Ausgabe die *„Neurowissenschaft"* als das *„heißeste Forschungsgebiet der akademischen Welt."* C. Pert: *„Moleküle der Gefühle – Körper, Geist und Emotionen.",* Reinbeck / Hamburg 1997, S. 16.

[16] Siehe Kap. 11, Anm. 3-5.

## Die Kunst des Findens

Über die Kunst sagte der große Philosoph Nietzsche: *„Die Kunst ist nichts als die Kunst. Sie ist die große Ermöglicherin des Lebens, die große Verführerin zum Leben, das große Stimulans des Lebens.“* [17]

Schön wäre es, wir alle lassen uns von jenem „Künstler-in-uns" zum Leben verführen und „spielen" wie eingangs gesagt: Ein Mitgehen mit dem wahrhaften Drang zur Tat, eine Hingabe an die gefühlte Begeisterung des Herzens, Kunst als Lebensweg zur Liebe. Hier geht es um *Soziale Kunst*, ihre höchste Form, wenn wir Joseph Beuys in seiner Sichtweise folgen; um präsent-waches Miteinander des Lebens: „seiner-selbst-willen-sein", „seiner-selbst-willen-tun" ...

Pablo Picasso – Künstler und Freigeist – hatte seine sehr spezielle Sicht von manifestierender Wirksamkeit: *„Meine Bilder würden die gleiche Wirkung haben, wenn ich sie nach ihrer Vollendung, ohne sie zu zeigen, einhüllte und versiegelte. Es handelt sich um Manifestationen unmittelbarer Art.“* [18] Und, er hat in seinen sehr persönlichen Worten ausgedrückt, wie er den Weg als Mensch und Künstler zu finden bereit ist: *„Ich suche nicht – ich finde. Beim Suchen gehe ich aus von Bestehendem, um bereits Bekanntes im Neuen zu finden. Beim Finden treffe ich auf völlig Neues, auch in der Bewegung. Alle Wege sind offen, und was ich finde, ist unbekannt. Es ist ein Wagnis, ein heiliges Abenteuer. Das Ungewisse solcher Wagnisse können eigentlich nur diejenigen auf sich nehmen, die sich geborgen wissen in Ungeborgenheit, die ins Ungewisse geraten und keine Führung erfahren, die sich im Dunkel einem Stern anvertrauen und sich nach höheren Zielen richten, anstatt das Ziel durch die Beschränkungen und Begrenzungen des Mensch-Seins bestimmen zu lassen. Dieses Offenstehen für jede neue Einsicht, für jedes neue Erlebnis, sowohl innerlich als auch äußerlich, ist wesentlich für das Mensch-Sein heute. In aller Furcht vor dem Loslassen, erfährt der moderne Mensch die Gnade getragen zu werden in der Offenbarung von neuen Möglichkeiten.“* [19]

---

[17]  F. Nietzsche, zitiert in: P. Gast: *„Der Wille zur Macht – Versuch einer Umwertung aller Werte."*, München 1980, 12. Auflage.

[18]  P. Picasso, zitiert in E. Jünger: *„Das 1. Pariser Tagebuch"* (1942), Stuttgart 1998, S. 133.

[19]  P. Picasso: in: *„Wort und Bekenntnis"* (1954); Siehe Kap. 9, Anm. 38-41.

## Joseph Beuys: „Der Coyote". – Ängste integrieren statt Ausgrenzung

„*Jeder Mensch ist ein Künstler.*" Dies ist der bemerkenswerte Hinweis eines der bedeutendsten Künstler des 20. Jhdts., Joseph Beuys. In einer 4-tägigen Installation mit einem wilden Kojoten zeigte er, dass es möglich ist, auch mit einer solchen Tier-Außenwelt in Verbindung zu treten: Wertgeschätzt und erkannt wandelt sie sich zum Mitbewohner, ja, kann gezähmt sogar zum Freund werden. [20] Eine Herausforderung für den Mut des Herzens: vorbildlich eingrenzend statt ausgrenzend.

Viele von uns Menschen leben so, dass sie sich als kleine autonome Einheit begreifen, ICH zu sich sagen und versuchen, so zu agieren, dass sie mit der Welt draußen so gut wie möglich, meist aber mehr schlecht als recht, zu Rande kommen. Hier bin ich – da ist die Welt mit ihren Widrigkeiten: Feindbilder, gegen die zu leben, anstrengt. Wichtig bei solch einer Weltsicht der Abgegrenztheit sind strenge Grenzziehungen und klare Konzepte: Sich-wehren-müssen, Sich-mühevoll-behaupten, Überleben; oder bei aller kultivierter Toleranz (WIR sind ja friedlich!): Abgrenzung bis Ausgrenzung. Das Verstandes-Ich sucht dann bewährte Konzepte, um Bestand zu haben gegen die Gefahren-Welt draußen.

Mit welchen (Bewusstseins-)Netzten wir fischen, zeigt uns der Fang. Zunächst neigen wir Menschen dazu, bewertete Schattenaspekte jener scheinbaren Außenwelt, welche nichts anderes sind als Spiegelbilder eigener Schatten-Anteile, auszugrenzen und abzuspalten, anstatt sie zu integrieren (D.h.: damit wieder in Verbindung zu treten und mittels unserer Liebe zu versöhnen, bzw. zu vertöchtern.) „*Also damit habe ICH kein Thema.*" – ist super! Die interessante Frage aber wäre: „*Womit habe ich denn ein Thema?*" Überraschende Antwort: sicherlich mit allem, von dem es besonders wichtig ist, zu behaupten, „SICHER-kein-Thema-zu-haben!" – Warum man das so projiziert empfindet? Weil es als draußen an der Außenspiegelwelt erlebt wird. Zu all dem hat ICH noch keine Verbindung, aufgenommen. Das können Ängste sein, Gier oder Missgunst, Tierbilder in ihrer Symbolik: die Schlange, die Spinne etc. Was also ist unser Coyote? Was macht Angst, was be-fremdet uns? Bin ich bereit – jeder Mensch ein Künstler! – das als zu meiner Welt gehörig anzuerkennen? Dann ist der erste Schritt zur Integration bereits getan.

---

[20] J. Beuys, Videolink: https://www.youtube.com/watch?v=FVlz9UGlVE0 .

**Bewusstseins-Übung:** *„Standpunktwechsel"* *(Kehrseite der Medaille)*

Wir haben in unserem Leben Menschen kennengelernt (oder gar als Partner/in in unser Leben geholt), an deren Tun beziehungsweise Dasein wir immer wieder massiv Anstoß nehmen oder uns verletzt fühlen. Manchmal sind es nicht Personen, sondern Situationen (Übungsteil B).

**Übungsteil A:**

1.) Was fällt Dir an jemand Wesentlichem in Deinem Leben (Partner / Partnerin) schwer, zu tolerieren oder belastet massiv Dein Leben?

a)

b)

c)

2.) Was könntest Du GERADE davon eventuell ebenso in irgendeiner Weise Förderliches haben? Inwiefern „dient" Dir GENAU dieses, sein / ihr Verhalten im Leben, um zu ...? Jetzt heißt es kreativ sein und außerhalb der gängigen Denkschemata forschen.

a)

b)

c)

**Übungsteil B:**

Welche Situation (nimm zunächst nur eine!) belastet(e) Dein Leben? Was erscheint Dir daran für Dich negativ / schwierig? Finde mindestens 5 Aspekte; schreibe sie in die linke Spalte. (**Lies erst dann weiter!**)

**Tabelle:**

| | |
|---|---|
| 1) | 1) |
| 2) | 2) |
| 3) | 3) |
| 4) | 4) |
| 5) | 5) |

b) Finde nun genau so viele positive Aspekte und schreib sie in die rechte Spalte. Vielleicht ist die Vorgehensweise für Dich zunächst ungewohnt beziehungsweise gewöhnungsbedürftig. Bleib dran, es lohnt sich!

Wie fühlst Du Dich jetzt?
Was hast Du für Dich mittels dieser Übung erkannt?

## Kapitel 2: Sprache als Quellpunkt menschlichen Erlebens

*Zwillings-Sprache* . – Intuition und Sprachlosigkeit

Ich bin als eineiiger Zwilling geboren. Was das bei mir bewirkt hat und laut Ergebnissen der Zwilllings-Forschung häufig bewirkt, kann Wesentliches bezüglich Sprache illustrieren. Es war eine etwas anders geartete Entwicklung des Sprachbewusstseins, die sowohl bei meinem Bruder als auch bei mir noch nach erfolgreich abgelegter Matura (Abitur) zu auffälligen Ergebnissen führte. Im Zuge eines IQ-Tests, dem die gesamte Klasse während einer Berufsberatung unterzogen wurde, zeigte sich bei uns beiden eine signifikant mangelhafte Fähigkeit im Umgang mit der Muttersprache, gemessen an damals gängigen Beurteilungskriterien. So erinnere ich mich noch heute, dass mir während dieses Tests zum Beispiel einfach keine Synonyme [1] zu vorgegebenen Begriffen einfielen, deren z.B. dritter oder auch fünfter Buchstabe ein „F" oder etwa ein „H" gewesen wäre. Wenn ich mich daran erinnere, kann ich noch heute die fast panikartige Begrenzung und Beschämung fühlen, welche ich in dieser Situation erlebte. Damals war ich fassungslos und betroffen im Bereich „Sprachliche Ausdrucksfähigkeit" nur 18 von theoretisch 100 möglichen Punkten erreicht zu haben (meinem Bruder erging es ebenso). Sprachliche Ausdrucksfähigkeit war mein mit Abstand geringster Wert aller eruierten Teilbereiche.

Was also hat dieses Zwillingsdasein und die damit Hand in Hand gehende (Mutter-)sprachliche Spätentwicklung – wohl weil wir des Öfteren uns allein überlassen, wortlos bis eigen-sprachlich kommunizierten – mit sich gebracht? Unabhängig von der an uns beiden als 18-Jährigen festgestellten Retardierung mutter-sprachlichen Sprachbewusstseins, wird mir heute ein sehr persönlich gefärbter Umgang mit Sprache sowie eine auffallend kreative Eigenständigkeit mit diesem Werkzeug umzugehen, zugesprochen. Die Entwicklung mag aufwendig gewesen sein und erhöhtes Maß an Bewusstheit gebraucht haben. Der von mir heute gepflegte Umgang mit Sprache jedoch weist darauf hin, dass eine biographisch spät einsetzende Übernahme uns umgebender Sprachmuster die sprachliche Kreativität und Präzision stark mitprägen

---

[1] „Synonyme": Worte gleicher, beziehungsweise entsprechender Bedeutung.

und fördern kann. Das Finden neuer Wortkreationen in meiner Lyrik, dieses experimentelle Malen mit dem Anspruch knapp und präzise gesetzter Worte, gehört mit zum Schönsten und Freudvollsten meines Lebens. Vielleicht nicht gar so unähnlich, aber ähnlich genüsslich einer frühen Erfahrung, wie ich sie vielleicht mit meinem Zwillingsbruder in unserer Kindheit teilte – so wir beide uns damals überhaupt einer (Zwillings-)Sprache bedienten, um uns miteinander zu verständigen. [2] Sprache erfreut mich seither in vielfältigster Weise und ist mit meiner Begeisterung für sie mitgewachsen. Mit Sprache in unterschiedlichsten Lebensbedingungen umzugehen, hat sie mir vertraut gemacht. Und so wurde sie letztlich zu meinem essentiellsten Berufs-Werkzeug.

Von einer gewissen Warte betrachtet, mag sich mein Standpunkt bezüglich Sprache in dem nun folgenden Kapitel kritisch ausnehmen. Dennoch: Er will sicherlich keinen Angriff auf Sprache als solche darstellen. Dass Sprache, wie wir sie ganz alltäglich verwenden, aber einen enormen Einfluss auf unsere Wahrnehmung hat, wie uns also diese Welt erscheint und wie wir mit ihr in Verbindung stehen, darauf zielen die kommenden Auseinandersetzungen ab. Vielleicht war es meinem Bruder und mir als „biologische Klone" länger als anderen Kindern möglich, eine sich eigenständig entfaltende Wahrnehmung-Welt erfahren zu dürfen. Einiges weist für mich darauf hin. Aus heutiger Einsicht, scheint für uns beide jedenfalls ein sehr wertvoller, zunächst wohl sprachlos-fühlender, dann eigen-sprachlicher Umgang miteinander stattgefunden zu haben. Etwas, dessen positive Bedeutung für einen zwischenmenschlich-kommunikativen Bereich sich mir erst in den letzten Jahren verdeutlicht – vor allem auch in punkto Verwandlungskraft für unser meist abgekapseltes Individual-Bewusstsein.

## Von der „Ver-Dinglichung" der Sprache

*„Fischreusen sind da um der Fische willen; hat man die Fische, so vergisst man die Reusen. Hasennetze sind da um der Hasen willen; hat man die Hasen, vergisst man die Netze. Worte sind da um der Gedanken willen; hat man den Gedanken, vergisst man die Worte. Wo finde ich einen Menschen, der die Worte vergisst, auf dass ich mit ihm reden*

---

[2]  Siehe Kap. 9, Anm. 43.

*kann. ... Mit einem Brunnenfrosch kann man nicht über das Meer reden, er ist beschränkt auf sein Loch. Mit dem Sommervogel kann man nicht über das Eis reden, er ist begrenzt durch die Zeit. Mit einem Fachmann kann man nicht vom Leben reden, er ist gebunden durch seine Lehre."* [3]

Sowohl Sprache wie Denken sind für die Evolution menschlichen Bewusstseins als essentiell zu betrachten. Ihr evolutiver Vorteil scheint auf der Hand zu liegen: Nicht jedes Individuum einer Gruppe musste hinfort alle Erfahrungen selbst machen, sondern Erfahrungen konnten auch weitergegeben werden. Die Überlebenschancen der Menschen stiegen somit durch die Herausbildung dieser Werkzeuge und die Möglichkeit einer Informationsweitergabe an Mitmenschen. Letztlich aber erscheint es wesentlich, anzuerkennen, dass die Art und Weise, wie wir denken und wie wir die Welt unbewusst durch unser Denken, für unser Vorstellen strukturieren, alles bestimmen wird, ja bestimmen muss – und somit bestimmt! Die Welt, wie wir sie erleben, einschätzen und verstehen, ist eindeutig das Resultat unseres Denkens. Eine Begleiterscheinung, die sich Hand in Hand mit dieser Art die Welt zu erfassen einstellte, war die künstlich miterschaffene Unterteilung der Welt in „Dinge". Dinge, denen Namen zugeordnet wurden. „Begriffe", die im Bewusstsein der Menschen die Welt-der-(Einzel-)Formen immer mehr festlegten. Der Kosmos, welcher in der physischen Welt atomar beziehungsweise energetisch, oder wie immer wir es beschreiben wollen, als Einheit existiert, wurde durch die Gewohnheit unseres Gegenstandsbewusstseins künstlich getrennt. Die Welt zerfiel für unser Bewusstsein – und das nicht erst durch die Naturwissenschaft der Neuzeit – in die uns heute bekannte Welt-der-Dinge. Und schließlich sprach man wohl auch über all die anderen „Dinge", wie Gefühle und Ideen – Wahrheit, Liebe, Gott; immaterielle Phänomene also, wie wenn wir uns da in einer äußerlich beschreibbaren und unabhängig von uns bestehenden, objektiven Welt befänden. Mehr und mehr schien es wohl, als könnte die Sprache alles Wichtige beschreiben, als könnten wir auf diese Weise alle Wahrheiten miteinander teilen – uns mitteilen, jenseits eines persönlichen Erlebens. In letzter Konsequenz beschreibt

---

[3]  Dschuang-dsi: *„Das wahre Buch vom südlichen Blütenland."*, Düsseldorf / Köln 1969, zitiert in: H. Pietschmann: *„Das Ende des naturwissenschaftlichen Zeitalters."*, Frankfurt / Berlin 1983, S. 162.

der Nobelpreisträger für Physik, Richard Feynman, noch in den 60-er Jahren des letzten Jahrhunderts diese gewaltige Ver-Dinglichung, indem er sie auf diese Kurzform brachte: *„Wenn man einem fremden, intelligenten Wesen in einem einzigen Satz das Wesentliche des naturwissenschaftlichen Weltbildes mitteilen sollte, müsste der Satz zweifellos lauten: Alles besteht aus Teilchen, aus körnigen Strukturen."* [4]

Nun, diese Sichtweise ist heute – nur fünfzig Jahre später – wissenschaftlich überholt. Vielmehr öffnet sich die heutige Wissenschaft auch jenseits der Quantenphysik neuerdings für eine radikal andere Sichtweise der Welt. Spätestens heute sehen wir, dass es unser Denken – und Hand in Hand gehend damit die Sprache ist –, welches unsere Welt strukturiert, fragmentiert, ja: in jener Form, wie sie uns erscheint, überhaupt erst entstehen lässt. Dies entgeht unserem Alltags-Bewusstsein, insofern wir gerne bereit sind Denken und Sprache als getreues Abbild dessen zu betrachten, was „die Welt" sei. Wir geben in unserem Bewusstsein dem Denken und seiner Sprache auf die Weise den Stellenwert eines sogenannten „Axioms" des Erlebens [5], indem wir unserem Denken gewohnheitsmäßig „Objektivität" beimessen. Was wir in Folge erleben, fasst einer der renommiertesten Physiker des 20. Jahrhunderts und ehemaliger Professor an der Uni London, David Bohm [6], im Buch: *„Die implizite Ordnung – Grundlagen eines dynamischen Holismus"*

---

[4] R.P. Feynman / R.B. Leighton / M. Sands: *„The Feynman Lectures on Physics Readings."*, London 1963; zitiert in: H. Pietschmann: *„Das Ende des naturwissenschaftlichen Zeitalters."*, Frankfurt / Berlin 1983, S. 45; (Prof. Herbert Pietschmann ist u.a. emeritierter Vorstand des Instituts für Theoretische Physik an der Uni Wien).

[5] Ein „Axiom" ist etwas, worauf alles andere, was die Welt und ihre Wahrnehmungen erklären will, ruhen durfte und darf. Immanuel Kant sprach in seiner *„Kritik der reinen Vernunft"* bezüglich *Raum, Zeit* und *Kausalität* noch von *„Urteilen – oder Anschauungen a priori"*. Diese Begriffe können seit den Erkenntnissen von Einsteins Relativitätstheorie beziehungsweise der Quantenphysik heutzutage nicht mehr als „a priori" gewertet werden. Wissenschaftliche Theorien, insbesondere die Physik, beruhen also allesamt auf Axiomen. Aus diesen werden Theorien schlussgefolgert, die im Experiment verifiziert werden. Stehen Aussagen der Theorie in Widerspruch zur experimentellen Beobachtung, so werden Axiome heutzutage angepasst. Genau dies wird hier auch für die Sprache versucht.

[6] Albert Einstein sagte von Bohm, dass er *„... der Einzige sei, der über die Quantenmechanik hinauskommen"* könne. Zitat aus: J. Horgan: *„An den Grenzen des Wissens."*, Frankfurt 2000.

zusammen, indem er sagt *„dass ein solcher Gedanke eine gründliche Verwirrung stiftet, die alle Lebensbereiche durchdringt und letztlich die Lösung individueller und sozialer Probleme unmöglich macht."* [7]

Dies vornehmlich deshalb, da wir unser Erleben auf die Weise einem stetig Trennenden – unserem Verstand – überantworten. Bohm schildert höchst plausibel und nachvollziehbar, wie sich unser bisheriges, für wahr gehaltenes Welt-Erleben, durch eine Veränderung der Sprache unmittelbar verwandeln kann und schlägt kleine Experimente vor, um derart absolut gesetzte und unhinterfragte Strukturen aufzufinden und sie so für das Bewusstsein sichtbar zu machen. Er sagt: *„In der Tat lernt man am besten begreifen, wie man von einer Gewohnheit (wie sie der übliche Sprachgebrauch zu einem hohen Grad darstellt) geprägt ist, indem man sich gelegentlich auf die Probe stellt, wenn man etwas vom automatischen und gewohnten Trott grundsätzlich Abweichendes tut, und dabei sorgfältig darauf achtet, was dabei geschieht."*

Ein weiterer von Bohm angesprochener Aspekt in der Erforschung von Neuland ist die rechte Fragestellung. Wie er als Physiker selbst lernte, erliegt der Mensch – auch als Forscher – oft den eigenen Sprachgewohnheiten und neigt so zu gravierenden Illusionen. Bohm: *„Ein entscheidender Schritt bei wissenschaftlichen Unterrsuchungen besteht darin, die richtige Frage zu stellen, denn hinter jeder Frage verbergen sich Voraussetzungen, die großteils unausgesprochen sind. Sind diese Voraussetzungen falsch oder verworren, so ist die Fragestellung selbst falsch, d.h. der Versuch, sie zu beantworten, ergibt keinen Sinn. Daher muss man die Tauglichkeit alter Fragestellungen untersuchen. Wahrhaft originäre Entdeckungen in wissenschaftlichen und anderen Bereichen waren tatsächlich in der Regel mit einer solchen Untersuchung alter Fragestellungen verbunden, wodurch deren Untauglichkeit erkannt und somit Platz geschaffen wurde, um neue Fragestellungen aufzuwerfen. Dies ist oft sehr schwierig, da sich diese Voraussetzungen meist sehr tief in die Struktur unseres Denkens eingenistet haben. (Beispielsweise erkannte Einstein, dass Fragen, die sich mit Raum und Zeit und dem Teilchencharakter der Materie befassten, von verworrenen Vorstellungen*

---

[7]  D. Bohm: *„Die implizite Ordnung – Grundlagen eines dynamischen Holismus.",* München 1985, S. 51ff (gilt auch für die nächsten 3 Zitate in Folge).

*ausgingen, die fallengelassen werden mussten und dadurch war er in der Lage, zu neuen Fragestellungen zu gelangen, die zu grundsätzlich anderen Vorstellungen führten.). Wie wird nun unsere Fragestellung lauten, wenn wir diese Untersuchung unserer Sprache (und unseres Denkens) in Angriff nehmen? Wir gehen heute von der Tatsache der allgemeinen Fragmentierung aus. ... Wird diese Sicht bis zum Äußersten getrieben, so gelangt man zur herrschenden naturwissenschaftlichen Weltanschauung, die alles als letztlich aus einer Menge fester Elementarteilchen zusammengesetzt betrachtet."* Bohm bringt ein Beispiel zur Erläuterung: *„Man betrachte zum Beispiel den Satz: ‚Es regnet.' Wo ist dieses ‚Es', das dem Satz zufolge der ‚Regner' ist, der das Regnen besorgt? In gleicher Weise sagen wir gewöhnlich: ‚Ein Elementarteilchen wirkt auf ein anderes.' ... Es wäre aber richtiger zu sagen:* **‚Elementarteilchen sind stattfindende Bewegungen, die von einander abhängen, weil sie letztlich miteinander verschmelzen und sich gegenseitig durchdringen.'** *Dieselbe Beschreibungsform stimmt auch auf der makroskopischen Ebene. Anstatt zu sagen: ‚Der Beobachter betrachtet einen Gegenstand.' können wir richtiger sagen: ‚Beobachtung vollzieht sich in einer ungeteilten Bewegung zwischen zwei Abstrakta, die man üblicherweise Mensch und betrachteten Gegenstand nennt.'"*

Mag sein, der letzte Satz in dem Zitat scheint etwas befremdend oder an den Haaren herbeigezogen. Doch bedenken wir: Was würde wohl ein kleines (junges) Kind erleben und – so es das könnte – beschreibend mitteilen? Ein Kind, das noch kein Gegenstandsbewusstsein hat, das sich und die Welt nicht als eine in Subjekt und Objekt getrennte Welt „sehen" beziehungsweise „verstehen" gelernt hat; ein solches Kind ist imstande, alles noch als verflochtenes und im Wechselbezug stehendes Gewebe einer ungeteilten Ganzheit zu sehen. Es lebt noch in einem quasi-kosmischen Bewusstsein. Es sagt daher auch noch nicht „ich".

Auch wenn die Entwicklung des heutigen Ich-Bewusstseins als ein wesentlicher Schritt zur Freiheit begriffen werden darf – der Weg weiter, wieder zu einer wahren Verbundenheit mit „allem-was-ist" auf neuer Ebene, steht an. Wenn als berechtigtes Kriterium für Wahrheit vom Standpunkt individuell-intuitiver Wahrheits-Suche gelten darf, dass Beweise für derartige Wahrheiten nur das Leben selbst zu liefern imstande sei [8], wie das vor etwa hundert Jahren der Freigeist und Geisteswissenschaftler Dr. Rudolf Steiner zur mutigen persönlichen Orientierung als Kriterium formulierte, dann darf einer derartigen Wandlung des Bewusstseins und seiner Weltbetrachtung ein hoher Stellenwert beigemessen werden. Solch universelle Verbundenheit auf neu errungener Stufe, wird dem Leben und seiner evolvierenden Entwicklung dienen. Ja – *„Wenn ihr nicht werdet wie die Kinder ...“* [9]

Noch überwiegen bezüglich einer solch revolutionären Wandlung die Skeptiker. Es ist eben gelebte Realität, dass unsere Denkbahnen einer nicht hinterfragten, Jahrhunderte lang andauernden, *reduktionistischen Axiomatik* (u.a. durch die herrschende Pädagogik) unterworfen gewesen sind. Ziehen wir die Gedanken des großen Physikers, Freidenkers und geistvollen Satirikers, Georg Christoph Lichtenberg (1742-1799) heran; er versichert: *„Es ist ein großer Unterschied zwischen etwas glauben und es wieder glauben. Noch glauben, dass der Mond auf die Pflanzen wirkt, verrät Dummheit und Aberglauben, aber es wieder glauben, zeugt von Philosophie und Nachdenken.“* [10] Derart abgeklärte Offenheit beginnt heute, gerade durch die bahnbrechenden Erneuerungen auf dem Feld der modernen Quantenphysik, in zunehmendem Maß wissenschaftliche Relevanz einzufordern, auch wenn die Konsequenzen recht zögerlich Anerkennung und Bedeutung in der Gesellschaft erlangen.

Moderne Spiritualität sowie eigenständige Übungsansätze in der persönlichen Auseinandersetzung mit Bewusstsein, weisen jedenfalls bereits in die entsprechende Richtung. Hier werden ernst zu nehmende Anläufe genommen, menschliche Entwicklungsgegenwart zu beackern, um im menschlichen Bewusstsein zu einer neuen Verbindung mit der Welt und einer zukünftigen Verbindlichkeit zu gelangen. Noch scheint alles,

---

[8]  *„Spirituelle Wahrheiten sind nicht fertig, wenn die Logik fertig ist. Spirituelle Wahrheiten sind solche, die mit dem Menschen erst durch das Leben gehen müssen, um voll ausgebildet zu werden.“* aus: R. Steiner: *„Die geistig-seelischen Grundkräfte der Erziehungskunst.“* GA 305, Oxford 1922, S. 47f.

[9]  Jesus, zitiert nach: *„Die Bibel / Neues Testament.“*, Matthäus 18/3: *„Wahrlich, ich sage euch: Es sei denn, dass ihr euch umkehret und werdet wie die Kinder, so werdet ihr nicht ins Himmelreich kommen.“*.

[10]  G.Ch. Lichtenberg: *„Sudelbücher.“*, zitiert in: F. Cramer: *„Chaos und Ordnung – Die komplexe Struktur des Lebendigen.“*, Stuttgart 1989, S. 118.

rund um die renaissanceartige Blüte des Bewusstseins und die daraus resultierende Freiheit des Menschen wie ein unfassbares Rätsel: der freie, selbstverantwortliche Geist, der erstmals Wirklichkeit werden kann!

Vertraut man dem Philosophen Ludwig Wittgenstein, der meint: *„Das Rätsel gibt es nicht. Wenn sich eine Frage stellen lässt, dann kann sie auch beantwortet werden. Denn Zweifel kann nur bestehen, wo eine Frage besteht, eine Frage nur, wo eine Antwort besteht und diese nur, wo etwas gesagt werden kann.“* [11], so bemerkt man, dass uns der Weg der Veränderung gegenwärtig doch bereits sehr weit geführt hat.

Zurück zu Bohms Überlegungen bezüglich eines Sprachexperiments, um auf die Weise jenseits des gewohnten Sprachrahmens vorzustoßen: Was würde geschehen, wenn wir uns in der Anwendung der Sprache dazu entschließen, einen Sprachmodus zu verwenden, *„bei dem die Bewegung die erste Stelle in unserem Denken einnimmt; bei dem dieser Gedanke so dem Sprachbau einverleibt wird, dass wir dem Verb anstelle des Substantivs die Hauptrolle zugestehen.“* [12] Um zu beschreiben, was „Sein" ist, neigt unsere gewohnte Sprache dazu, ihre eigene Funktion als selbstverständlich zu nehmen und *„der wirklichen Zeichenfunktion der Sprache selbst nur wenig oder gar keine Beachtung zu schenkten. Wie aber zuvor ausgeführt, hat der wesentliche Hang zur Fragmentierung gerade hier seinen Ursprung. Da nämlich das gewöhnliche Denken und Sprechen nicht die rechte Aufmerksamkeit auf seine eigene Funktion verwendet, so entspringt diese scheinbar einer von Denken und Sprechen unabhängigen Realität, so dass die in der Sprachstruktur angelegten Teilungen nach außen projiziert werden, als ob man es mit Bruchstücken zu tun hätte, die Brücken in dem **was ist**, entsprächen."*

Das *nach-außen-Projizieren* einer scheinbar unabhängigen Realität, indem nicht *„die rechte Aufmerksamkeit auf seine eigene Funktion verwendet"* wird, das kommt uns nicht unbekannt vor, oder? Diese gewohnten Muster – im Blick auf uns selbst aufdecken und sichtbar machen – das ist Anliegen jeder empirischen Bewusstseinsforschung

---

[11] L. Wittgenstein: *„Tractatus logico-philosophicus."*, Frankfurt 1971 sowie: *„Über Gewissheit."*, Frankfurt 1984.

[12] D. Bohm: *„Die implizite Ordnung – Grundlagen eines dynamischen Holismus."*, München 1985, S. 51ff (gilt auch für das nächste Zitat in Folge).

während eines Coachings. Hier werden gewohnte Lebensaspekte von einem ungewohnt anderen Standpunkt angesehen. So wird ihnen zugestanden, neue Antworten zu geben. Antworten, die nicht nur verstanden werden wollen, sondern *erlebt und gefühlt*, damit sie in innerliche Verbindung mit uns als Ganzheit gebracht werden können. Erstaunen ist angesagt, ob so mancher Wahrheit in neuem Gewand. Fremdartig anmutend zunächst, doch Verständnis ermöglichend: für die Wahrheit-im-anderen-Gewand (ganz wörtlich zu nehmen: der andere), aber auch für sich selbst: wertschätzender und verbundener. [13]

Ein sehr anschauliches anderes Beispiel dafür, wie vorgefertigte Strukturen Ergebnisse beeinflussen, ja: geradezu be-dingen, beschreibt der Quantenphysiker Hans Peter Dürr in seinem Buch „*Das Netz des Physikers*". Dürr, lange Zeit Mitarbeiter im Team Werner Heisenbergs, erhielt 1987 den Alternativen Nobelpreis und ist Begründer des Global Challenges Network. Dürr: „*Wenn wir experimentieren, machen wir ja schon eine Auswahl aus der Wirklichkeit. Wir stülpen ein gewisses Raster über die Wirklichkeit und ziehen nur das heraus, was sich gerade auf diese Weise abbilden lässt. ... Ähnlich wie das Netz des Fischers, das je nach Maschengröße Verschiedenes als Wirklichkeit des Meeres erscheinen lässt. Bei einer Maschenweite von fünf Zentimetern kommt man zum Beispiel zur Aussage: ‚Alle Fische sind größer als fünf Zentimeter'.*" [14] Ganz so weit, wie David Bohm in seiner Sicht der Dinge, ist Hans Peter Dürr offensichtlich nicht bereit zu gehen, wenn er sagt: „*Der Mensch, der sich mit der Wirklichkeit auseinandersetzt, ist Teil dieser Wirklichkeit. Deshalb ist auch das Netz, das er verwendet, etwas, das zur Wirklichkeit gerechnet werden muss. Und deshalb kann man auch nicht sagen, das Netz und damit auch die wissenschaftliche Wirklichkeit seien frei erfunden. Das muss man im Entwicklungs-prozess sehen. ... So ist zum Beispiel unser Fünf-Zentimeter-Netz adaptiert an eine Erscheinungsform der Wirklichkeit: die Fische. Hätten wir nur Plankton im Ozean, dann wäre das Netz vollkommen nutzlos. Was also das Netz leistet, ist nicht unabhängig von der Natur.*

---

[13] Siehe dazu auch die Übung „*Empathie*" (Mit-Gefühl) am Ende dieses Kapitels.

[14] H.P. Dürr: „*Das Netz des Physikers*", München 1990, S. 64ff (gilt auch für das nächste Zitat in Folge); Siehe Kap. 4, Anm. 2 ; Siehe „*In-forma-tion / Bd.1*", Kap. 3: Das Primat der Information, Anm. 20.

*Das ist nun beim David von Michelangelo anders: Der ursprüngliche Marmorblock enthält die Gestalt überhaupt nicht. Erst durch das Meißeln kommt sie hinein ...*" Was aber, wenn im Ozean nicht *Plankton* als etwas so entscheidend Andersartiges wäre, sondern vielmehr etwas bislang noch nicht einmal *Benennbares*? Etwas, für das unsere heutige Sprache, samt ihrem gegenstandsorientierten Denken, welches nur in der Lage ist „scheinbar Verdinglichtes" wahrhaben zu können, gar nicht geschaffen ist? Etwas, was uns Menschen, die wir bislang mit einem sprachlichen Fünf-Zentimeter-Netz gefischt haben, noch gar nicht mal bekannt beziehungsweise bewusst werden konnte?

Im Interview mit einer eigenen Äußerung konfrontiert, die darauf hätte hinweisen können, Professor Dürr sei der Auffassung, dass die Netze der Wissenschaft näher an der Wirklichkeit seien als jene, welche die Künstler über die Welt werfen, antwortet Dürr: *„Nein, ich würde das so nicht ausdrücken."* Was also, wenn dieser ausgewiesene Unterschied zwischen den beiden angeführten Bereichen der Wirklichkeit SO gar nicht existiert, sondern ebenfalls nur Aspekte unserer Denkmuster und somit unserer Vorstellungen repräsentiert? Lassen Sie uns aber noch das oben angeschnittene Beispiel des *David* von Michelangelo weiterführen. Es darf als wunderbares Beispiel gewertet werden, wie menschliche Vorstellungsstrukturen, in atemlos bezaubernder Weise von Michelangelos Bewusstsein in die äußere Wahrnehmungsebene, im Marmorblock den *David* sehend, hinausprojiziert wurden. Michelangelos künstlerischem Werkzeug verblieb nur noch die Aufgabe, diese klassische Gestalt freizulegen. *„Wenn Michelangelo diesen Marmorblock ansieht, dann erscheint für ihn in diesem Block die Möglichkeit einer Skulptur. Die Beziehung: Künstler – Marmorblock erscheint dann als eine höhere Einheit. Im Moment des Anschauens und des dabei aufkeimenden Entschlusses, den David freizulegen, hat sich die Wirklichkeit verändert. Es ist ein neuer Zustand, der allerdings weder sichtbar, messbar oder fassbar ist. Die Veränderung spielt sich in einem für die Wissenschaft nicht erkennbaren Bereich ab. Aber aus der ganzheitlichen Sicht besteht kein Zweifel, dass durch das Denken eine Veränderung der Wirklichkeit stattgefunden hat ... Ich muss hier vielleicht einschränkend sagen, dass die neue Physik uns in der Tat sagt, dass jede Beobachtung das Beobachtete im Prozess des Beobachtens* *verändert, weil jede Beobachtung einen Eingriff in das beobachtete System bedeutet. Das System selbst hat nicht mehr die Eigenschaft des Objektes, eines unabhängig vom Beobachter existierenden Dings.* **Wenn der Partner von Michelangelo aber kein so extrem strukturloses Gebilde wie ein Marmorblock wäre, sondern eine hoch geordnete Struktur wie ein anderer Mensch, dann ist viel wahrscheinlicher, dass seine Vorstellung von seinem Gegenüber, diesen Menschen auch nachweisbar und wirklich verändert. ... Ich sehe auch, dass man prinzipiell nur das erfassen kann, was in den Möglichkeiten der Werkzeuge liegt.** *Und da bleibt ein Haufen Zeug ausgeschlossen, das für mich essentiell und existenziell einen hohen Wert hat. Warum soll ich das eigentlich negieren, abstreiten und ignorieren.*" [15]

Hans Peter Dürr kommt – nicht nur was die Sprache betrifft – in individuell gefärbter Weise zur selben Conclusio wie David Bohm: Unser „Denken-in-Dingen" und seine begrifflichen Ergebnisse sind unser eigenes Konstrukt. Alle diesbezüglich erkannten „Wahrheiten", lediglich Krücken zur Erschaffung einer „Welt-als-Modell". Alle Abgrenzungen, die der Verstand trifft, machen es unmöglich jenes Kontinuum einander beeinflussender Phänomene zu beschreiben.

Was aber bleibt jenseits davon? – Fühlende Verbindung, wortloses Wahrnehmen, Vertrauen in die Fähigkeit eines intuitiven Erfassens.

### Mathematik. – Sprache der Wissenschaft

*„Erfahrung ist nur dann wissenschaftlich fassbar, wenn ihre Inhalte in unserer Umgangssprache ausgedrückt werden können. Wissenschaftliche Erfahrung muss in diesem Sinn objekthaft werden, denn nur dann lässt sich eindeutig mitteilen, was beobachtet oder gemessen wurde. Die Mathematik ist dabei nur eine besonders verfeinerte Form der Umgangssprache. Sie weist den Begriffen der Sprache eine präzise Bedeutung zu und vermeidet damit jene Mehrdeutigkeit, die von ihrer anderen Funktion herrührt: Symbol und Gleichnis für das Transzendente zu sein. ... Über Transzendenz lässt sich nur in Gleichnissen und Bildern sprechen.* **Dass wir hinter diesen Bildern die Wahrheit erkennen können, liegt daran, dass wir alle im gleichen Strom des Bewusstseins**

---

[15] H.P. Dürr: *„Das Netz des Physikers."*, München 1990, S. 65f.

*dahin fließen.*" [16] Noch eine überraschende und auffällige Erfahrung bezüglich Mathematik als Sprache und ihre Konsequenzen für die Wissenschaft lässt sich feststellen: *„In den Gleichungen kommt eine fast unheimlich anmutende Eigenschaft der Mathematik zum Vorschein: Mit wenigen experimentell gefestigten Tatsachen in Verbindung gebracht, kann die Mathematik manchmal eine ganze Sinfonie neuer Phänomene vorhersagen. ... Die Schönheit der Mathematik war in der Vergangenheit oft ein guter Ratgeber auf dem Weg zur Wahrheit.*" [17] Immer schon verstanden es die Physiker, diese Schönheit in der Mathematik als Wegweiser zu nutzen, um ihrem Ziel geradlinig näherzukommen. Auch in den so genannten String-Theorien, jener Suche nach der *„Theory for Everything",* gilt die Schönheit gewisser Eigen-Lösungen mathematischer Gleichungen als Richtschnur, um im theoretischen Ansatz den rechten Weg zu finden. Eine reine Überzeugung! Oder warum sollte sich in einem vorgeblich zufällig evolvierenden Universum In-*forma*-tion und ihre innere Konstruktion der Welt bloß an so etwas wie *„Schönheit mathematischer Lösungen"* orientieren?! – Interessanterweise aber eben doch eine Überzeugung, eine Idee, die sich bislang bewahrheitet!

### Und wir selbst?! – *Jeder Mensch ein Künstler*

Es ist naheliegend und wie mit Händen greifbar: In sehr entsprechender Weise wird von uns selbst in unserem Umfeld – ebenso künstlerisch, nur nicht immer im selben Maß wertgeschätzt – exakt DAS als „Kunstwerk Leben" freigelegt, was wir hinausprojiziert wahrnehmen: unsere eigenen Vorstellungen. Es kann somit angenommen werden, dass jede Vorstellung, jegliche inneren Überzeugungsbilder – gepaart mit Kreativität und Phantasie – starke Orientierungshilfen im eigenschöpferischen Tun des Lebens darstellen. Ihre Aus-Wirkungen – im wörtlichsten Sinne – können allerdings gleichermaßen „positiver" wie auch „negativer" Art sein: liebevoll, oder zerstörerisch. Kreative Kraft haben diese vorstrukturierenden Überzeugungen, Haltungen und Einstellungen, wie wir sie in unseren Ur-teilen etc. ständig – unbewusst oder aber bewusst – hinausprojizieren, dem Leben, der Welt und auch

---

[16] Ebenda, S. 111, S. 113.

[17] F. Close: *„Luzifers Vermächtnis – Eine physikalische Schöpfungsgeschichte.",* Berlin 2004, S. 107, S. 287; Siehe Kap. 12, Anm. 1.

uns selbst gegenüber, allemal. Was dabei freigelegt wird und entsteht, ist unser „Leben-als-Werk", als unser „Kunstwerk". Ob bewusst, oder unbewusst: Es entscheidet darüber, ob wir uns als *armes Opfer* oder als *freier Kreator* und Tatmensch erleben, als lebensfreudiger, mutiger, selbstbestimmter Mensch in Verantwortung und Erschaffung der eigenen Lebensumstände. *Jeder Mensch ein Künstler* eben, wie dies Joseph Beuys so treffend formulierte. [18] Die Entwicklung und Ausbildung einer „*Sozialen Kunst*" – das war Beuys' Künstler Vision, die ihn zeitlebens motivierte. Streng nach diesem Motto sind wir alle in unsere Eigen-Verantwortung hereingefordert. Und alle werden wir daher auch letztlich als Menschheit gemeinsam zu finden haben, welche Visionen, welche Maxime wir als innere Stütze für den Veränderungsprozess hin zu neuen, sozialen Lebens-Formen benötigen. Der Sozialkünstler in jedem von uns ist aufgefordert, ans Werk zu gehen!

Nochmals David Bohm: „*Wenn wir nun auf gewöhnliche Weise von der Wahrheit sprechen, so werden wir unweigerlich zur Betrachtung dessen angeregt, was ,das Faktum' genannt wird. Sagt man etwa: ,Dies ist ein Faktum', so ist damit gewissermaßen unterstellt, dass der Inhalt der fraglichen Aussage wahr ist. Aber die Grundbedeutung des Wortes ,factum' im Lateinischen ist ,das Gemachte, die Tatsache' (wie etwa in Manufaktur). Diese Bedeutung fällt hier ins Gewicht, weil wir offensichtlich das Faktum in gewissem Sinne wirklich machen. Dieses Faktum hängt nämlich nicht nur von dem betrachteten Zusammenhang und unserer unmittelbaren Wahrnehmung ab, sondern auch davon, wie unsere Gedanken unsere Wahrnehmung prägen, und außerdem davon, was wir tun, um unsere Schlussfolgerungen zu überprüfen und sie in praktisches Handeln umzusetzen.*" [19]

Wie wir das tun, wie wir „Fakten" in unserer Biographie schaffen, ist eine essentielle und äußerst spannende Sache! Wie schaffen wir Bewussheit und aktivieren den Schöpfer / die Schöpferin in uns, um unsere Entwicklungen mitzugestalten? Davon mehr in dem Kapitel 4: „Überzeugungs-Netze und Leben". Doch zunächst noch zu einer Bewusstseins-Übung und zu „Mit-Gefühl".

---

[18] Siehe Kap. 1, Anm. 16, 19f.
[19] D. Bohm: „*Die implizite Ordnung ...*", München 1985, S. 70f.

40

## Bewusstseins-Übung: *„Empathie"* [20] (Mit-Gefühl) [21]

Du wirst in dieser Übung Deine Aufmerksamkeit absichtsvoll neu ausrichten. Hin zu denjenigen, die Dir nah sind und doch fremd bleiben. Die Übung wird wenn möglich mit geschlossenen Augen durchgeführt.

### Übungs-Anleitung:

Schließe Deine Augen. Denke an einen nahestehenden Menschen, bei dem es Dir schwer fällt, Verständnis und Mitgefühl aufzubringen. Schenke diesem Menschen im Rahmen dieser knappen Übung, Deine gesamte Aufmerksamkeit. Dann denke über ihn in folgender Weise:

1.) *„So wie ich selbst, sucht auch dieser Mensch nach Glück im Leben."* (Fühle diese Wahrheit und spüre ihn bewusst im Licht dieser Einsicht.)

2.) Bleib verbunden mit dem Menschen und erkenne: *„So wie ich selbst, versucht auch dieser Mensch im Leben Leid zu vermeiden."* (Fühle diese Wahrheit und spüre den Menschen bewusst im Licht dieser Einsicht.)

3.) Bleib verbunden mit diesem Menschen und erkenne: *„So wie ich selbst, hat auch dieser Mensch Schweres erlebt und kennt Einsamkeit, Trauer und Schmerz."*

4.) Bleib verbunden mit diesem Menschen und erkenne: *„So wie ich selbst, strebt auch dieser Mensch danach, seine Bedürfnisse zu erfüllen."*

5.) Bleib verbunden mit dem Menschen und erkenne: *„So wie ich selbst, ist auch dieser Mensch vollkommen und entwickelt sich am Leben."*

Fühle, wie Du Dich JETZT fühlst und: Schreib es für Dich auf.

### Bemerke:

Meist sind wir Menschen so mit uns selbst und den *eigenen Emotionen* beschäftigt, dass kaum Aufmerksamkeit für die Welt oder für andere Menschen frei ist. Mitgefühl ist daher ein äußerst rares Gut in unserer heutigen Kultur.

---

[20] Mitgefühl ist etwas anderes als Mitleid (Leid-Identifikation). Wer mitfühlt, fühlt die Verbindung zum anderen Menschen, macht sich aber nicht zum Mit-Leider, sondern achtet das Künstler-Wesen (den / die Schöpfer/in) im Vis á Vis.

[21] Diese Bewusstseins-Übung bildet im Buch eine Ausnahme, da sie nicht aus meiner eigenen Feder stammt, sondern auf Harry Palmer zurückgeht. H. Palmer: *„ReSurfacing – Techniken zur Erforschung des Bewusstseins"*, Bielefeld 2001, S. 90.

## Kapitel 3: Ich-Bewusstsein versus Wille

### Ich oder Nicht Ich. – „Wille" als bewirkende Energie

Erwin Schrödinger, ein wesentlicher Mitbegründer der Quantentheorie: *„Der Grund, dass unser fühlendes, wahrnehmendes und denkendes Ich im naturwissenschaftlichen Weltbild nirgends auftritt, kann in fünf Worten ausgedrückt werden: ‚Es* **ist** *selbst dieses Weltbild.' Es ist mit dem Ganzen identisch und kann daher nicht als Teil darin enthalten sein. Bewusstsein gibt es seiner Natur nach nur in der Einzahl. Ich möchte sagen:* **Die Gesamtzahl aller ‚Bewusstheiten' ist immer bloß eins.**" [1]

Welchen Standpunkt der Betrachtung man auch immer wählt: Der Standpunkt bestimmt immer das Ergebnis der Betrachtung. Früher war mir entscheidend wichtig, für die Auffassung zu kämpfen, dass es ein „Ich", geben müsse. Es entsprach diese Auffassung meiner biographisch persönlichen Entwicklungslage – ganz entsprechend den früheren Auffassungen materialistischer Physik. Aus meiner *damaligen* Sicht musste es ebenfalls etwas wie ein „Ding" geben, ein materiell gedachtes „Etwas", das die Wirksamkeiten des Menschen hervorruft. Und natürlich gab es in meinen Überlegungen gute Argumente, mit welchen ich meine Auffassung zu untermauern suchte: *Wo etwas wirke, da müsse auch etwas sein: eben ein ‚Ich' – eine wirkende Ebene des Willens.*

*„Des Menschen Wille ist sein Himmelreich."* Es wurde mir möglich, diesbezügliche Bewertungen loszulassen und so kann ich es heute *auch* vom Standpunkt quantenphysikalischer Sichtweise betrachten: Es ist möglich, diesem Be-Wirkenden kein Da-Sein im klassischen Sinn zuschreiben zu müssen und seine Wirksamkeit trotzdem anzuerkennen. Ganz ähnlich wie kein Vertreter zeitgenössischer Physik dem Atom ein „materielles Dasein" zugestehen muss, nur um eine Erklärung für entsprechende Wirksamkeiten auf physikalischer Ebene zu liefern. Nichts materiell Existentes ist hier denknotwendig.

Interessant in dem Zusammenhang ist eine höchst anschauliche Darstellung des Physikers Univ.-Prof. Fritjof Capra. Er schreibt im Buch *„Wendezeit – Bausteine für ein neues Weltbild"* bezüglich der

---

[1] E. Schrödinger, in: *„Zitate und Äußerungen bekannter Physiker."*; aus: http://www. holoenergetic.ch .

„Realität" von Materie auf mikrokosmischer Ebene: *„Die moderne Physik verwandelte das Bild vom Universum als einer Maschine in die Vision eines unteilbaren Ganzen, dessen Teile ... nur als Muster eines kosmischen Prozesses verstanden werden können. Auf subatomarer Ebene sind die Wechselwirkungen zwischen den Teilen des Ganzen von grundlegenderer Bedeutung als die Teile selbst. Es herrscht Bewegung, doch gibt es letzten Endes keine sich bewegenden Objekte; es gibt Aktivität, jedoch keine Handelnden; es gibt keine Tänzer, sondern nur den Tanz."* [2] Welch‘ unglaubliche Befreiung der physikalischen Sichtweise: alles Bewegung. Energie, die ihre Wirksamkeit entfaltet.

Diese wissenschaftliche Offenheit auf spirituell-menschliche Ebenen übertragen, bedeutet, dass es sich hier um den *„Willen"* als eine der *„Energie"* analoge Wirksamkeit handelt. [3] Möglicherweise ist der Unterschied von spirituell-wirksam und physikalisch-wirksam marginal und lediglich vom Beobachtungsfeld gewählter Betrachtung abhängig: die Möglichkeiten menschlicher Erfahrungen beschreibend, oder aber: die Möglichkeiten physikalischer Erfahrungen beschreibend. Ganzheitlich und umfassend betrachtet steht beides gewissermaßen für *„Möglichkeiten der Erfahrung"* beschreibend.

Der Sokratiker Parmenides: *„Alles ist Sein, das heißt, alles ist etwas, das ich nicht verstehe, etwas mit dem es keine weitere Bewandtnis hat."* [4] Es ist nicht essentiell, bei absoluten Denk-Wahrheiten anzukommen. Wie dies alles REAL wirklich ist, können wir vermutlich mit unserem Verstand gar nicht real denken. *„Das Denken selbst ist dieser Bann."* [5]

---

2   F. Capra: *„Wendezeit – Bausteine für ein neues Weltbild."*, Bern / München 1988, S. 97; Siehe *„In-forma-tion / Bd. I"*, Kap. 2: Materie – Bewusstsein – Leben, Anm. 5, 14-22, 25f.

3   Siehe Kap. 10, Bewusstseins-Übung: *„Ego – Vermeiden"* (1. Absatz).

4   Parmenides von Elea (* um 540 v. Chr.; † um 483) war einer der bedeutendsten Vorsokratiker. Sein einziges Werk ist als Lehrgedicht *„Über das Sein"* bekannt. Unbestritten ist der Einfluss Parmenides auf Platon, über den Parmenides maßgeblich die abendländische Philosophie beeinflusst hat. Platon selbst nennt ihn *„unseren Vater Parmenides"* (http://de.wikipedia.org/wiki/Parmenides); Siehe *„In-forma-tion / Bd. I"*, Kap. 11: Kreative Feldaspekte des Bewusstseins, Anm. 13.

5   P. Bahners: *„Vom Schicksal der Wahrheit nach der Dekonstruktion"*, in: *„Naturherrschaft – Wie Mensch und Welt sich in der Wissenschaft begegnen."*, Köln 1990, S. 229.

In unserer Welt des dualistischen Denkens werden wir immer nur auf Lebensaspekte stoßen, die uns an die „zwei-Seiten-der-Medaille" gemahnen. Hier besteht die Herausforderung im Annehmen beider Seiten, um solch einseitiges Denken zu überwinden. Nicht-wertende Wertschätzung und Durchfühlen *beider* Aspekte stellen das Werkzeug dar – jenseits des allzeit bewertenden Verstandes. Im *„erkennenden Fühlen als Wahrnehmungsorgan"* [6] öffnet sich die Welt des Seins. „Es" beginnt zu unserer Wertschätzung zu sprechen: Das was IST: Phänomene, Wesenhaftes, die Welt-als-Einheit – die Münze als Ganzes also. [7] Die daraus resultierende Chance: Uns selbst als Einheit mit dem Kosmos zu begreifen und dies somit letztlich auch wieder *erleben* zu lernen. Um daraus in verwandelter Form wieder gestärkt, lebendig und mutig zu handeln. In Einklang mit uns selbst – als werdende Wesen.

### Lebenskrisen – Lebenschancen

Der Professor an der philosophischen Fakultät der Universität Wien, Günther Pöltner: *„Nicht zuletzt manifestiert sich die Krise neuzeitlich wissenschaftlich-technischer Rationalität im Ruf nach einem neuen Denken. Dieses soll ein ganzheitliches Denken, ein Einheit-bezogenes Denken in Systemvernetzungen sein. ... Nachdem die Welt nach einem oft zitierten Wort Max Webers von neuzeitlicher Wissenschaft ‚entzaubert‘ worden ist, soll sie im neuen Zeitalter – wieder ‚verzaubert‘ werden. ... Von woher ist die moderne Wissenschaft und Technologie fragwürdig geworden? Welche Phänomene klagen sozusagen ihr Recht ein?"* [8]

Was wie eine triviale Feststellung in den Wissenschaften anmutet, jedoch schlichtweg vergessen wird: Keine Wissenschaft fängt einfach *mit-sich-selbst an*, sondern gründet in einem Boden, den sie selbst nicht gelegt hat, auf dessen Vorgabe sie jedoch bleibend angewiesen ist. Es ist die Welt-Erfahrung, die jeder Wissenschaft vorangeht. *„Urteile, die ein System isolieren, sind etwa die metaphysischen Anfangsgründe der Einzelwissenschaften. Die Wissenschaften gehören zu unseren*

---

[6]  Siehe Kap. 6, Anm. 3-5; Siehe Kap. 7, Anm. 1, 2

[7]  Siehe *„In-forma-tion / Bd.1"*, Kap. 3: Das Primat der Information, Anm. 24.

[8]  G. Pöltner: *„Menschliche Erfahrung u. Wissenschaft"*, H. Thomas: *„Naturherrschaft"*, Köln 1990, S. 237f.

*Einteilungen der Wirklichkeit, und wie alle Einteilungen stehen sie im Dienste unserer Zwecke und sind Resultat unserer Arbeit."* [9]

Essentielle Fragen drängen sich auf: Welchem Zweck will unser wissenschaftliches Forschen dienen? In welchen Dienst wollen wir unsere Arbeit, unsere Entwicklungen, letztlich unser Leben, stellen? Solche Fragestellungen können uns für die Einsicht und Entscheidung öffnen, dass wir Menschen als Einzelindividuen ebenso in einer großen Einheit wurzeln und somit allem Leben verbunden sind: In-*forma*-tion, Bewusstsein, Einheit. – Alles steht in lebendigem Bezug und teilt sich uns als unsere „Um-Welt" mit. Univ.-Prof. Günther Pöltner: *„Auch haben wir es nicht mit isolierten Einzeldingen zu tun, vielmehr kommen die Dinge zum Vorschein als in vielfältigsten Beziehungen stehend. Wir sehen einen entlaubten Baum in einem verwilderten, von niemandem mehr betreuten Garten stehen, wir hören, wie Leute miteinander streiten. Und indem wir dieses oder jenes erfahren, ist in all diesen Erfahrungen auf eine freilich kaum merkliche Art das Unendliche mit gegenwärtig. ... ‚Im offenen All-Bezug zu leben, mache das Menschsein des Menschen aus', lautet eine alte Auskunft."* [10]

Der international renommierte Genetiker Kazuo Murakami ist den verschiedenartigsten Herausforderungen in seinem langen Forscher-Leben begegnet. Etwas als schwer zu nehmen und so seine Be-Geisterung und Achtsamkeit zu verlieren – dafür hat er eine gewachsene Weisheit als Frucht seines Lebens parat: *„Das Leben ist voller Höhen und Tiefen. Manchmal scheint es ein Ding der Unmöglichkeit zu sein, dann auch noch edle Absichten zu haben. Was können wir tun, um auch in solchen Zeiten enthusiastisch zu bleiben? Mir hilft es dann zu denken, dass wir nicht aus eigener Kraft und eigenem Einfallsreichtum heraus leben, sondern vielmehr durch das unbezahlbare Geschenk, das uns von der Natur gegeben wurde."* [11]

---

[9] P. Bahners: *„Vom Schicksal der Wahrheit nach der Dekonstruktion."*, in: H. Thomas: *„Naturherrschaft ..."*, Köln 1990, S. 233; Siehe *„In-forma-tion / Bd.1"*, Kap. 12: Visionen und Ziele, Anm. 11f-16.

[10] G. Pöltner: *„Menschliche Erfahrung und Wissenschaft."*, in: H. Thomas: *„Naturherrschaft ..."*, Köln 1990, S. 240.

[11] K. Murakami: *„Der göttliche Code des Lebens – Ein neues Verständnis der Genetik."*, Güllesheim 2008, S. 133.

## Willensfreiheit? – Veränderungen aus neurophysiologischer Sicht

Selbst so vehemente Vertreter materialistischer Neurophysiologie wie der Forscher Gerhard Roth haben ihren Publikationen in den letzten Jahren, bezüglich der Fragestellung „*frei oder determiniert?!*" – eine wohltuend andere, neue Richtung gegeben. Roth gilt neben Wolf Singer immerhin als DER deutsche Hirnforscher klassischer Prägung. In einer Rezension zu seinem Buch „*Persönlichkeit, Entscheidung und Verhalten*" [12] in der Fachzeitschrift „*Spektrum der Wissenschaft*" finden sich diesbezüglich folgende Hinweise: „*Zwangsläufig werfen diese Erkenntnisse philosophische Fragen nach Willensfreiheit und Verantwortung auf. ... Es ist zu begrüßen, dass er sich dabei nicht mehr in dem kruden Schema ‚frei oder determiniert?' bewegt, das lange Zeit viele populärwissenschaftliche Beiträge zu dem Thema beherrschte. Während er in früheren Veröffentlichungen die Position vertrat, die üblichen Vorstellungen von Willensfreiheit und Verantwortung seien durch die Hirnforschung widerlegt, zeigt er nun, warum es auch dann sinnvoll ist von Verantwortung zu reden, wenn wir davon ausgehen, unser Verhalten sei durch neuronale Vorgänge determiniert. Dabei beruft er sich auf ein zentrales Argument aus der philosophischen Debatte um Willensfreiheit: Wenn meine Entscheidungen durch nichts determiniert wären, dann wären sie ein Ergebnis des Zufalls und könnten somit auch nicht mir als Urheber zugeschrieben werden. Damit eine Entscheidung meine Entscheidung ist, muss sie in meinen Motiven und in meiner Persönlichkeit verankert sein. Sie muss also, so paradox das klingen mag, determiniert sein, um überhaupt als meine Entscheidung gelten zu können.*" [13]

Ja, es ändert sich etwas ...! Deutlich wird an diesem Text allerdings auch, dass hier „*verankert sein*" stillschweigend mit „*determiniert*" gleichgesetzt wird. Derartige Gleichsetzungen dürften durch die neuesten Ergebnisse epigenetischer Forschung und Bewusstseinsforschung als grundsätzlich überholt gewertet werden. [14]

---

[12]  G. Roth, „*Persönlichkeit, Entscheidung und Verhalten*" Stuttgart 2007.

[13]  M. Engel: „*So bin ich halt ...*", Buchrezension zu G. Roth: „*Persönlichkeit, Entscheidung und Verhalten.*", in: *Spektrum der Wissenschaft 9/2008*, S. 102.

[14]  Siehe „*In-forma-tion / Bd.1*, Kap. 7: Epigenetik: In-*forma*-tion fürs Genom.

## *Die Welt als Spiegel von uns.* – Oder: Freiheit in Liebe ...

Viele sozial-religiöse Bewegungen kritisieren die „Ego-Entwicklung" und betonen die Wichtigkeit, dieses Ego auszulöschen. Ich bin nicht der Auffassung [15], denn von einer anderen Ebene der Betrachtung begriffen, kann die enorm evolutive Chance der Menschheitsentwicklung mit ihrem „Kunstgriff-der-Bewusstseins-Evolution" á la Ego-Ich, als DAS wesentliche Durchgangsstadium der kosmisch-irdischen Entwicklung, deutlich werden. Hier muss gar nichts repariert werden! Wir stecken als Menschheit eben noch in den „Kinderschuhen".

Die Lebenserfahrung des begeisterten Pädagogen in mir sagt sich und glaubt: *„Wie im Kleinen, so im Großen"*. Wenn das Ego im Menschen mehr und mehr aus seiner Enge heraustritt, werden Wohl & Wehe aller Menschen sowie der Welt als Gesamtes, zum persönlichen Anliegen werden, wird Heilung und Einheit auf einer neuen Bewusstseins-Ebene erreicht sein. Die Menschheit wird sich mehr und mehr der gemeinsamen Verantwortung klar werden und sich ihr auch stellen.

Als Menschheit werden wir durch diese Ego-Entwicklung und ihre abschließende Integration (liebende Wertschätzung), nicht die selben sein wie ohne eine solche Entwicklung, sondern: gewachsen, hin zu bewusst gelebter Freiheit in Wertschätzung und Liebe. Auch hier gilt: *„Gleiches ist mit Gleichem zu heilen"* – das Simileprinzip [16].

Wenn der Mensch einmal begriffen haben wird, dass er selbst es ist, der sein eigenes Leben ausschließlich selbst bedingt, dann hört jegliche Art äußerlicher Moral auf, irgendeine sinnvolle Bedeutung zu haben. Wer ein harmonisches Leben leben will, eine liebevolle Beziehung etc., der wird aktiv mit seiner Selbst-Verwandlung beginnen, sonst wäre er in seinem Ego wenig egoistisch. Das „Ego" – Schimäre oder Realität mal dahingestellt – als selbstregulativer Prozess? Warum eigentlich nicht. Derart selbstregulative Prozesse sind ja absolut grundlegend in der Natur. Mag sein wir überblicken keine großen Zeiträume. Doch

---

[15]  Siehe auch die Bewusstseins-Übung: *„Ego – Vermeiden!"*, am Ende von Kapitel 4; sowie K. Podirsky: *„Egoismus-und-so-weiter"*..

[16]  Wichtigster Grundsatz in der Homöopathie ist das sogenannte Ähnlichkeits- oder Simile-Prinzip – *„similia similibus curentur"*, zu Deutsch: *„Ähnliches wird durch Ähnliches geheilt."*; Siehe Kap. 4, Anm. 9.

nie hat die Natur etwas geschaffen, was sich nicht letztlich durch seine Eigen-Art auch selbst – im Gesamtsystem – begrenzt hat. Und auch menschlicher Forschergeist hat bereits „*selbstregulative Systeme*" zum Beispiel in Bereichen der Physik geschaffen. – Kein Neuland also! So entdeckten Matthew Boulton und James Watt den Fliehkraftregler und setzten ihn erstmals 1788 zur Drehzahlregelung der Dampfmaschinen ein – je rasanter die Rotationsbewegung wurde, desto mehr drosselte ein ausgeklügelter Mechanismus die Dampfzufuhr. Ein genialer Trick, sodass rein gar nichts „aus-dem-Ruder-laufen" konnte. ... Das Prinzip führte zu einer unüberschaubaren Anzahl entsprechender Erfindungen. Sogar im Bereich der Kernkraftwerktechnologie gibt's übrigens derart selbstregulative Verfahren. Technologisch wird aktuell aber meist ein anderes Verfahren angewandt. Die Vorfälle von Fukushima könnten allerdings auf diesem Gebiet Entscheidendes neu in Bewegung setzen.

Mag sein, Sie empfinden die dargestellte Diskussion spätestens an dieser Stelle als kontrovers und widersprüchlich. Ja, das ist sie auch; nichtsdestotrotz vielleicht aber näher der Wahrheit. Ich gestehe: Ich bin diesbezüglich zuversichtlich: Einmal entdeckt und in seiner Wirkung erkannt, wird uns das eigene „Ego-Ich", welche Art Realität immer wir ihm zugestehen, ebenfalls als ein *Selbstregulator* zur Verfügung stehen. Einfach deshalb, weil unser Bewusstsein ansonsten ungebremst und unschön aus-dem-Ruder-läuft. Und egoistisch wie wir Menschen sind, wollen wir für uns selbst nichts explizit Zerstörerisches.

Es wird somit Schritt für Schritt unser aller Absicht werden, derartige Resonanzen *in uns* und auch *für uns* herzustellen, sodass die Folgen davon gewährleistet sind: Nämlich dass auch das „eigene System" (wir, jeder von uns!) so lebt. Um lebendig ausgerichtet Glück und Glücklichsein zu ermöglichen: *für uns* als Einzelne und *für uns alle* als Menschheit. „*Liebe Deinen Nächsten wie Dich selbst*" klingt zunächst wohl ziemlich religiös in unseren Ohren – klingt verdammt nach „Gutmensch-Philosophie". Es könnte aber auch als simpler Rat eines „Bewusstseins-Experten" aufgefasst und verstanden werden, nämlich: *Doch nicht zu glauben, den eigenen Pickel könne man im Spiegel ausdrücken, wo jeder von uns ihn bei der Morgentoilette zu Gesicht bekommt*; oder sein eigenes „Dicksein", oder jener verhärmte „bittere-

Zug-um-den-Mund-des-Spiegelbildes" etc. Alles so unfreundlich am Servierteller präsentiert! Natürlich, zunächst wird man vielleicht auf die naheliegende Idee kommen, das was stört, mit „dem-im-Spiegel" austragen zu wollen, schließlich erzeugt ja dieses Spiegelbild – ganz offensichtlich! – unser schlechtes Gefühl, unsere Enttäuschung, unser Stirnrunzeln, oder? ... Ja, wir alle haben schon allzu lange versucht „am-Spiegel-herumzumanipulieren". Irgendwann versteht den „Spiegel" aber jedes Kind und sein Funktionsprinzip lernt es später dann sogar in der Schule ...

*Es ist heute an der Zeit, dass wir ein essentielleres „Spiegelgesetz" lernen!* [17] Jenes eben, das uns als Erwachsene herausfordert: Das Leben und diese Welt als Spiegel von uns selbst zu begreifen, Resonanz als zugrundeliegendes, zentrales Funktionsprinzip und In-*forma*-tion als ihr Inhalt-gestaltendes Da-Sein. Wir können es erkennen und begreifen! Dann wird man, zunächst vielleicht sich selbst zuliebe, doch beginnen, die eigene „Ernährung", diese „In-*forma*-tion im Bewusstsein, umzustellen. Nicht, weil man ein besserer Mensch sein möchte (Eigen-Ego-Wunsch) oder sein sollte (Fremd-Ego-Wunsch), sondern, weil man begreift, dass es SO funktioniert – und anders eben nicht!

Unsere Bereitschaft die Außen-Welt als Spiegel unserer Innen-Welt erkennen und an-erkennen zu wollen und danach unser Handeln auszurichten, wird dieser Menschheit und unserer Erde wahre „Mündigkeit" und echte menschliche Verantwortlichkeit ermöglichen. Beileibe nicht, indem das Ego verdammt werden muss, sondern indem wir uns der Einsichtsfähigkeit unseres Bewusstseins sowie all seiner essentiellen Möglichkeiten bedienen. Nur das kann, Step-by-Step, dann auch dieses Ego wandeln, weil es spürt, dass es angenommen ist. So ist Wandlung möglich. Jeder echte Pädagoge weiß das, jeder systemisch arbeitende Familientherapeut oder Psychiater, jeder Mediator etc. Wir alle können es wissen. Es gilt etwas in uns selbst zu wandeln, sodass „*Resonanz*", in unserer eigenen Biographie genau jenes Ergebnis sichtbar machen kann, das wir als für uns als heilsam und erstrebenswert erachten. Resonanz als „Spiegelungs-Gesetz" – mehr ist es zunächst nicht, worauf wir unser Augenmerk

---

[17] Siehe Kap. 4, Anm. 2ff; Kap. 12, Anm. 28, 29.

zu richten haben und der, lediglich scheinbar von uns unabhängigen Außenwelt wird – wie immer! – nichts übrig bleiben, als damit in Resonanz zu sein. Echtsein ohne Selbstbetrug allerdings wäre echt clever. Denn: zugekleisterte Pickel, sind halt immer noch – Pickel!

Manche Menschen meinen, dass „*Menschen nur durch Leid lernen.*" Von einem gewissen Gesichtspunkt betrachtet, mag da schon was dran sein. Allerdings: Ich vertraue auf jenen Aspekt dieser Aussage, dass „*Menschen lernen*". Leid kommt doch nur dann ins Spiel, wenn man nicht bereit ist, bei Zeiten zu lernen. – Meiner eigenen Erfahrung nach lernen die meisten letztlich doch, *bevor alles zu spät ist* – und das Leben geht dann lebendiger weiter, als wir es zu denken wagten. Es scheint im kosmisch Großen wie auch im individuell Kleinen ein wesentliches Grundprinzip zu walten: „*Das Leben spielt immer für dieses Leben und seine Entwicklung.*" Oder auch: „*Das Leben spielt immer für uns.*" Ja, wir dürfen sogar selbst bei dem Spiel mitspielen! Hier mein Plädoyer für den Menschen: Beachten wir die wesentliche Spielregel: „Selbst-Achtung und Fremd-Achtung"! So werden wir als Menschheit erwachsen werden und die immer gleichen, „Spiegel-Polierversuche" („*Ich polier Dir gleich die Fresse!*") bleiben lassen können. Es wird gelingen, sobald wir unser umfassendes „Schöpfer-Sein" erkennen und an-erkennen. Unser Einsatz: „*Vollständige Verantwortlichkeit bezüglich unseres Spiegelbildes zu gewährleisten.*" Denn, es könnte ja möglicherweise sein: WIR SIND ES, DIE ALLES ERSCHAFFEN, WAS UNS WIE VON AUSSEN ENTGEGENKOMMT! Das alles wertzuschätzen, meint jene erwachsene, neue Art von Mündigkeit, das Leben sachgemäß fühlend zu handhaben. – Als geistige Wesen, die hier auf der Erde damit befasst sind, essentielle menschliche Erfahrungen zu sammeln [18] Es wird eine Hoch-Zeit für das Leben sein. ☺ Mit dem Blick darauf hin, wurden diese Bücher unter anderem geschrieben.

Die Grundprinzipien menschlichen Bewusstseins sind heute in den Kognitionswissenschaften erforscht und bekannt. Ein essentielles und effizientes Bewusstseins-Werkzeug wurde anhand unterschiedlichster Bewusstseins-Übungen entwickelt. Alles andere darf wachsen. Was hat es also auf sich damit?! – Lassen Sie uns jetzt echt konkret werden!

---

[18] Siehe Kap. 12, Anm. 28, 29f.

50

## Resonanz: ... *leben in einem Universum aus Schwingung und Energie*

Ich möchte hier zwei Versuche vorstellen, die ich einst mit Schülern durchführte. An der Stelle können es zunächst nur Gedanken-Versuche sein. Du kannst daran aber dennoch etwas Wesentliches erleben.

**Versuch Resonanz 1:** *„Zwei Stimmgabeln"*

**Anordnung:** 2 Stimmgabeln 440 Hz (A') auf Resonanzkästchen, im Raum aufstellen. Eine in der Raummitte, die andere beim Versuchsleiter. Die letztere kräftig anschlagen, sodass sie laut klingt. – Sie anschließend wieder mit der Hand stoppen. Man hört den Ton im Raum immer noch, wenn auch viel leiser. Solange, bis man auch die zweite Stimmgabel (in der Raummitte – sie kam in Resonanz) mit der Hand stoppt.

**Versuch Resonanz 2:** *„Offener Klavierflügel"*

Stell Dir vor, Du hast ein Klavier mit geöffnetem Flügel vor Dir. Eine Taste wird angeschlagen. Ein Ton erklingt – verklingt. Der Finger hält die Taste weiter gedrückt, sodass die Saite im Klavier resonanzfähig ist. Nun schreien alle im Raum um Dich Versammelten (verschiedenste Stimmhöhen!) ins offene Klavier und verstummen dann alle auf ein Zeichen. Was werden wir hören? – Die Saite im Klavier antwortet mit genau der Tonhöhe, welche der Schwingungsmöglichkeit dieser Saite entspricht. Dann machen wir dasselbe mit einer anderen Taste. Wieder erklingt am Ende nur jener Ton der freigegebenen Saite. Wir schlagen 3 Saiten als Dur-Dreiklang an (Tasten gedrückt halten). Wieder schreien alle ins offene Klavier. Und wieder antwortet letztlich der Dur-Dreiklang aus dem offenen Flügel. Obwohl die Stimmen das gesamte Frequenzspektrum umfassen, werden im Anschluss nur jene Frequenzen hörbar, die den zur Resonanz fähigen Saiten entsprechen.

**Frage:**

Welche analoge Bedeutung kann es für unsere Menschenwelt haben, dass auch wir Menschen mit unserem Bewusstsein in einem Kosmos beheimatet sind, der erwiesenermaßen das Ergebnis aus In-*forma*-tion / Schwingung / Energie darstellt? Eine Überlegung als Analogie lautet: Wir dürfen davon ausgehen, dass wir als Menschen jeweils nicht lediglich eine Saite des Klaviers repräsentieren, sondern dass jeder alle Saiten ist. Allerdings nicht, indem man sich stark darum „bemüht-sozu-tun", wie wenn man „nicht-bloß-diese-eine-Saite-wäre", sondern indem man ALLE Saiten anerkennt als Teil der *eigenen Ganzheit.* *Du bist gewissermaßen das Klavier. Und: Du bist AUCH der Klavier-spieler und darfst jede Saite anschlagen, die für Dich, Deiner Intuition gemäß, stimmig ist. (Vorschlag:* **Höre auf Dein Gefühl!***)* – Und da gäbe es noch ganz andere Ideen: Möglicherweise hast Du das Klavier *mit-erdacht, mit-erbaut* ... Du bist aber auch Zuhörer dieser Musik und wirst jene Töne der Ganzheit hören, ob Du sie schätzt oder nicht, für die du Resonanz-fähig bist. Und was die Welt betrifft: Es „antwortet" in der Welt nur das auf uns, was mit dem von uns Ausgesendetem in Resonanz kommen kann. Nichts anderes! [19] Denk einfach 'mal darüber nach.

Noch ein Gedanke von Constancio C. Vigil, ein Kinderbuchautor aus Uruguay: „*Menschen sind wie Musikinstrumente; ihre Resonanz hängt davon ab, wer sie berührt.*" [20] Wir kennen ja das Sprichwort: „*Wie man in den Wald hineinruft, so schallt es zurück*". Nur: Man ruft in den EIGENEN Wald hinein. Es ist der Umgang mit uns selbst. Es ist unser Universum, in das wir hineinrufen, kein anderes! Wenn ich mich selbst betrüge, mir selbst nicht „gut-tue" – rate mal, wie dann die anderen mit mir *in Resonanz* gehen?! Wenn ich mir selbstlos gebe, dann auch mir die anderen. ... Das Resonanzprinzip eben: „*Wo Tauben sind, fliegen Tauben zu.*" Oder, auch: „*Wer hat, dem wird gegeben, dass er die Fülle habe. Wer aber nicht hat, dem wird auch das genommen, was er hat.*" [21]

Mein Vorschlag, zunächst vielleicht nur als Denkmöglichkeit: seinen gewohnten Standpunkt verlassen, um zu erfahren, was *wirklich* alles möglich ist, jenseits dieser engen, altbekannten Ebene. Frag Dich doch: „*Was dient meiner Beziehungsebene – zu mir, zu Dir? Was dient der Freude, der Erweiterung und der Ganzheit des Lebens?*"

Also: „*Hast Du Töne? – Ja?!*" – „*Schön, lass hören. Welche denn?!*" ☺

---

[19]  Siehe „*In-forma-tion / Bd.1*", Kap. 3: Das Primat der Information, Anm. 20-23.

[20]  aus: https://books.google.de/books?isbn=351874285X2/ (Juni 2016).

[21]  Jesus, zitiert nach: „*Die Bibel / Neues Testament.*", Matthäus, 25/29. „*Der Matthäus-Effekt ist eines der „Grundgesetze" jeder handlungsbezogenen Soziologie. Die Bezeichnung spielt an auf obigen Satz aus dem Matthäusevangelium.*" aus: http://de.wikipedia.org/wiki/Matthäus-Effekt (3/2012); Siehe „*In-forma-tion / Bd.1*", Kap. 6: Chaos und Strukturen der Ordnung, Anm. 24, 25.

## Kapitel 4: Überzeugungs-Netze und Leben

*„Ob Du glaubst Du kannst es, oder ob Du glaubst Du kannst es nicht:
Du hast Recht."* [1]

Henry Ford

**Die Welt ist immer die, für die wir sie halten.**

Erinnern Sie sich: Im Kapitel über Sprache setzten wir uns mit Folgen unseres fragmentierenden Begrifflichkeits-Denkens auseinander. Die Sprache, die sich mit ihren Vergegenständlichungen wie ein Netz über die Welt und ihre Ganzheit wirft, bedingt unsere Sicht der Welt und fördert genau das an die Oberfläche unseres Bewusstseins, was diesem Werkzeug entspricht. Oder etwas plakativer, wie es der Physiker und Träger des Alternativen Nobelpreises, Hans Peter Dürr für die Wissenschaft und ihre Erkenntnisbemühung formulierte: *„Bei einer Maschenweite von fünf Zentimetern kommt man zum Beispiel zur Aussage: Alle Fische sind größer als fünf Zentimeter."* [2]

Vor längerer Zeit wurde mir im angeregten Gespräch mit einem Paar, beide Philosophen, etwas diesbezüglich Wesentliches bewusst. Er, auch erfolgreich als Architekt tätig, bestätigte aus beruflicher Sicht, selbst argumentativ, dass sich in der Architektur genau jenes Werkzeug widerspiegle, durch welche sie hervorgebracht werde. Also: CAD-Computer mit den 3D-Entwurfs-Programmen, die entsprechend additiven Gebäudeformen. Für meine beiden Gesprächspartner stellte sich Dürrs Argument als völlig einleuchtend dar. Mir aber wurde im anschließenden Gespräch über ein zwischen den beiden zutagetretendes persönliches Problem deutlich, wie schwer es noch fällt, einzusehen, dass angenommene, eigene Überzeugungen, mit denen wir wertend und nach Einsicht strebend das Leben beobachten, nichts anderes darstellen als derartige Netze. Und: Dass auch in diesem Zusammenhang die jeweilige Art der Netze somit das Ergebnis unserer Wahrnehmungen und unsere Erkenntnisbemühungen bedingt: Hat da jemand zum Beispiel die Überzeugung, weil sich das in der Stammfamilie auch schon so bewahrheitet hatte: *„Männer stehen nicht zu ihren Frauen und verlassen*

---

[1]  Siehe *„In-forma-tion / Bd.1"*, Kap. 4: In-*forma*-tion – und andere Felder, Anm. 26, 27.
[2]  H.P. Dürr: *„Das Netz des Physikers"*, München 1990, S. 64ff .

*die Familie"*, so wird dieses Netz individueller Aufmerksamkeit, mit dem in der Welt nach entsprechenden Wahrnehmungen gefischt wird, jene eventuell lediglich 5% an Illoyalität am anderen aufspüren. Wir werden sie dann oft selbstgerecht und rechthaberisch als unseren 100%-igen Fang präsentieren. Daraus resultierende Handlungen werden das Ihre bewirken. Sicher-ist-sicher wollen wir so „erste Anzeichen" bemerken. *„Und was bedeuten meine tagtäglich aufgebrachten 95% an Loyalität?!"* – mag da zu Recht der Andere fragen ...

Wissenschaftliche Untersuchungen zeigen auf, dass solche Signale, bezüglich Loyalität, selbst wenn sie zu überwiegendem Maß ausgesandt werden, vom Verstand gegenüber und dessen „*Vorstellungs-Netzen*", nicht wahrgenommen werden können. Die Maschenweite des oben definierten Netzes fischt im vordefiniert Trüben jene trüben Aussichten des somit bereits vor-konzipierten Lebens. Die Wirklichkeit, welche wir alle, jeder auf seine / ihre Weise, erleben, ist somit nachweislich Ergebnis dessen, was wir mental bereits zu wissen meinen. Ja, wir erleben daran in gewisser Weise lediglich UNS SELBST! Und wir dürfen uns darüber im Klaren sein: Alles, was mit Information, mit Verstandes-Bewusstsein, zu tun hat, ist vernetzt und somit rückgekoppelter Teil einer systemischen Ganzheit. Selbst dann, wenn wir nicht wissen, wie.

Systemisch betrachtet, sitzt bei all dem auf der anderen Seite ein vernetztes Pendant, ein anderes menschliches Bewusstsein, und fischt mit den ihm eigenen Netzen gleichermaßen im Trüben. Im Fall meiner Gesprächspartner hieß die dazu verlinkte (vernetzte) Überzeugung: *„Ich kann mich bemühen, wie ich will, es reicht doch nie, mir zu vertrauen"*, wie derjenige ohnmächtig aussprach und erkannte, *weil* das in seiner Stammfamilie auch schon „*seine Wirklichkeit*" gewesen sei. Mit diesem mentalen Hintergrund wird jeglicher Versuch, Vertrauen-Förderndes bemüht zu kommunizieren, sinnlos. In Verbindung mit dem systemisch vernetzten Gegenüber fällt es aus Gründen der geschilderten „Fischerei-Methode" sozusagen durchs Netz und entzieht sich grundsätzlich der Beobachtbarkeit. In der Wissenschaft (Physik) ist diese Problematik bekannt. Sie wird dort als „methodologische Grenze" bezeichnet. Man weiß Bescheid: Diese Forschungsmethode (eine gewisse Betrachtung, ein spezielles Experiment) ist per se ungeeignet, ein gewisses Resultat zu erzielen – oder auch zu widerlegen. Auf ähnliche Dilemmata und entsprechende Lösungsansätze werden wir im Verlauf der Auseinandersetzungen des Öfteren stoßen. Wir kommen später noch darauf zurück.

Der Eine der beiden in dem scheinbar frei gewählten System (oder gleichen wir nicht eher einem Stück Holz am Fuß eines Wasserfalls, das immer und immer wieder denselben Weg schwimmt, gefangen, bis ...?) wird stets versuchen, zu beweisen, dass er / sie vertrauenswürdig sei, während der Andere versucht (sich) zu beweisen, dass der / die andere genau das NICHT sei. Unschwer nachzuvollziehen, dass ein derart gelebtes Beziehungssystem Dauerstress-pur bedeutet und ungreifbare Ängste schürt. Ständiger Stress aber, so weiß man heute, schädigt auf Dauer nachweislich (nicht nur) das Gehirn. Stress führt zu vermehrter Ausschüttung der Steroidhormone Cortisol und Adrenalin. [3] Beide Hormonausschüttungen stellen eine physiologische Schutzfunktion des Körpers dar und stimmen den Körper auf eine kommende Kampf- oder Fluchtreaktion ein. Sie steigern kurzfristig die Aufmerksamkeit für unsere Außen-Wahrnehmung – was zugleich aber stets zu Lasten unseres Immunsystems und unserer Selbstheilungskräfte geht, indem absichtsvoll zugleich die Innen-Wahrnehmung gehemmt wird: *„Das Adrenalinsystem unterdrückt das Immunsystem."* [4].

Die Umleitung von Energien zugunsten einer Schutzreaktion geht weiter stets auf Kosten von Wachstum, sowohl körperlich betrachtet als auch mental. Dies ist besonders bei Cortisol-Ausschüttung zu erkennen: Cortisol ist jener Wirkstoff, der uns bei Prüfungsangst die einfachsten Lerninhalte vergessen lässt. [5] Wenn wir das aber wissen, können wir die absehbaren Folgen erahnen. Die Medizin konstatiert mittlerweile eindeutig: Auf Dauer versetze Derartiges unseren Organismus, primär auch physiologisch gesehen, in einen Zustand ständiger Überforderung. Die Folgen davon sind: Flucht, Kampf, oder Zusammenbruch, die Entwicklung des Symptoms Burn-out, auch Burn-out von Beziehung.

---

[3]  Siehe *„In-forma-tion / Bd.1"*, Kap. 8: Immunsystem, Anm. 19.

[4]  B.H. Lipton: *„Intelligente Zellen – Wie Erfahrungen unsere Gene steuern."*, Burgrain 2006, S. 146f (Orig.: *„The Biology of Belief: Unleashing the Power of Consciousness, Matter and Miracles"*, San Rafael 2005).

[5]  B.H. Lipton: *„Intelligente Zellen – Wie Erfahrungen unsere Gene steuern."*, Burgrain 2006, S. 174.

Und noch etwas ist die Folge, wie wir von uns selbst wissen: Wenn man Angst hat, ist man einfach dümmer. ... Ebenso zeigen Untersuchungen, dass die Hormone einer ständig unter Stress lebenden Mutter, die Physiologie des Embryos beeinflussen. Cortisol im Mutterblut bewirkt, dass die Systeme von beiden aus der Wachstumshaltung in Schutzhaltung übergehen. Die Wachstum-hemmenden Auswirkungen mütterlichen Cortisols führen zu signifikant kleineren Babys. [6]

Doch zurück zu dem mir befreundeten Paar und seiner Thematik. Tragisch erscheint zunächst vielleicht, dass SOGAR durch Bemühung nichts Förderliches zu erreichen ist. Bemühungen werden, wie wir sehen, in einem derart systemischen Zusammenhang fast ausnahmslos desavouiert, zur krassen Bedeutungslosigkeit degradiert und ignoriert. Vergessen wir nicht: Alles in Zusammenhang mit Bewusstsein und Information (also jeder Lebenszusammenhang!) IST systemisch. Aber vielleicht liegt in dieser scheinbaren menschlichen Tragik, systemisch gedacht, geradezu ein Not-wendiges Übel und bereits die Lösung ...

Finden wir zunächst die Offenheit anzuerkennen, dass es letztlich die vom Verstand vorgefertigten Netze sind, mit denen wir gegenwärtige und absehbar-zukünftige Wirklichkeit „an-Land-ziehen". [7] Daraus erst wird sich ein erweitertes und wirklichkeits-gemäßeres Verständnis, sowohl von Verantwortung als auch Mündigkeit bei uns Menschen entwickeln können. Die Vorsokratiker unterschieden noch zwischen *„gestaltbarer Wirklichkeit"* und *„sich enthüllender Wirklichkeit"*. Verantwortlichkeit wurde von ihnen somit konsequent nur für den Aspekt gestaltbarer Wirklichkeit angenommen. Ihre Rechtsprechung damals richtete sich gemäß dieser philosophischen Sichtweise.

---

[6] Untersuchungen der Neurobiologin Mary Carlson, Professorin für Psychiatrie der Harvard Medical School, an kindlichen Insassen rumänischer Waisenhäusern ergaben, dass bedingt durch psychischen Stress, ein stets erhöhter Cortisol-Spiegel messbar war. Je höher der individuelle Cortisol-Spiegel der Kinder, im Alter weniger Monate bis etwa drei Jahre, desto schlechter waren ihre Entwicklungschancen. C. Holden: *„Child Development: Small Refugees Suffer the Effects of Early Neglect."* in: *Science 274(5290): 1076-1077;* 1996.

[7] Siehe auch *„In-forma-tion / Bd.1",* Kap. 6: Chaos und Strukturen der Ordnung, Anm. 14, 15.

Auch heute geistert noch eine derartige Auffassung in menschlichen Gehirnen. Daher wird Verantwortung eher folgendermaßen empfunden: *Ich trage in meinem Tun ausschließlich für die mir überschaubaren Ebenen des zwischenmenschlich-sozialen Lebens Verantwortung* – für all das andere, was sich gemeinhin als „wie zufällig" ergibt, könne man doch nicht zur Verantwortung gezogen werden!?

Die wissenschaftlich betrachtet zeitgenössische Sicht und Idee fordert genau DIES neu zu denken. Mit etwas Bereitschaft wird leicht klar: Die wohlmeinend wie selbstbetrügerisch sich erst „in-Zukunft-enthüllende-Wirklichkeit", die gibt es SO nicht. Sie ist bereits in der Gegenwart absehbar – festgelegt durch unsere unreflektierten Gedanken-Netze. Jeder von uns kennt wohl den idealisierten Satz: *„Die Gedanken sind frei ..."* Sie sind allerdings meist gar nicht so *frei* und offenbar im Stande auch höchst unheilsame Wirksamkeiten zu entfalten. Daran dürfte kaum ein Zweifel bestehen. Deutlich wird, dass viele Menschen auch heute noch *Verantwortung-Haben* mit Schuld-Haben gleichsetzen. Ein offensichtliches Relikt manch religiöser Tradition und ihrer Überzeugungs-Netze, die das Allgemein-Wohl oder Allgemein-Unwohl früherer Lebenszusammenhänge gestaltet haben. Klar: Wer will schon Schuld haben?! Vor allem – und schon gar nicht! – am eigenen Leben und seiner Entfaltung ...

Als letztgültig und entscheidend – die Frage: *Halten wir es überhaupt für möglich über den Einsatz dieser Netze selbstbewusst zu bestimmen?*

Verantwortung oder Opfersein! Daran entscheidet sich unsere Art zu leben: Das Leben kann letztlich nur DAS als Ergebnis liefern, was unsere eigenen Netze ermöglichen, uns als Fang aufzutischen.[8] Die Bereitschaft und Offenheit, sich für eine derartige Möglichkeit oder dagegen auszusprechen, entscheidet, ob wir bereit sind an unsere Freiheit und Selbstbestimmtheit zu glauben und uns als mündige Wesen bezüglich des Lebens zu verhalten. Daran scheiden sich die Geister. Ja es stimmt: Es braucht Mut zur Verantwortung, anstelle vorgetäuschter Verhaltens-Bilder. Mut und eine gehörige Portion (Selbst-)Liebe. Sollten wir uns diesbezüglich unfrei fühlen (*wollen*). Weil: *SO einfach kann es doch nicht sein, derart gewohnte Muster zu ändern!!!* – wird

---

[8] Siehe auch „*In-forma-tion / Bd.1*", Kap. 3: Das Primat der Information, Anm. 20, 21.

unser Lebenstisch immer wieder mit den gleichen Speisen aus unseren Netzen gedeckt sein, selbst wenn uns die gar nicht mehr munden.

Und wir werden nur allzu gerne das Meer, aus dem wir fischen – also *„die anderen"* – dafür verantwortlich machen, was sich als unser Leben unerklärlicher oder unfairer Weise entfaltet. Diese „anderen" jedoch wollen alle partout nicht begreifen, warum SIE diese Unzufriedenheit verantworten sollten. Tja, so eine Rolle will sich keiner gern von jemand anderem umhängen lassen. Wir selbst – bekannterweise – auch nicht.

Es scheint also durch unser Bewusstsein etwas wie herausgefischt zu werden aus dem potenziellen Feld des Lebens. Etwas, was ganz offensichtlich mit der Ausrichtung unseres Bewusstsein zu tun hat: in Korrelation mit den In-*forma*-tionen, über die unser Bewusstsein verfügt. Oder, sagen wir es noch deutlicher: mit unserem Bewusstsein, das diese Informationen IST – energetisch angelockt und angedockt. „Resonanz" würde ein Physiker, welcher mit dem Begriff des *„Feldes"* operiert, vermutlich sagen: *Da kommt im Feld genau das – und ausschließlich das – in Resonanz, was dieselbe Schwingungsfrequenz hat.* Wir kennen dieses Phänomen ja bestens aus dem Bereich der elektromagnetischen Felder, auf deren Basis heute alle technische Kommunikation funktioniert: Mobilfunk, Flugsicherung, Polizei-Funk, GPS, Radioprogramme, Fernsehprogramme etc. – All das funktioniert auf Grund desselben Resonanz-Prinzips. Ganz offensichtlich bekommt der Empfänger nur jenes an Information aus der Vielfalt im Feld herein worauf dieser Empfänger seine Schwingungsebene ausgerichtet hat. Frei übersetzt können wir für unsere Art von In-*forma*-tions- oder Bewusstseins-Feld sagen: *Nur das wird wahrgenommen, worauf der Empfänger seine Aufmerksamkeit eingestellt hat, um entsprechende Signale aus dem Feld abzurufen.* – Gleiches zieht Gleiches an.

Dieses Grundprinzip ist schon lange bekannt, lange vor jeglicher Tele-Kommunikation. So wie es heute aussieht, ist es ein – wenn nicht sogar DAS – Grundprinzip im Universum! Und man kann es modifiziert so ausdrücken, wie es bereits um 1800 vom Begründer der Homöopathie, dem Arzt und Chirurgen Samuel Hahnemann, ausgesprochen wurde: *„Gleiches ist mit Gleichem zu heilen."* [9]

---

[9]  Siehe Kap. 3, Anm. 16.

Das Universum spielt – in-*form*-ell betrachtet – offensichtlich auch dann für uns, wenn wir immer wieder und scheinbar unveränderlich die gleichen zwischenmenschlichen Phänomene erleben. Solange, bis wir bereit sind unser Netz, unseren Empfänger – unser Bewusstsein – anders und neu auszurichten, um nicht die immer gleichen Nachrichten, oder pointierter gesagt: Nach-Richten (letztlich doch nur die Richt-Sprüche sowie die eigenen vorgefassten Bewertungen unserer Innenwelt ...) aus-aller-Welt zu empfangen. Wenn auch vielleicht nicht ausschließlich immer sogenannt „bessere", so doch zumindest neue, interessante, andere. ... Die Dinge in der Welt sind für unser Bewusstsein ja ganz offensichtlich nicht so, wie SIE sind, sondern wie WIR sind.

Phantasievoll neue Wege auszuprobieren: als Kinder hatten wir diese spielerische Bereitschaft, Ausdauer und Freude allemal. Irgendwo-in-uns ist ja alles da, es muss lediglich wieder freigelegt werden: mit Phantasie! – Ohne diese Eigenschaft gäbe es wohl auf keinem Gebiet menschlicher Entwicklung irgendeine Erfindung. Im Grund genommen müssen wir es nur entscheiden und verantwortlich wählen, was wir in der jeweiligen Gegenwart in unseren Bewusstseins-Empfänger hereinholen wollen. Wie?! – Das kann heutzutage jeder Mensch an Hand einfacher Bewusstseinsübungen empirisch kennenlernen und mit entsprechender Bereitschaft auch praktizierend erlernen. Es hat dies mit etwas zu tun, mit einer Kraft, die in Verbindung mit dem menschlichen Fühlen wirksam wird: mit „Glauben". Nicht mit irgendeinem Glaubens-Inhalt im konfessionell-religiösen Sinn. Nicht im Sinn von: an-etwas-Bestimmtes-glauben, sondern mit Glauben als Be-Wirkendes, als verwandelnde Kraft.[10] Diesen Bereich kennt im Übrigen jeder ernstzunehmende Wissenschaftler – meist ohne ihn bewusst zu schätzen: Es kommt nämlich auch keine Wissenschaft ohne dieser Begeisterungs-

---

[10] Interessant, wie dies der Physiker C.F. von Weizsäcker formuliert hat: *„Das führende Element des ‚Glaubens' ist nicht das Fürwahrhalten, sondern das Vertrauen. Fürwahrhalten ist eine intellektuelle Haltung. ... Unter Vertrauen hingegen verstehe ich eine Beschaffenheit der ganzen Person, die nicht auf das bewusste Denken beschränkt ist. Wenn wir wirklich vertrauen, dann leben und handeln wir so, wie wir leben und handeln müssen, wenn das, worauf wir vertrauen, wirklich und wahr ist."* C.F. von Weizsäcker: *„Die Tragweite der Wissenschaft.",* Stuttgart 1976; Siehe Kap. 8, Anm. 11; Siehe *„Jn-forma-tion / Bd.1",* Kap. 9: Placebos und Überzeugungen, Anm. 23.

Kraft aus: Jede neue Einsicht und Erkenntnis wird zunächst aus einem intuitiven Wissen, aus einer inneren Überzeugtheit, herausgeboren. Noch nie wurde diesbezüglich etwas Neues gefunden, ohne dass ein/e Forscher/in, mit einer derartigen Kraft begabt, ans Leben, an die Natur der Dinge heranging und Unbekanntes, jenseits des bereits Bekannten, zu finden möglich wurde. Per Zufall oder durch pures Nachdenken, soweit sind die zeitgenössischen Forscherpersönlichkeiten offenbar einig, finden keinerlei neue Informationen in unser Bewusstsein herein.

Der Mathematiker Univ.-Prof. Rudolf Taschner [11]: *„Nein! Das würde ich schwer ablehnen, dass eine wissenschaftliche Erkenntnis zufällig passiert. ... Theorien liegen in der Luft, die sind sozusagen im Schwange ...“* [12]. Solches bestätigt auch der Nobelpreisträger Anton Zeilinger, Leiter des Instituts für Experimentalphysik der Uni Wien. *„Wenn jemand Naturwissenschaft betreibt, ohne dass die Intuition eine zentrale Rolle spielt, dann macht er die Physik des vorigen Jahrhunderts und nicht moderne Physik. ... Wir machen Grundlagenwissenschaft und da geht es darum, auf neue Ideen zu kommen, was Neues zu machen. Da hilft letztlich nur die Intuition, wenn Sie auf eine neue Idee kommen wollen. – Ich glaube, keine Wissenschaft ist so konstruiert, dass die wirklich neuen Dinge dadurch zustandekommen, dass man nachdenkt und linear Schlüsse zieht. Sondern es kommt von irgendwoher eine Idee, die ist nicht logisch begründbar, sonst wär' es ja nichts Neues, sonst wär' es ja nur eine Folge des Bisherigen.“* [13]

## Und – wie nun tun ...?!

Grundsätzliches bezüglich einer Neuorientierung eines gegenwärtig problematischen Zustandes hat bereits Albert Einstein erkannt und formuliert: *„Probleme kann man niemals mit derselben Denkweise lösen, durch die sie entstanden sind.“* Wenn es also stimmt, dass die Gedanken – die In-*forma*-tion – von heute, die Realitäten von morgen

---

[11] Rudolf Taschner lehrt an der Technischen Uni Wien (Inst. für Analysis und Scientific Computing). Er wurde zum Österreichischen Wissenschaftler (Jahr 2004) gewählt.

[12] R. Taschner, in: *„Die Macht des Zufalls – Über das Unplanbare im Leben.“*, Transkription, in: *ORF Salzburger Nachtstudio*, 5.3. 2008, von: U. Schmitzer.

[13] A. Zeilinger, in *„Gefühltes Wissen – Die Kraft der Intuition.“*, Transkription, in: *ORF Radiokolleg*, 2007, von: T. Arrieta; Siehe auch Kap. 9, Anm. 12-14, 17, 18f.

sind, dann ist damit auch klar, wo die Lösung aller menschlichen Dilemmata liegt. Wir bekommen dies ja auch stets von Neuem in den verschiedensten Bereichen menschlicher Kultur (Wissenschaft, Politik, Kunst und Religion), aber auch auf privater Ebene (Beziehung, Familie und Beruf) signifikant vor Augen geführt. Denn: Unser Ego gibt uns *einerseits* Gedanken zu denken vor, welche unsere (kindlich) neugierige Aufmerksamkeit anziehen, denen wir aber wie ausgeliefert scheinen (wobei „wir" unser Bewusstsein meint). Andererseits aber versteckt es vor uns selbst seine problematischsten Gedanken und Ideen. Nämlich jene bezüglich nahestehender Menschen, uns selbst sowie des Lebens und allem Werden ... Diese Ideen und Überzeugungen wirken dann im Unterbewussten, selektieren die Wahrnehmung und binden unsere Aufmerksamkeit. Alles in allem – ein Dilemma!

*„Was für viele andere Dilemmata gilt, trifft auch hier zu."* – um es mit Joseph Weizenbaum, dem in den 1970-er Jahren führenden Computer-Entwickler am Massachusetts Institut of Technology (MIT) zu sagen: *„Die Lösung liegt im Verwerfen der Spielregeln, die es hervorgebracht haben. Für das vorliegende Dilemma lautet die entsprechende Regel, dass die Rettung der Welt – und darüber rede ich hier – davon abhängt,* **andere** *zu den richtigen Ideen zu bekehren. Diese Regel ist falsch. Die Rettung der Welt hängt nur von dem Individuum ab, dessen Welt sie ist. Zumindest muss jedes Individuum so handeln, als ob die gesamte Zukunft der Welt, der Menschheit selbst, von ihm abhinge. Alles andere ist ein Ausweichen vor der Verantwortung."* [14]

Um obiges Dilemma zu lösen, gilt es dem Ego-Ich Verstecktheiten und Geheimnisse zu entziehen, seine unbewussten Widerstände dagegen zu erkunden. Und es wertzuschätzen. – Dann heißt es: *Beharrlichkeit im Umgang mit der einsetzenden Veränderung.* Nicht Bemühung, sondern: Beharrlichkeit, was ja nicht dasselbe ist. Während das Eine primär aufs Ergebnis und Selbstbild schielt, unterstützt das Andere wertschätzend

---

[14] J. Weizenbaum: *„Die Macht der Computer und die Ohnmacht der Vernunft."*, Frankfurt 1977; Joseph Weizenbaums Ideen wurden allgemein als *„Meilenstein künstlicher Intelligenz"* gefeiert. Weizenbaum selbst aber wurde durch ein Schlüsselerlebnis zum vehementen Kritiker der einsetzenden Computergläubigkeit. Sich selbst bezeichnete er als *„Dissidenten und Ketzer der Informatik"*. J. Weizenbaum: *„Kurs auf den Eisberg."*, Zürich 1987, S. 15; http://de.wikipedia.org/wiki/Joseph_Weizenbaum.

einen Prozess der Offenlegung und Wandlung. So kann Abgespaltenes sich integrieren, wird Aufmerksamkeit frei, um mit den heilsam neuen und freudigen Gegenwärtigkeiten zu spielen. Nun, welches ist die *Spielregel*, die obiges Dilemma hervorbringt und die es *„zu verwerfen"* gilt? Könnte es sein, dass die falsch verstandene Regel lautet: *„Meine Gedanken sind frei. Was ich denke, hat nur für mich Bedeutung."* Oder: *„Großartig ändern kann sich letztlich doch keiner. Das Wesentliche im Leben bestimmen die Gene."* Oder auch (siehe bei Weizenbaum): *„Ich muss die anderen zu den richtigen Ideen bekehren."* Oder, wie meine beiden Philosophen-Freunde: *„SO einfach KANN das doch nicht sein!"*

Der Mediziner Gerald Hüther, Gehirnforscher und emeritierter Professor für Neurobiologie an der Psychiatrischen Klinik der Uni Göttingen, bevorzugt von Bildern zu sprechen. Von Gedanken-Bildern. Er betont, dass es Bilder gibt, aus denen Menschen Mut, Ausdauer und Zuversicht schöpfen. Oder auch solche, die die Menschen in Hoffnungslosigkeit, Resignation und Verzweiflung stürzen lassen. Daher – so betont er – ist es alles andere als belanglos, wie diese inneren Bilder beschaffen sind, die sich ein Mensch von sich, von seinen Beziehungen zu anderen und der ihn umgebenden Welt macht. Vor allem aber auch von seiner eigenen Fähigkeit, das eigene Leben nach lebendigen Vorstellungen zu gestalten. Hüther weist mit großer Eindringlichkeit darauf hin, dass wir zu lange ahnungslos zugelassen hätten, dass unsere inneren Bilder als unbewusste Vorstellungen in unseren Köpfen herumgeistern und so das Leben, die Nutzung der Gehirne sowie Kultur und Gestaltung unserer Lebenswelt bestimmen. *„Es ist"* – so meint er – *„mehr als an der Zeit zu begreifen, was diese inneren Bilder sind, wie sie entstehen beziehungsweise woher sie kommen. Denn, nur insofern wir uns der Herkunft und der Macht dieser Bilder bewusst werden, können wir auch darüber nachdenken, wie es anzustellen ist, dass künftig wir die Bilder und nicht die Bilder uns bestimmen."* [15] Für Gerald Hüther ist die historische Beweislast *„erdrückend"*: Soweit die Menschheit zurückdenken kann, haben Menschen innere Bilder

---

[15] G. Hüther: *„Die Macht der inneren Bilder – Wie Visionen das Gehirn, den Menschen und die Welt verändern."*, Göttingen 2008, S. 10; Siehe Kap. 8, Anm. 9-12; Siehe *„In-forma-tion / Bd.1"*, Kap. 6: Chaos und Strukturen der Ordnung, Anm.16f sowie Kap. 8: Immunsystem, Anm. 23-31.

verfertigt, um sie über die vorgebliche Beschaffenheit ihrer äußeren Welt zu legen und sie zur Gestaltung dieser Welt zu benutzen. Dies zu erkennen und an-zuerkennen braucht vor allem zweierlei (obwohl es aufs Selbe hinausläuft): *Mut und Vertrauen.* Vertrauen, Zutrauen zu sich selbst als Schöpfer der eigenen Welt. Sich dieses Vertrauen selbst zu schenken, ist möglich. Es bedeutet nicht mehr und nicht weniger, als die Bereitschaft, *„sein-eigener-bester-Freund"* sein zu wollen (Siehe Bewusstseins-Übung *„Selbst-Vertrauen"* Kap. 8). Diese Einsicht fordert, die Verantwortung für sein Leben vollständig zu sich zu nehmen. Wer bereit ist, volle Verantwortung zu übernehmen, findet sich, aus Gründen innerer Resonanz imstande, Veränderungen zu bewirken. Das ist die frohe Botschaft für die künftige Mündigkeit des Menschengeschlechts.

So kann man verstehen, dass wir zwar alle in der gleichen Welt leben, ohne aber die gleichen Erfahrungen zu machen, gemäß dem Sprichwort: *„Wir leben alle unter dem gleichen Himmel, haben aber nicht alle den gleichen Horizont."* [16] *„Wir müssen die Konsequenz aus der neuen Einstellung ziehen. Die Vorstellung, andere seien für unser Wohlbefinden oder seine Störungen verantwortlich, ist falsch. Bewusst oder häufiger unbewusst, entscheiden wir in jedem Augenblick, wie wir uns fühlen. Die Außenwelt ist in vielerlei Hinsicht ein Spiegel unserer Überzeugungen und Erwartungen."* [17] Dies sagt Candace Pert [18], Mitbegründer/in der Psychoneuroimmunologie. Hier ihr fachlicher Rat: *„Streben Sie nach emotionaler Ganzheitlichkeit. Wenn Sie ärgerlich sind oder sich krank fühlen, versuchen Sie ... herauszufinden, was Ihnen wirklich zu schaffen macht. Seien Sie sich selbst gegenüber immer ehrlich. Schaffen Sie sich einen angemessenen, befriedigenden Ausdruck Ihrer Gefühle."* [19]

---

[16]  K. Adenauer, zitiert in: http://www.zitate-online.de.

[17]  C. Pert: *„Moleküle der Gefühle – Körper, Geist, Emotionen."*, Reinbeck 1997, S. 494.

[18]  Pert hatte über viele Jahre die Forschungsleitung im Bereich Brain Biochemistry des *National Institute of Mental Health* (NIMH) in den USA inne. Weiters: Forschungs-Professur im *Department of Physiology and Biophysics* an der Georgetown University in Washington DC. Ihre mehr als 30-jährige Forschungstätigkeit ebnete den Weg für ein erweitertes Verstehen der Kommunikation zwischen Geist und Körper. Damit legte sie die Basis zur neuen Wissenschaftsrichtung der Psychoneuroimmunologie. Heute arbeitet Dr. Pert als wissenschaftliche Leiterin einer pharmazeutischen Firma.

[19]  C. Pert: *„Moleküle der Gefühle – Körper, Geist u. Emotionen."*, Reinbeck1997, S. 497.

Letztlich beginnt wahre Verantwortung für jeden von uns, wenn sich Einsicht und Bereitschaft durchsetzen, überkommene Vorstellungen darüber, wie Bewusstsein wirkt, aufzugeben. Alles andere bedeutet genau jenes „*Ausweichen vor der Verantwortung*" für die jeweils erlebte Welt. Die Welt gibt uns Signale-der-Selbsttäuschung, damit wir etwas bemerken. AN UNS, nicht an den anderen! Es gilt die Blickrichtung zu ändern. Uns selbst in den Blick zu nehmen. Das erlebte Leben selbst zu verantworten. – ***Das Universum spielt immer für uns:*** Entweder eine blutleere Farce, oder aber die wunderbare Herausforderung jenen Standpunkt zu finden, von dem aus die genannte Einsicht mehr ist als nur hehr, sondern für die eigene Entwicklung als wahr erkannt wird.

„*Die Gedanken sind frei.*" – Ja, sie können es werden. Erkenntnismäßig sind erste Schritte getan, wenn die eigene Gedankenwelt als jene, das-eigene-Leben-gestaltende-Information (an)erkannt werden kann.

Wie aber funktioniert eine eigenverantwortliche Gestaltung unserer Alltags-Realität? – Es gibt moderne Theorieansätze sowie praktische Anwendungen im Bewusstseins-Coaching. Ihre verwandelnde Effizienz ist mir aus eigener Erfahrung bekannt: Wohl überlegte, präzise gesetzte Bewusstseins-Übungen führen zu verblüffenden und berührenden Umsetzungen ins Leben. Ein „KrisenCoaching" [20] bietet Erfahrungsinduzierte Begleitung und professionelle Hilfe zur Selbsthilfe. So wird die in jedem Menschen schlummernde Eigenverantwortlichkeit angesprochen und das eigene Selbstvertrauen neu motiviert.

**„*Wer nur tut, was er schon kann, bleibt, wie er ist.*"** [21]

Was da immer wieder erlebbar wird, macht mich letztlich hochgradig optimistisch. Es liegt wohl tief in der menschlichen Natur verwurzelt, Unbekanntes zu ergründen, Unbegreifliches verstehen zu wollen. Das ewige *Mantra* des kreativen Wissenschaftlers lautet: *Wo ist unbetretenes Neuland, wo ...?!* – Und solange sich nichts an unserer menschlichen Neugier ändert, werden wohl stets weitere Schritte auf unbekanntes Land gesetzt, neue Entdeckungen stattfinden, In-*forma*-tionen offenbar werden – davon können wir ausgehen ... Ja: Das Leben ist spannend!

---

[20]  Persönliche Anleitung im Coaching unter: http://www.twogetherwien.com/coaching.
[21]  H. Ford: „*Wer immer tut, was er schon kann, bleibt immer das, was er schon ist.*".

## Schwierigkeit als Lebenselixier (Kann denn Sich-Sorgen Liebe sein?)

In einem Coaching hörte ich einmal eine Frau zu mir sagen: *„Ich bemerke gerade, dass ich nicht mehr wüsste, was ich anderen Menschen eigentlich erzählen sollte, wenn alles entspannt und vergeben wäre. Das stresst mich jetzt aber ziemlich!"* ... Jemand, der also keine andere Möglichkeit kennt, als mit Schauergeschichten Aufmerksamkeit zu generieren (vielleicht gepaart mit der Überzeugung „nicht-lügen-zu-wollen"), wird somit „gute Gründe" haben, sie auch zu erschaffen. Einfach als Berechtigung dafür, sie zu erzählen. Ganz verrückte Geschichte, oder!? – Ähnliches kann ich über meine Mutter anführen, die es sich ihr Leben lang nicht nehmen ließ, sich um mich zu sorgen, obwohl sie emotional darunter litt und wusste, keinerlei reale Gründe dafür zu haben. Allerdings wird niemand darauf verzichten wollen, wenn Sich-sorgen – lieben bedeutet! Für sie war daran ihre Liebe erlebbar. Es sollte also niemand-kommen-sie-ihrer-Sorge-zu-berauben! – Was ich veranschaulichen will: JEDER von uns hat etwas von seinen schwierigen Lebensthemen, so paradox das auch erscheint. Eigenverantwortung zu nehmen, kann so gesehen schier unmöglich erscheinen. – Bis man es durchschaut und absichtsvoll fühlt.

**Bemerke:** *Es fällt verdammt schwer, weiter an den Weihnachtsmann zu glauben, wenn man einmal erkannt hat, dass es ihn nicht gibt.* ☺

## Bewusstseins-Übung: *„The Symptom is the Messenger"*

1.) Welche schwierigen Situationen wiederholen sich in Deinem Leben? Worunter leidest Du und kannst es doch bislang noch nicht ändern?

    a)

    b)

    c)

2.) Gibt's einen positiven Aspekt, dass Du schön-blöd wärst, es zu ändern?

    a)

    b)

    c)

3) Welche Überzeugungen findest Du, die die Situation (mit)erschaffen?

    a)

    b)

    c)

Was fühlst Du jetzt? – *Fühle* das Gefühl absichtsvoll und freien Willens!

## Kapitel 5: Leben – ein Diskurs

### Leben: Physisch / physiologisch betrachtet

Was zum Phänomen „Leben" vom rein wissenschaftlichen Standpunkt heute gesagt werden kann, weist auf die *Einheit allen Lebens* hin und lässt sich treffend in einigen der folgenden Punkte charakterisieren: Alles irdische Leben, physisch betrachtet: *„Sternenstaub-Dasein"*! [1] Etwas, was mich selbst, seit ich es von dieser Dimension begreife und aktiv für mich zu fühlen begonnen habe, mit ungeteilter Bewunderung erfüllt. Immer wenn ich mir diese kosmologische Sicht bewusst mache, wird mir von Neuem klar, dass bislang kaum ein Mensch von dieser bio-physikalischen Unglaublichkeit Notiz nehmen konnte. Aber: welches Bild, um sich der Großartigkeit solcher Evolutions-Zusammenhänge bis zur Entfaltung des Lebens und zu uns Menschen, die wir über die Genialität des Kosmos reflektieren können, bewusst zu werden.

Mich berührt so ein Bild: Sollte es möglich sein, dass nichts an meinem Körper existiert, nichts auf der Erde, nicht ein Atom – das nicht einer längst vergangenen Sonne aus fernster Ur-Zeit entstammt? Durch diesen Seins-Prozess von Sternen gegangene, auf diese Weise erschaffene Substanz! Alle schweren Elemente (alle außer Wasserstoff) als physikalisch-materielle Basis, um das Entstehen biologischen Lebens zu ermöglichen. Ein Geschehen, welches der Biologe Friedrich Cramer, emeritierter Direktor des Max-Planck-Instituts für Experimentelle Medizin in Göttingen nüchtern, als *„zum Phänomen Leben gehörig"* wertet, indem er sagt: *„Wir können auch einfach ‚lebende Materie' sagen, und meinen damit, dass Materie weit vom (energetischen) Gleichgewicht substanziell lebend ist. Das ist keine Tautologie; denn es ist eine physikalische Eigenschaft, lebend zu sein."* [2]

Nun, ich stimme im Detail betrachtet nicht mit dieser Auffassung überein, da ich Leben als über-das-Physikalische-hinausweisend erlebe. Und doch zeigt diese Auffassung, dass zeitgenössische Wissenschaft

---

[1]  Siehe *„In-forma-tion / Bd. 1"*, Kap. 1: *„Im Anfang war ..."*, Anm. 8-10.

[2]  F. Cramer: *„Chaos und Ordnung – Die komplexe Struktur des Lebendigen."*, Stuttgart 1989, S. 238; Siehe Kap. 12, Anm. 4, 12; Siehe *„In-forma-tion / Bd. 1"*, Kap. 4: In-*forma*-tion – und andere Felder, Anm. 14f.

bereit ist, alles als die eine große Ganzheit zu begreifen. Als Ausdruck jener umfassenden In-*forma*-tion, die im Kosmos waltet und wirkt.

Weiters wissen wir seit über fünfzig Jahren, dass alle Formen von Leben auf der Erde ursprünglich aus einer einzigen Zelle stammen [3], deren Weiter- und Höherentwicklung jeden heutigen Menschen als irdisch-körperlichen Organismus ausmacht, wenngleich biologisch betrachtet gänzlich anders als wir Menschen das als Einzel-Individuen empfinden: eine Gemeinschaft von etwa fünfzig Billionen einzelliger Mitglieder, kommunikativ verbunden durch ein internes Informations-Netzwerk von Botenstoffen (Hormonen). Eine weitere Komunikations-Ebene auf Basis sogenannter Biophotonen-Strahlung: kohärentes Licht der Zellen für den DNA Zellstoffwechsel zwischen Zellen, die alle zum Wohl des Gesamtorganismus kooperieren. [4] Hierzu der Genetiker Murakami: *„Die Menschen glauben, das Gehirn spiele die wichtigste Rolle, wenn es um die Steuerung von Handlungen geht. Tatsächlich aber sind es die Zellen und das Netzwerk, das die Zellen miteinander verbindet, die die ganze Arbeit leisten, und es sind die Gene, die die Zellen steuern. Die Gehirnfunktion hängt von den Informationen in den Gehirnzellen ab. ... Obwohl die Zellen die Anweisungen des Gehirns befolgen, sind sie zugleich auch unabhängige Einzelorganismen."* [5]

Auch von diesem Aspekt betrachtet das Gleiche: Wir bilden mit allen Lebewesen eine große, verwandte Ganzheit: die Einheit irdischen Lebens. Und selbst wenn man heute zu wissen meint, dass das Leben *„mit-Kometen-aus-dem-Kosmos"* auf unsere Erde kam, oder weiteren Überlegungen entsprechend (2009), sich zeitgleich mit dem

---

[3]  Siehe *„In-forma-tion / Bd. 1"*, Kap. 10: Überzeugung und Gesundheit.

[4]  Zu Beginn des 20. Jhts wurde bereits *gemutmaßt"*, dass jede lebende Substanz Licht abgibt. In den 1970er-Jahren wiesen mehrere Wissenschaftler erneut Photonen-strahlung aus biologischem Gewebe nach, unter anderen der deutsche Physiker Univ.-Prof. Fritz-Albert Popp von der Uni Marburg. Dabei handelt es sich um geordnetes Licht, man spricht von *„kohärentem Licht"*. Solches Licht (laserartiges Licht) eignet sich auch technisch hervorragend, um Informationen zu übertragen. Es mehren sich Hinweise, dass es eine zentrale Steuerfunktion in jedem Organismus besitzt. Siehe: http://www.healthcare-2000.info/front_content.php?idart=568; Siehe: https://de.wikipedia.org/wiki/Biophoton .

[5]  K. Murakami: *„Der göttliche Code des Lebens – Ein neues Verständnis der Genetik."*, Güllesheim 2008, S. 50.

Planetensystem gebildet haben könnte. [6] Es ist genau diese Einheit allen Seins, welche es möglich gemacht hat, dass sich, seit der „Geburtsstunde" des Universums vor etwa 14 Mrd. Jahren, im ominösen Big-Bang, so etwas extrem Unwahrscheinliches wie „Leben" letztlich daraus entwickeln konnte. Eine hoch sensible Chance, welche bis heute lebt. – Dank dessen, was wir nunmehr als den Prozess intendierende, derartig gestaltende In-*forma*-tion zu begreifen beginnen.

Wer, welcher Theoretiker, der jene in den Anfängen der Entstehungsgeschichte im Universum wirkenden Gesetze gekannt hätte, wäre wohl bereit gewesen, auch nur einen Pfifferling zu setzen, dass so etwas Komplexes wie Leben eine Chance haben könnte, zu entstehen ...?! Der große Wissenschafts-Philosoph Sir Karl Popper meint: „*Keiner!*" [7] Nicht jedenfalls: „*per Zufall*". Also ohne Annahme eines dem Prozess innewohnenden Wirkens entsprechender In-*forma*-tion, welche dieser Entwicklung Richtung Leben, Vorschub leistete und leistet.

Ob wir derartige In-*forma*-tion und ihr Wirken nun als „Plan" bezeichnen oder nicht und was immer die beiden Begriffe sprachlich unterscheiden könnte, ist vermutlich nicht das Wesentliche und sei dem Leser selbst überlassen. Etwa 14 Milliarden Jahre später jedenfalls gibt es uns auch physiologisch: Menschen, in ihrer gesamten Komplexität und als zur Selbsterkenntnis fähige, fühlende und schöpferische Wesen: „hochentwickeltes Leben", eine Ganzheit – alles mit allem verwandt!

Und dann ist da auch noch dieser unglaubliche Ablauf an Ordnung, Erneuerung und Entwicklung, der – intendiert durch „In-*forma*-tion" – das Leben erhält, gestaltet, entwickelt. Ja, heute können wir exakt dieses

---

[6]  J. Kissel / F.R. Krueger: „*Organic Component in the Dust from Comet Halley.*", in: *Nature 326/6115*, 1987, S. 755f: „*Tatsächlich finden sich Grundsubstanzen des Lebens auch in Meteoriten und Kometen sowie im kosmischen Staub, der stetig auf die Erde niederrieselt. ... Das Vorhandensein von Molekülen, die sich vielleicht auch noch selbst reproduzieren, bildet aber nur eine der notwendigen Bedingungen für Leben; denn Leben ist mehr: Seine Elemente sind Systeme, die sich nach den Prinzipien der Evolution selbst organisieren.*" J. Kissel / F. Krueger: „*Urzeugung aus Kometenstaub.*", in: *Spektrum der Wissenschaft 5/2000*, S. 66; „*Höchstwahrscheinlich entstammen die organischen Moleküle der meisten Kometen einer Kombination aus der interstellaren Gefriertruhe und dem protoplanetaren Brennofen.*" M.P. Bernstein: „*Kamen die Zutaten der Ursuppe aus dem All?*", in: *Spektrum der Wissenschaft 10/1999*, S. 32.

[7]  Siehe „*In-forma-tion / Bd.1*", Kap. 1: „*Im Anfang war ...*", Anm. 1.

Leben an uns beobachten und als Selbstbewusstsein-begabte, kreative Wesen konstatieren, dass wir dieses Leben gewissermaßen selbst SIND. Was unser Verstand da zur Analyse vorliegen hat, lässt uns nur fassungslos staunen, ob der immanenten Entwicklungs- und Stoßkraft des Lebens, die alles, dem „roten-Faden-der-Entwicklung-Entgegenstehende" ausräumte und wandelt: *„Chemische Hochgeschwindigkeits-Reaktionen von mehreren hundert Milliarden Lebensimpulsen pro Tag, programmierte chemische Reaktionen, Synthese und Zerfall in unseren Zellen mit Lichtgeschwindigkeit. ... Einwirkung des Geistes auf die Gene. Wie bereits erwähnt, enthält jedes Gen riesige Mengen an Informationen, die Tausenden von Büchern entsprechen, genetische Informationen aus der Vergangenheit, einschließlich der Gene von Fischen und Reptilien."* [8]

Es sind Phasen der Evolutionsentwicklung, die jeder von uns als Fötus während der eigenen Embryonalentwicklung nochmals durchlebte. [9] Es hat jedenfalls alles seit Anbeginn zugunsten einer Entstehung und Ausformung von Leben auf der physisch-biologischen Ebene gespielt.

So sah dies auch der Astrophysiker und Kosmologe Univ.-Prof. Heinz Oberhummer [10] von der Technischen-Universität in Wien, mit Blick auf die numerischen Feinabstimmungen und Koinzidenzen der Kräfte im Universum. Und genau diese verblüffenden Koinzidenzen bezeichnet, unter mittlerweile vielen anderen, der international renommierte Physiker als *„viel zu ausgeklügelt, als dass sie noch mit unserem Sinn für Natürlichkeit in Einklang gebracht werden können."* [11] Die wissenschaftlich besehen zentrale Information, welche Welt und Leben quasi als Botschaft für uns bereithalten, kann knapp so zusammengefasst werden: *„Alles ist eins."* Dieser Prozess umfasst uns alle. In-*forma*-tion lebt im gesamten Kosmos gleichermaßen und durchdringt alles. Nichts, was sich dieser Domaine im Entferntesten entziehen könnte. Und: Keiner, der jemals, durch welche Handlung auch immer, daraus herausfallen könnte ...

---

[8]  K. Murakami: *„Der göttliche Code des Lebens – Ein neues Verständnis der Genetik.",* Güllesheim 2008, S. 38, S. 99f, S.102; Siehe *„In-forma-tion / Bd.1",* Kap. 3: Das Primat der Information, Anm. 9ff.

[9]  Siehe *„In-forma-tion / Bd.1",* Kap. 10: Überzeugung und Gesundheit.

[10]  Prof. Oberhummer († 2015) war 10 Jahre Mitglied der legendären „Science-Busters".

[11]  Siehe *„In-forma-tion / Bd.1",* Kap. 1: *„Im Anfang war ...",* Anm. 2.

## Nicht-Lokalität. – Wissenschaftliches Verständnis von All-Wissenheit

Gerade die Quantenphysik mit der Einschätzung und Interpretation dessen, was sie als „*Nicht-Lokalität*" (der Information) bezeichnet, verweist auf obige Sichtweise. Es handelt sich somit um eine quantenphysikalische Interpretation von Welt und Leben. Zeitgenössische Spitzenphysiker formulieren es folgendermaßen: *Entweder wir akzeptieren als Interpretation aus den quantenphysikalischen Phänomenen, dass In-forma-tion* (auch Information bezüglich Veränderungen an Teilen dieses Kosmos; KP.) *überall im Kosmos zeitgleich vorhanden ist, d.h.: momentan und ohne Zeitverzögerung an jeder anderen Stelle dieses Kosmos auch in ihren Wirkungen nachweisbar (Nicht-Lokalität). Oder wir müssen noch radikalere Sichtweisen als Interpretation beziehungsweise Annahme akzeptieren.*

„Nicht-Lokalität" beschreibt also das Phänomen, dass eine Wechselwirkung nicht bloß zwischen zwei Objekten eintreten kann, wenn sie sich am gleichen Ort und zur selben Zeit befinden (Lokalität), sondern auch zwischen zwei Objekten, die sich zur selben Zeit an verschiedenen Orten befinden!

Als alternative Interpretation für derart eigenartige Beobachtungen und als „*radikalere Sichtweise*" nennt der Nobelpreisträger (Physik /2022), Anton Zeilinger, die Möglichkeit, dass alles was wir beobachten, sich lediglich im eigenen Bewusstsein abspielt. Zeilinger: „*Die Quantenmechanik lehrt uns, dass solche Systeme nicht-lokal sind. Das ist aber nur eine der möglichen Interpretationen, es ist nicht die einzige Möglichkeit. Nur, dann müsste ich den Realitätsbegriff aufgeben, was die meisten Physiker sich heute weigern zu tun. ... Die ‚Nicht-Lokalität‘ ist die Position, die den meisten Physikern gefällt, denn sie erlaubt, immer noch davon auszugehen, dass es eine Wirklichkeit gibt, die ich als Physiker untersuche. Das rettet sozusagen meinen Beruf. Damit erhebt sich die Frage: Ist hinter diesem Schleier denn überhaupt irgendetwas? Dies nur, damit wir nicht in den Fehler verfallen, zu behaupten, es gebe nicht noch andere Positionen als die Akzeptanz der Nicht-Lokalität.*"[12]

---

[12] A. Zeilinger: „*Aussprache / Wirklichkeit in Raum und Zeit – Physiker im offenen Dialog.*", in: H. Thomas: „*Naturherrschaft – Wie Mensch und Welt sich in der Wissenschaft begegnen.*", Köln 1990, S. 122, S. 164.

Zeilingers Kollege Antoine Suarez, Professor für Physik an der Universität Genf, in seiner damaligen Replik: *„Vielen Dank für Ihren Hinweis auf die ‚radikalere Position'. Sie wirft die Frage auf, ob mein Bewusstsein die Instanz ist, welche die Wirklichkeit konstituiert ... Von daher ist es verständlich, dass die meisten Physiker keine große Sympathie für eine solche Position empfinden und die Erklärung anhand Nicht-Lokalität vorziehen. Ich denke, dass das Verhältnis ‚Bewusstsein / Wirklichkeit' ein Hauptpunkt unserer Diskussion hier sein sollte.“* [13]

Der renommierte Neurowissenschafter, Univ.-Prof. António Damásio, Leiter des *Brain and Creativity Institute* der University of Southern California: *„Wenn ich das Bewusstsein von seinem Podest herunterhole, so gilt dieser Anschlag nicht dem menschlichen Geist. Es ist nur so, dass das, was den menschlichen Geist aufs Podest erhebt und dort auch halten sollte, eben nicht nur die biologischen Phänomene sind, die unter dem Begriff Bewusstsein zusammengefasst werden, sondern auch viele andere Phänomene, die wir beschreiben, benennen und wissenschaftlich verstehen müssen. ... Das Bewusstsein hat noch nicht den vollen Geschmack der Frucht vom Baum der Erkenntnis, aber **das unschuldige Bewusstsein hat die Dinge in Gang gebracht, vor vielen, vielen Arten und vielen Millionen Jahren, noch bevor der Mensch sich einen Begriff von der eigenen Natur zu machen begann.“* [14]

Und an anderer Stelle seines Buches *„Ich fühle, daher bin ich“*, schreibt Damasio: *„Der Einfluss unbekannter Faktoren auf den menschlichen Geist ist seit langem bekannt. Im Altertum nannte man diese unbekannten Faktoren Götter und Schicksal.“* [15] Heute allerdings geht die Wissenschaft davon aus, dass es sich dabei nicht um extrinsische Faktoren handelt, sondern um etwas Intrinsisches: Informationen wie diverse anerzogene Wertmaßstäbe, übernommene Haltungen,

---

[13]  A. Suarez: *„Wirklichkeit in Raum und Zeit – Physiker im offenen Dialog.“*, in: H. Thomas: *„Naturherrschaft – Wie Mensch und Welt sich in der Wissenschaft begegnen.“*, Köln 1990, S. 165; Siehe *„In-forma-tion / Bd.1“*, Prolog, Anm 3, 5, Kap. 2: Materie – Bewusstsein – Leben, Anm. 18 sowie Kap. 4: In-*forma*-tion – und andere Felder, Anm. 19-24.

[14]  A. Damásio: *„Ich fühle, also bin ich – Die Entschlüsselung des Bewusstseins.“* Berlin 2009, S. 372f.

[15]  Ebenda, S. 355f.

Überzeugungen. Glaubensmuster im weitesten Sinn eben ... Und: Alles, was wir tun, denken und vor allem fühlen, wirkt, insofern wir auf der quantenphysikalischen Ebene mit allem eins und verbunden sind, zeitgleich und nicht etwa nur mit Lichtgeschwindigkeit, sowohl in uns als auch überall im gesamten Kosmos gleichermaßen! [16] Dass ein EEG (ein Elektro-Enzephalogramm; KP.) unsere Gehirnströme messen kann, dass also stets etwas über den Körper in den Raum hinaus wirkt, ist bekannt. Information erfüllt den Körper: als hormonelle Botenstoffe, als Peptide. Wir müssen nicht „Geist" dazu sagen oder gar „Gott" wie die Forscherin Pert. [17] Was allerdings als Tatsache gilt: Es handelt sich hier nicht um etwas klassisch Physisches. Mancher würde vielleicht sagen, es sei „etwas Energetisches". Ich bezeichne es als In-*forma*-tion, welche die Welt, das Leben und letztlich all unser Handeln bestimmt.

Interessant, welche Brücke der Quantenphysiker Suarez in diesem Zusammenhang zu klassischen Begriffsbildungen aus der Welt der Philosophie oder sogar Theologie (vor)schlägt: *„Eminente Vertreter der Quantentheorie weisen immer wieder auf die Bedeutung des Geistes hin: Wigner zum Beispiel sagt: ‚Der Geist' (‚mind') ist die grundlegende Realität'. Und Wheeler hat vorgeschlagen, dass die Wirklichkeit der materiellen Welt gewissermaßen von der Beteiligung des Geistes abhängig sein kann. Nach einem Ausdruck Bells haben wir es mit einer Art ‚unbeobachtbaren Äthers' zu tun.* **Doch kann die nicht-lokale Kausalität kaum das Produkt eines menschliche Bewusstseins sein. Wir haben es da eher mit einem allgegenwärtigen ‚Geist' zu tun, in dem die Mathematik, das Universum gestaltet, Wirklichkeit hat.** *Im Rahmen der Quantentheorie scheint sich eine unbeobachtbare, nicht der Raumzeit unterworfene Ursache aufzudrängen, denn das Prinzip, welches für die Nicht-Lokalität verantwortlich ist, wirkt unmittelbar ... und kann einen Zusammenhang zwischen zwei getrennten Regionen herstellen. Dies galt philosophisch stets als göttliche Eigenschaft."* [18] Gewissermaßen

---

[16]  Siehe *„Jn-forma-tion / Bd.1"*, Kap. 5: Zeit, Anm. 20-22, 25.

[17]  Bezug nehmend auf den Informationsstrom im Körpernetzwerk äußert Candace Pert etwas plakativ: *„Gott ist ein Neuropeptid."* C. Pert: *„Moleküle der Gefühle – Körper, Geist und Emotionen."*, Reinbeck / Hamburg 1997, S. 17; Siehe *„Jn-forma-tion / Bd.1"*, Kap. 10: Überzeugung und Gesundheit, Anm. 43-48.

[18]  A. Suarez: *„Nicht-lokale Kausalität – Weist die heutige Physik über die Physik*

wird hier der Begriff der *„All-Wissenheit"* durch die Erkenntnisse der Physik ins Spiel gebracht! – Als physikalisches Phänomen sozusagen ...

Kuriose Forschungsergebnisse zur „Nicht-Lokalität" boten russische Forscher. Die Uni-Professoren Peter Gariaev und Vladimir Poponin benannten sie *„DNA-Phantom-Effect"* (1993). Ihre Forschungen wurden vom Nobelpreisträger für Medizin, Univ.-Prof. Jean-Luc Montagnier modifiziert aufgegriffen und veröffentlicht (2009 [19]). Nachweislich gab es „simultane Resonanz-Phänomene" zwischen den Probanden und der extrahierten, eigenen DNA im Moment künstlich erzeugter Errregungszustände der Probanden. Montagnier stufte sie ebenfalls als „nicht-lokal" ein (elektromagnetisch isolierte Bedingungen, hunderte Kilometer von einander entfernt). Dies eröffnete das neue Feld der „Quantenbiologie".

Interessant auch, dass der womöglich arrivierteste Quantenphysiker des 20. Jhdts., John S. Bell [20] in diesem Zusammenhang eine Art *„unbeobachtbaren Äther"* apostrophiert – etwas *„wie ein Feld"*. Ein Feld, welches *„das Universum gestaltet und Wirklichkeit hat"*. – Etwas, was auch von anderen Wissenschaftlern proklamiert wird. Von einigen zeitgenössischen Wissenschaftlern und Forschern wird es als *„PSI-Feld"* bezeichnet andernorts sehr allgemein als *„Informations-Feld"* [21] oder schlicht als: *„Geist"*. Von wieder anderen, wie etwa dem Zell-Biologen Rupert Sheldrake, als *„Morphogenetisches Feld"*. Aber auch der Geisteswissenschaftler und Erst-Herausgeber von Goethes Naturwissenschaftlichen Schriften, Dr. Rudolf Steiner, hatte bereits vor mehr als 100 Jahren verschiedene Namen dafür parat. Ähnlich wie Bell nannte er dieses In-die-Form-Wirkende, Gestalt-Bildende: *„Äther-Leib"*. An anderen Stellen seines Werkes: *„Bildekräfte-Leib"*, oder *„Lebenskräfte-Leib"*. Verschiedene Worte mit einander entsprechendem Begriffsinhalt, welche alle letztlich dieselben In-*forma*-tions-Phänomene beschreiben.

---

[19] *hinaus?"*, in: H. Thomas: *„Naturherrschaft ..."*, Köln 1990, S. 142f.

www.researchgate.net/publication/45272907_Electromagnetic_Signals_Are_Produced_by_Aqueous_Nanostructures_Derived_from_Bacterial_DNA_Sequences.

[20] J.S. Bell: *„Speakable and Unspeakable in Quantum Mechanics."*, in: *Cambridge University Press*, 1987, S. 155 (gilt auch für die nächsten Zitate in Folge); Bell arbeitete, bevor er 1990 für den Nobelpreis nominiert war, hauptsächlich am CERN.

[21] Siehe *„In-forma-tion / Bd.I"*, Kap. 4, Anm. 19-26.

## Leben. – Seine Repräsentanz als Botschafter der Einheit allen Seins

*„Das primär Erfahrene ist ein so oder so Bedeutsames in der Fülle seiner Bestimmungen und Beziehungen. Wir erfahren keine Sinn-nackte Faktizität, sondern eine nach vielen Hinsichten differenzierte Dignität. Die globale These von der Wertneutralität der (Fach-)Wissenschaft ist längst nicht mehr haltbar. ... Die naturwissenschaftliche Realität ist keineswegs die maßgeblichste, sondern die von der naturwissenschaftlichen Methode zugelassene Realität. Und, die fachwissenschaftliche Rationalität ist weder die einzige noch die maßgebliche Form von Vernünftigkeit. ... Ethische Fragen könnten sonst nicht mehr Thema des vernünftigen Gesprächs, sondern nur noch Durchsetzungsprogramme des Stärkeren sein.“* [22] Dies sagt Univ.-Prof. Günther Pöltner im Expertengespräch zum Thema: *„Menschliche Erfahrung und Wissenschaft".*

Alles, was uns im Leben entgegentritt, zeigt sich uns als *Repräsentant* und spricht zu uns als Botschafter des gesamten Kosmos, der großen Einheit, der auch wir selbst angehören. [23] Die Welt kommt uns somit in jeder Wahrnehmung quasi „besuchen".

Unter diesem Aspekt betrachtet: Welch' ein Glück, wenn es einem selbst gelingt, wirklich anwesend zu sein, um die Welt, das Leben und ihre diversen Botschafter mit Berichten und Erzählungen vom Sein-des-Lebens, wach zu empfangen. Erst mit der menschlichen Bereitschaft zu bewusstem Erleben jedes Augenblicks, erlangt „Leben" in jedem von uns Präsenz. Zerstreut sich unsere Aufmerksamkeit aber und richtet man sie nicht auf das, was im gegenwärtigen Augenblick geschieht, so kann das Leben nicht wirklich erfahren werden. Und Begegnung findet nicht statt.

Ebenso, wenn wir in sogenannt „schlechter Verfassung", sozusagen versunken in Gedanken mit Zukunftssorgen beschäftigt sind oder verärgert, was in der Vergangenheit geschehen ist. Präsenz so wie sie hier gemeint ist, bedeutet nicht „präsent-auf-der-Hut-zu-sein", damit

---

[22] G. Pöltner: *„Menschliche Erfahrung und Wissenschaft.",* in: H. Thomas: *„Naturherrschaft – Wie Mensch und Welt sich in der Wissenschaft begegnen.",* Köln 1990, S. 242, S. 246ff.

[23] Siehe *„Jn-forma-tion / Bd.1",* Kap. 11: Kreative Feldaspekte des Bewusstseins, Anm. 3-6.

„ja-nichts-Falsches-geschieht". Sondern: achtsam-, hingegeben- und verbunden-sein mit dem Strom dessen, was ist.

Auch „präsent-in-der-Kontrolle-sein" bedeutet nicht wirklich „DA" zu sein. Und dann ist auch die Welt für einen nicht da. In-*forma*-tion, beziehungsweise ihr intuitiver Fluss, das, was uns leise, doch stets zur Verfügung steht, tritt hinter den Zurufen unseres lauten Verstandes zurück, wird unhörbar. Schade, wenn man weiß, als wie weise, lebensförderlich und beglückend solche Information mittlerweile von Intuitionsforschern eingeschätzt wird. [24] Leider gilt für viele von uns viel öfter: *„Wir haben oft eine Vorstellung von dem, was Glück bedeutet, aber gerade diese Vorstellung wird uns zum Hindernis für unser Glück."* [25]

Vielleicht klingt das für Sie alles eher schön-geistig und „esoterisch". Dennoch ist es genau das, was bedeutende Wissenschaftler aus ihrer eigenen Berufserfahrung als stimmigen Umgang damit propagieren. [26]

Der brasilianische Schriftsteller Paolo Coelho in seinem (Hör-)Buch: *„Die Tränen der Wüste"* („*Isabel kehrt aus Nepal zurück ...*"): *„Eines Nachmittags machte Isabel mit einem Mönch in der Umgebung einen Spaziergang, als er die Tasche öffnete und lange hineinsah. Dann sagte er zu meiner Freundin: ,Wussten Sie, dass Bananen Sie lehren könnten, was das Leben bedeutet?' Damit zog er eine faule Banane aus seinem Beutel: ,Dies ist das Leben, das vorbeigegangen ist und nicht im rechten Augenblick genutzt wurde. Jetzt ist es zu spät.' Dann zog er eine grüne Banane aus dem Beutel, zeigte sie meiner Freundin und steckte sie wieder ein: ,Dies ist das Leben, das noch nicht geschehen ist, und man muss noch auf den rechten Augenblick warten.' Schließlich zog er eine reife Banane hervor, schälte sie und teilte sie mit Isabel: ,Das ist das Leben in diesem Augenblick. Nähren Sie sich von ihm und leben Sie Ihr Leben ohne Angst und Schuldgefühle.' ..."* [27]

---

[24]  Siehe Kap. 9: Intuition.

[25]  T.N. Hanh: *„Schritte der Achtsamkeit."*, Freiburg 1998, S. 111.

[26]  Siehe Kap. 10, Anm. 11f, 13-19.

[27]  P. Coelho, Transkription aus dem Hörbuch: *„Die Tränen der Wüste."*, Zürich 2008. Paolo Coelho wurde mit vielen Literaturpreisen geehrt und 2007 von UN-Generalsekretär Ban Ki-moon zum Friedensbotschafter berufen. Siehe: http://de.wikipedia. org/wiki/Paulo_Coelho#Werke .

## Die Forderungen der Zauberer von heute, morgen und übermorgen

Das Kapitel abschließend, ein Liedtext von André Heller, Liedermacher, Poet, international tätiger „Möglichmacher", Aktionskünstler etc. – eine kreativ-schillernde Persönlichkeit durch und durch: *„Und wann amal mei Stimm verblüaht, kann sein scho morgn, wie Löwenzahn vablüaht, ziagt's ma mei Fell ab, spannt's es auf a Tromml und lasst's es klingen, klingen weit über Wasser, Feuer, Erd und Luft. ... Die Hiobsbotin aus Peru mit Nattern in den Wangen, ich seh, ich seh', was Du nicht siehst, darin bist Du gefangen. Die Kleinmut ist ein Stück vom Dreck, die schneidet Dir die Aussicht, die schneidet Dir die Einsicht, die schneidet Dir die Zukunft weg. ..."* Und dann übergibt Heller im Lied an einen Kindersprechchor und lässt diesen *„die Forderungen der Zauberer von heute, morgen und übermorgen"* – wie er es formuliert – aussprechen: *„**Sich irren dürfen, verwirren dürfen, unlogisch handeln, sich lernend verwandeln, der Sehnsucht vertrauen, Seltenes schauen, unbequem werden, Feind sein der Herden, Träume auch machen, wach sein und lachen, phantastischer leben, Freiheit auch geben.**"* [28]

*„Die Kleinmut – ein Stück vom Dreck, ... die schneidet Dir die Zukunft weg ..."*. Auch wenn wir wissen, dass kein Acker je mit Gold, sondern immer nur mit „Sch...dreck" gedüngt werden kann, so ahnen wir, dass SOLCHER *„Dreck"* nichts Lebens-Förderliches ersprießen lässt, weil jeglichem „Kleinmut" kein Mut zur Hingabe zu eigen ist. Echte Hingabe, oder Achtsamkeit-des-Bewusstseins, ist Geschenk und Gabe gleichermaßen. Nichts, was bemüht gemacht werden kann. Sie fließt aus der erlebten Würde, mit „allem-was-ist" zu sein und entsteht aus gelebter Dankbarkeit. Manche Menschen denken, zuerst gelte es mal so richtig glücklich zu werden, DANN seien sie auch gerne bereit für Dankbarkeit ... Die nächste Übung setzt anders an: Beginne mit Deiner bewusst gefühlten Dankbarkeit. Verbinde Dich wieder mit Deiner Wertschätzung und – lass Dein Glücklichsein folgen.

Sind Sie bereit die *„Forderungen der Zauberer von heute, morgen und übermorgen"* als neue In-*forma*-tion des Lebens anzuerkennen? Quasi als ein *„Menschenrecht-auf-Wertschätzung-der-Menschheit-in-Entwicklung"*? – Was würde das wohl für das Leben selbst bedeuten ...?

---

[28] André Heller: *„Verwunschen."*, Cut 10: *„Der Zauberer ist tot"*, Wien 1980.

**Bewusstseins-Übung: *„Dankbar sein"* (Was mich erfüllt / beglückt)**

1.) Gehe bewusst in Deine empathische Mitte (Dein fühlendes Herz). Schenk diesem Gefühl die gesamte liebevolle Aufmerksamkeit. Fühle Deine Dankbarkeit. Wenn Du willst, mach einen Spaziergang, und nimm alles in dieser Haltung aufmerksamer Dankbarkeit wahr – im Sinne von: *„Wow, danke, dass es das alles (für mich) gibt!"*. Verbinde Dich mit „Etwas Großem", welches das hier in seiner unfassbaren Schönheit entstehen ließ. Nichts davon ist selbstverständlich. Du weißt ja: Alles, im wahrsten Sinn des Wortes: *„Sternenstaub"*! Fühle Dich bewusst verbunden mit dem unfassbar Großen in seinen Erscheinungsformen.

2.) Fühl nun auch Dich mit derselben liebevollen Dankbarkeit, der / die Du Teil der Ganzheit bist. Fühle Dich in dieser Weise, als in Dein Leben gestellt, mit all Deinen Eigenschaften und persönlichen Eigenheiten. Sei Dir voller Dankbarkeit bewusst, dass es Dich gibt – grad so, wie Du bist.

3.) Fühle auch bewusst die Dankbarkeit für jene Menschen, die Dir nahestehen und die Dein Leben bereichern. Teile ihnen mit, was es Dir bedeutet und bedanke Dich, auf welche Weise immer, ganz absichtsvoll bei ihnen. (Denke auch dann noch daran, wenn die Übung vorbei ist!)

Wie fühlst Du Dich jetzt? Zu welcher Einsicht bist Du gekommen?

**Für Fortgeschrittene:**

Wenn Du die Übung bei einem der nächsten Male wiederholst, beginne wieder mit 1.). Nimm Dir ausgiebig Zeit. Dann öffne Dich bewusst für all jenen Situationen und jene Menschen in Deinem Leben, welche Dir bislang wenig behagten, insofern sie Zielscheibe Deiner persönlichen Bewertungen waren: Schenke ihnen Deine volle Dankbarkeit. Fühle somit Deine Dankbarkeit absichtsvoll für all jene, die warum auch immer, die „schweren-und-unbedankten-Rollen" in Deinem Leben zu spielen hatten. Auch sie haben damit das Ihre beigetragen, dass Du Orientierung im Leben finden konntest. Bedanke Dich auch bei ihnen. – Fühle bewusst den Frieden, der in dieser Dankbarkeit begründet liegt.

Zu guter Letzt schließe Frieden mit all dem Unerlösten in der eigenen Seele, wofür Du Dich selbst ablehnst oder schuldig fühlst. Sei dankbar für was immer da ist. (Und solltest Du das nicht wollen / können, sei einfach auch dafür dankbar – und mach diesen Schritt später. ☺ )

## Kapitel 6: Erfahrungslernen

### Neuroplastizität und Bewusstseinsforschung: *„fürs Leben lernen ..."*

Lebenspraktiker wissen: Es ist nie das theoretische Wissen, das unser Bewusstsein weitet, sondern die Erfahrung. Alles was wir tun, wird uns weiterbringen, selbst dann, wenn wir es „falsch" getan oder verstanden haben. Auch daran machen wir wesentliche Erfahrungen. Ärgern Sie sich also nicht über sich selbst. Machen Sie das „Falsche" einfach nochmals „richtig". Seien Sie sich selbst-bewusst bewusst: Wer reflektiert und guten Willens ist, kann bei ALLEM, was er / sie tut immer nur wachsen.

Ganz ähnliche Gesichtspunkte vertritt auch der Kinderarzt und Psychiater, Univ.-Prof. Norbert Herschkowitz im Interview, Thema: *„Die Hirnreifung des Menschen(-Kindes)"*, wenn er darüber spricht, wie die Gehirn-Entwicklungen primär mit erworbenen Fähigkeiten korreliert sind: *„Wenn wir den Lebensweg des Kindes zurückverfolgen, sehen wir, dass es im Prinzip immer die gleiche Triebkraft ist, die es antreibt zum Lernen: Es geht darum, die Welt besser zu verstehen und mehr in dieser Welt zu erleben. ... Wir haben früher gedacht, dass das Gehirn gewissermaßen programmiert wird wie so ein Computer: dass man nur oft genug den Lernstoff oben reinfüllt. ... Es ist ein obsoletes Modell. Und auf einmal kommt dieser neue Begriff in die Erziehungs- und Bildungsdebatte, nämlich: ‚erfahrungsbedingte Neuroplastizität'. Nicht durch Auswendiglernen von Sachverhalten wird das Gehirn geformt, sondern durchs Machen von Erfahrungen. Und das bedeutet, dass man Räume schaffen muss, in denen Kinder Erfahrungen machen, ... an denen sie wachsen können. Das findet kaum noch statt in der Schule."* [1] Auf die Frage, an welchen Aufgaben ihre Kinder wachsen könnten, so der Hirnforscher Gerald Hüther von der Uni Göttingen, bekomme er von Eltern meist zur Antwort: *an Hausaufgaben,* oder: *das würde in der Musikschule oder im Förder-Unterricht passieren.* Aber klar sei, dass man *„nur an Aufgaben wachsen könne, die man sich selbst gesucht habe."* [2]

---

[1]   N. Herschkowitz, in: *„Neuropädagogik – Oder: Was Schule heute leisten sollte.",* Transkription, in: *ORF Radiokolleg, 2009,* von: P. Weber.

[2]   G. Hüther: *„Neuropädagogik – Oder: Was Schule heute leisten sollte.",* Transkription, in: *ORF Radiokolleg, 2009,* von: P. Weber.

## *Silent Knowledge.* – Reflektierte Erfahrung macht Handeln wertvoll

Handlungs- oder auch Erfahrungswissen stellt eine Form des Wissens dar, das sich nur durch Lernen am eigenen Tun entwickeln kann. Bei dieser Art von Wissen handelt es sich nicht um theoretisches, sondern meist um kaum mal verbalisierbares Wissen. Es gilt gewissermaßen als schweigendes, weil nicht mitteilbares Wissen, oder in der Fachsprache eben als *„Silent Knowledge"*. Erfahrungswissen ermöglicht das Ziel einer Tätigkeit bestmöglich zu erreichen. Intuition und Erfahrung spielen in diesem Kontext optimal zusammen. Der Soziologe, Univ.-Prof. Fritz Böhle, spricht von *„gefühltem Wissen"* und meint: *„Durch Gefühle lassen sich Dinge in der Welt begreifen, erfahren, deuten, beurteilen. Und, gefühltes Wissen ist eine Grundlage, um kompetent handeln zu können."* [3] Erfahrungswissen bezieht sich auf das Know-How im Prozess. Erst die Verschränkung beider Wissensbereiche ermöglicht sachgemäß, effizient und sicher zu handeln. Im staatlichen Bildungsbereich wird es wenig beforscht, ja geradezu boykottiert.

*„Es entspricht zwar nicht unseren Vorstellungen von Wissen, aber wir können sagen: ,Das Kriterium ist eigentlich nicht primär, ob ich das messen kann oder rational beurteilen, sondern ob es zur Handlung befähigt.' Also wenn ich das Kriterium mache, ob es hilft Probleme zu lösen, dann komme ich zum Ergebnis, dass mit Hilfe des gefühlten Wissens Probleme zu lösen sind. Dass wir – und das ist die Erkenntnis – mit dem wirkenden Begriff des Wissens gar nicht zurecht kommen, um intelligentes Handeln beschreiben zu können, um kritische Situation zu bewältigen."* [4], sagt der Soziologe, Volkswirt und Psychologe Fritz Böhle, vom Institut für Sozialwissenschaftliche Forschung / München und im deutschen Sprachraum einer der führenden Forscher auf dem Gebiet des praktischen Wissens. Handlungswissen, implizites oder gefühltes Wissen, das Lernen-durch-Tun – all diese Begriffe leiten sich vom pädagogischen Fachausdruck *„Learning by doing"* ab. Geprägt wurde der Begriff erstmals von Robert Baden Powell, dem Gründer der Pfadfinderbewegung. In der wissenschaftlichen Diskussion gilt

---

[3] F. Böhle, in: *„Learning by doing – Wie Erfahrung und Gespür unser Können prägen."*, Transkription, in: *ORF Radiokolleg, 2007*, von: J. Kaup (gilt auch fürs nächste Zitat)

aber John Dewey [5] als wesentlicher Begründer dieses Ansatzes. Er hat Handlungsorientierung mit Erfahrungsorientierung verknüpft und damit einen Leitbegriff für die Projektorientierung geschaffen. Dieses mittlerweile auch wissenschaftlich erprobte Konzept beruht auf der Einsicht, dass echte Lernerfolge prinzipiell nur möglich sind, wenn Dinge ausprobiert werden – und erst anschließend reflektiert.

Von etwas anderer Warte, diese Sicht ergänzend, der Top-Genetiker Murakami: *„Ich nenne diesen Hinter-den-Kulissen-Aspekt ‚Nachtwissenschaft‘, im Gegensatz zur ‚Tagwissenschaft‘, die aus Vorträgen, Untersuchungen von Gegenständen unter dem Mikroskop oder Präsentationen von Forschungsergebnissen auf Konferenzen besteht. Die Tagwissenschaft ist rational und objektiv und besitzt eine klare und systematische Logik. Die Nachtwissenschaft hingegen gewinnt wichtige Hinweise aus Intuition, Inspiration und ungewöhnlichen Erfahrungen … Tatsächlich beginnen die großen wissenschaftlichen Entdeckungen und Erfindungen überwiegend mit der Nachtwissenschaft. … Überraschenderweise ist es zunächst einmal wichtig, nicht allzu viel zu wissen, wenn man sich auf neue Forschungen einlässt. Unwissenheit ist ein Segen. … Buckminster Fuller, einer der wichtigsten Innovatoren des 20. Jahrhunderts, drückte es so aus: Er empfahl, besser ein Universalist als ein Spezialist zu sein. … Zu große Abhängigkeit von Wissen lässt die Intuition abstumpfen.“* [6]

„Unwissenheit als Segen“ anerkennen, um offen zu sein für alles Neue. – Welch‘ ein Credo! Hören wir Masaru Ibuka, einen der zentralen Mitbegründer der Sony-Corporation zum Geheimnis seines Erfolges: *„Rückblickend glaube ich, dass ich Glück hatte kein Experte gewesen zu sein. Hätte ich zu der Zeit Tonbandgeräte oder Transistoren vollständig verstanden, wäre ich viel zu eingeschüchtert gewesen, um mich an so etwas zu wagen. Als ich später mehr darüber erfuhr, war ich entsetzt über meine Tollkühnheit.“* [7]

---

[5]   John Dewey (1859 – 1952), amerikanischer Philosoph, Psychologe, und Bildungsreformer, dessen Gedanken und Ideen weltweit großen Einfluss fanden.

[6]   K. Murakami: *„Der göttliche Code des Lebens – Ein neues Verständnis der Genetik.“*, Güllesheim 2008, S. 84ff.

[7]   M. Ibuka, ebenda, S. 84.

Professor Böhle geht es in seiner Arbeit darum, gefühltes Wissen in seiner eminent praktischen Bedeutung nachzuweisen und begreifbar zu machen: *„Das ist vielleicht auch ein neuer Zugang zu dem Begriff des Gefühls, wenn man Zahlen zeigen kann, dass gefühltes Wissen auf einer besonderen Handlungsweise, sprich besonderem Umgang mit der Welt beruht, konkret einem Umgang mit Gegenständen. Wir nennen das den ‚erfahrungsgeleiteten-Umgang-mit-der-Welt'.“* [8] So etwas ist vor allem in vielen Produktions- und Verfahrensprozessen in der Industrie wichtig, bei denen unvorhersehbare und oftmals kritische Situationen entstehen, die umgehend richtig erkannt werden müssen: *„Wir erkennen* (dass es darum geht) *andere menschliche Fähigkeiten zu nutzen und – jetzt kommt die Betonung – systematisch zu lernen und zu entwickeln! Denn es handelt sich hier nicht um ein bloßes Bauchgefühl, oder etwas, was man eben im Sinne eines Genies hat oder nicht, sondern das sind Fähigkeiten, die man genauso lernen kann und lernen muss wie anderes Wissen und Können.“* [9] Solches sagt der Soziologe Manfred Krenn. Er arbeitet an der Forschungs- und Beratungsstelle *Forschungswelt FORBA* in Wien und hat seit 2003 einen Lehrauftrag am Fachhochschul-Studienlehrgang *„Sozialarbeit im städtischen Raum“*. Manfred Krenn hat mehrere Studien zum Thema verfasst, unter anderem *„Erfahrungsgeleitetes Arbeiten in der automatisierten Produktion.“* Darin beschäftigt er sich mit neuen Anforderungen an die Personalpolitik, Ausbildung und Arbeitsgestaltung: Das berufs- und ausbildungsmäßige Hemmnis bestehe darin, dass alle notwendig intuitiven und erfahrungsgeleiteten Eingriffe im Produktionsprozess, vom Management meist noch immer nicht als entscheidende Faktoren bewertet werden. Dies wiederum stärkt den Eindruck, dass für die Produktion hauptsächlich technisches und Prozesswissen erforderlich und daher auszubilden sei. So werde der Irrtum prolongiert. Und wenn das Management dann Personal wegrationalisiert, werden nicht selten ältere und erfahrene, weil teurere Mitarbeiter entlassen: Ein enormer Erfahrungsschatz geht verloren. Etwas, das sich langfristig stets nachteilig auf den Produktionserfolg auswirke. *„Erfahrungsgeleitetes Wissen kann man nicht in ein Lehrbuch*

---

[8]   F. Böhle, in: *„Learning by doing – Wie Erfahrung und Gespür unser Können prägen.“*, Transkription, in: *ORF Radiokolleg, 2007*, von J. Kaup.

[9]   M. Krenn, ebenda (gilt auch für das nächste Zitat in Folge).

*schreiben.*" – meint der Soziologe Krenn. Erfahrungswissen sei stark an die Person des Arbeiters gebunden und entwickle sich Hand in Hand gehend mit der Entwicklung der Persönlichkeit. *„Ich glaube, gerade was eben die Gesamtgestalt betrifft, ist natürlich der Mensch, wenn er hier viel Erfahrung hat – glücklicherweise, sag ich auch – heute noch immer der Maschine überlegen.*" [10] Das sagt Christiane Spiel, Professorin für Wirtschafts- und Bildungspsychologie an der Uni Wien.

Die Frage, wie dieses Erfahrungswissen real weitergegeben werden kann, wird für künftige berufliche Bildung ein äußerst entscheidender Faktor sein.

### Fühlen lernen: Intuition & Körpersignale deuten und kreativ nützen

*„Es sind Leute, die betrunken waren, angekommen. Eier sind geflogen, die RAF war zu Besuch, es ist jemand vor meinen Augen gestorben, ich hatte jemand, der mir nach dem Leben trachtete und Demonstrationen haben stattgefunden. Wenn Sie in solche Situationen geraten, sind Sie ja erst mal baff und wehrlos und eiern und schwimmen, und deshalb merken Sie: Es ist irgendwie besser, schwimmen zu lernen, dass, wenn die Flut kommt, Sie dann doch ein bisschen besser schwimmen können, nicht?*" [11]

*„Schwimmen zu lernen*" – d.h. in kritischen Situationen mit Gespür *„intuitives Wissen*" umzusetzen – das war über Jahrzehnte tägliches Brot der Journalistin Carmen Thomas. Thomas war Moderatorin der Radio-Sendung: *„Hallo Ü-Wagen*" beim Westdeutschen Rundfunk. Eine Sendung, die 1974, mit einem damals bahnbrechenden Konzept, aber noch heute auf große Resonanz stößt. Benannt nach dem Radioübertragungswagen ging es darum, dass das Radio aus dem Studio, hin zu den Menschen auf der Straße kommt. Natürlich mit all den Risiken, die solche Unternehmungen in sich bergen. Aber genau das: sich mit derartigen Situationen zu konfrontieren, lässt Wesentliches wachsen.

Vom Leben lernen, braucht Mut. Und Mut macht letztlich sehend. Carmen Thomas, die heute als Medienberaterin arbeitet, musste neben ihrer fachlichen Qualifikation als Journalistin lernen, mit nicht vorhersehbaren Situationen und Menschen zu Rande zu

---

[10]  C. Spiel, ebenda.

[11]  C. Thomas, ebenda (gilt auch für die nächsten Zitate in Folge).

kommen. Es ist dies ein Können, das durch Hingabebereitschaft, Präsenz, kritische Reflexion und intuitives Gespür wachsen konnte. *„Sie spüren ja, wenn Sie etwas begegnen was Sie nicht mögen, so ein ‚Knödelgefühl' im Hals. Und wenn Sie das ernst nehmen lernen, dass Ihr Körper Ihnen – VOR ihrem Hirn – sagt, dass jetzt irgendwas passiert, was Sie nicht mögen und wenn Sie das systematisch deuten lernen, dann verstehen Sie mehr über Kommunikation."*

Carmen Thomas lernte darauf zu achten, wenn sich ihre Schilddrüse meldete. Wenn sie also einen dicken Hals bekam, der anzeigte, dass da etwas für sie nicht stimmte. Diese leiblich vermittelten Gefühle für die Bewältigung einer Situation zu nützen, lehrt Carmen Thomas heute in ihren Kommunikations-Trainings. Sie ist überzeugt davon, dass Intuitions-Intelligenz trainierbar ist und zur Basis einer professionellen Kommunikation gehöre. *„Im Zusammenhang mit der professionellen Kommunikation gibt es interessante Kompetenzstufen, nämlich: Die Menschen befinden sich in einem Stadium der ‚unbewussten Inkompetenz', d.h. sie ahnen gar nicht, was sie lernen könnten. Wenn sie dann jemand begegnen, der sich da etwas mehr damit beschäftigt, geraten sie ins Stadium der ‚bewussten Inkompetenz'. D.h., sie merken plötzlich: ‚Mensch ich kann tatsächlich was lernen, was der andere Mensch kann!' Wenn sie dann ein bisschen trainieren – und die Trainingsidee ist das aller aller Wichtigste – dann merken sie plötzlich: ‚Mensch, jetzt kann ich was, was ich vorher nicht konnte'. Wenn sie noch mehr üben, können sie das Neue bald sogar wie Autofahren. ... Das ist dann das Stadium der ‚unbewussten Kompetenz' . D.h. sie müssen nicht mehr überlegen: ‚Was muss ich jetzt tun mit den Händen und Füßen?' – sie tun einfach. Und so müssen sie diese Sachen auch trainieren, von denen ich hier jetzt rede. Und dann kommt ein ebenso herrliches, wie gefährliches Stadium, nämlich das der Selbstzufriedenheit. Dann sagen sie wohl: ‚Das kann ich, das kenn ich alles schon'. Aber oben auf den Stufen steht eben Sokrates und sagt: ‚**Wer glaubt, etwas zu sein, hat aufgehört etwas zu werden.**' Daneben steht der Cicero und sagt: ‚**Fang nie an aufzuhören, höre nie auf anzufangen.**' Und ebenso steht da auch Laotse und sagt, wie es geht, nämlich: ‚**Meisterschaft entsteht durch Wiederholung und Vertiefung.**' Also früher waren meine Sendungen, Sitzungen oder Coachings nur gut, wenn ich eine gute Beziehung zu meinem Gegenüber* *hatte und die Sonne schien und ich keinen Liebeskummer hatte oder sonst irgendwas. Während heute ist egal, was mit mir persönlich ist. ... Professionell sein, heißt: unabhängig davon werden. Und das macht Freude. Und Sie spüren das, dass Sie auf diesem hohen Niveau immer sein und das leisten können."*

Das Grundelement gelingender menschlicher Kommunikation heißt: „emotionale Kompetenz". Dieses gefühlte Wissen erwirbt man nicht aus der Kenntnis psychologischer oder kommunikationstheoretischer Ideen. Theorien können zwar einen kritischen Reflexionshintergrund für das praktische Können bieten. Theoretisches Wissen ersetzt aber nicht den Erwerb durch Erfahrung.

Professor Wolfgang Müller-Commichau lehrt Sozialpädagogik an der Goethe-Universität in Frankfurt. *„Wichtig scheint mir, sich klarzumachen, was Wissen überhaupt ist. Wissen, denke ich, sind verarbeitete Informationen. Tagtäglich stürzen auf jeden von uns mannigfaltige Informationen ein. Wir haben ganz viel mit unterschied-lichsten Eindrücken jeden Tag zu tun und das gilt für Kinder und Jugendliche oder für Lernende ganz allgemein. Diese Informationen werden aber nicht automatisch zu Wissen. Sondern erst, wenn diese Informationen verarbeitet worden sind, dann werden sie zu Wissen. ... Das Kriterium für die Verarbeitung von Information zu Wissen ist zentral: ihre Brauchbarkeit, die Nützlichkeit. ... Dann also, wenn ich den Eindruck habe – und das passiert im Unterbewusstsein – es ist sinnvoll, Information zu Wissen zu verarbeiten, dann wird aus dem Neuen, was da an mich herankommt, auch Wissen. Dieses, dann so quasi verinnerlichte Wissen wird angereichert und gefühlt. Gefühle sind dabei. Und dann kommt diese Intuition dazu. Es ist verfügbar als verarbeitete Informationen, die zu Wissen geworden sind. Da ist Intuition dann etwas, das es auch in der jeweiligen Situation quasi zu Tage fördert. Sodass, wenn Menschen es dann zulassen – gerade auch, wenn es extreme Situationen, schwierige Situationen der Entscheidung sind, dann ist es als intuitives Wissen verfügbar, das aber auch eine Basis hat in objektiven Wissensbeständen."* [12]

---

[12]  W. Müller-Commichau, in: *„Learning by doing – Wie Erfahrung und Gespür unser Können prägen."*, Transkription, in: *ORF Radiokolleg, 2007*, von J. Kaup.

## Intelligente Körper. – Von der Faszination sportlicher Könnerschaft

*„Embodied Intelligence heißt, dass man feststellt, dass menschliches Handeln nicht bewusstseinmäßig gesteuert ist, sondern dass es offenbar eine Intelligenz gibt, die im praktischen Handeln eingebettet ist."* [13]

Der Soziologe Fritz Böhle lehrt auch Sozioökonomie der Arbeits- und Berufswelt an der Uni Augsburg. Ihm geht es um *„Embodied Intelligence"*. Die wissenschaftliche Reflexion über die Grundlagen praktischen Wissens erscheinen ihm noch viel zu unterentwickelt.

Wichtiger Pionier der Rehabilitation des Erfahrungswissens ist der 1997 verstorbene amerikanische Philosoph und Yale-Professor, Donald Schön. Dieser ging in seinem Buch *„The Reflective Practitioner: How Professionals Think in Action"* der Frage nach, wie Experten arbeiten und handeln. Er kam unter anderem zum Ergebnis, dass dieses Handeln in erster Linie nicht-Theorie-geleitet ist. (Mit Expert(inn)en sind jedoch keineswegs primär Wissenschaftler gemeint, sondern auch Künstler und vornehmlich auch Sportler.) Aber nicht nur das: Vielen von uns fehlt der Blick dafür, wie viel „verkörperte Intelligenz" den wirklich exzellenten Sportler ausmacht. Der französische Philosoph Pierre Botieux stellt fest, dass nie das gewusste, sondern immer nur das gefühlte Wissen, als Können im Leib steckt. Und: Es dauert, bis dieses praktische Wissen in Fleisch und Blut übergegangen ist, bis es sozusagen sitzt. Praktisches Wissen oder Erfahrungswissen ist eine Leib-eigene Erfahrung.

Nehmen wir zum Beispiel einen Fußballspieler: Erst Technik, Kraft, Schnelligkeit, Konzentration und Umsicht zusammen ermöglichen die überraschende Aktion eines genialen Spielzugs. Fußballspielen fußt also auf einer Kreativität, die nicht in einem fertigen Produkt, sondern im steten Vollzug existiert. *„Ich glaube, das ist das, was einen guten, einen richtig guten Spieler, auszeichnet: dass er nie aufhört zu lernen, sondern immer alles aufsaugt aus seiner Umgebung, was er für sich selbst, für sein Spiel, für seine Position brauchen kann."* [14] Dies sagt Toni Polster, einer der wohl erfolgreichsten und populärsten Fußball-

---

[13] F. Böhle, in: *„Learning by doing – Wie Erfahrung u. Gespür unser Können prägen.",* Transkription, in: *ORF Radiokolleg, 2007,* von: J. Kaup.

[14] T. Polster, in: *„Learning by doing – Wie Erfahrung u. Gespür unser Können prägen.",* Transkription, in: *ORF Radiokolleg, 2007,* von: J. Kaup.

spieler Österreichs und einst begehrter Profispieler in der deutschen Bundesliga. „*Fußballer soll man mit Körper, Geist und Seele sein*", ist Polster überzeugt. Ballbeherrschung, Training, Taktik – all das ist ganz wesentlich. Doch vor allem: Präsenz, die aufmerksame Beobachtung des Spiels, um den jeweils entscheidenden Moment eines Spielzugs zu erfassen. Es ist die Erfahrung aus hunderten Fußballspielen, die einem Routinier verhilft blitzschnell und intuitiv auf jener Position zu laufen, auf der der Ball nach einer Flanke landen wird und – so Polster – eine gewisse Besessenheit, im Moment des Spiels völlig verbunden zu sein, eins zu sein mit dem Ereignis. Wenn in neuester Zeit versucht wird, das Fußballspiel zu verwissenschaftlichen, stößt das beim Soziologen Fritz Böhle auf massive Skepsis. Praktische Erkenntnisse könnten SO nur wenig gewonnen werden: „*Es ist offenbar eine Fähigkeit zu antizipieren, wie ein Ball fliegt und dann rechtzeitig loszulaufen.* **Es gibt so was wie eine periphere Wahrnehmung, die Fähigkeit – Beckenbauer hatte das zum Beispiel – dass er eben nicht punktuell wahrnimmt, sondern ein Spielgeschehen in der Gesamtheit.** *Und das ist eine ganz besondere Art, das kann man physiologisch nachweisen, der Benutzung unseres Auges. Übrigens, der Philosoph, Hermann Schmitz[15], beschreibt das auch, dass wir die Fähigkeit haben, Dinge, die auf uns zukommen, uns einzuverleiben. Wir nehmen die tatsächlich in unseren Körper auf und können daher Dinge, die ganz woanders stattfinden, subjektiv nachvollziehen und daraus dann Handlungen ableiten.*" [16]

Die Identifikationskraft des eigenen Bewusstseins greift da eben aktiv auf das Werkzeug über: Das Werkzeug, als Teil der Außenwelt, erhält mehr und mehr Anteil an der Innenwahrnehmungswelt des Individuums. Was für die Welt der Handwerkzeuge gilt, gilt natürlich auch für jede andere Gerätschaft wie einen Bagger oder auch ein Sportgerät.

Thomas Alkemeyer ist Professor für Sportsoziologie an der Uni Oldenburg. Er spricht im Zusammenhang mit Sportarten wie Motorradfahren, Schifahren oder Surfen von einem gefühlten Wissen, das erst aus der Beherrschung und Verbindung von Mensch

---

[15]  Hermann Schmitz, Professor für Philosophie an der Uni Kiel.
[16]  F. Böhle, in:„*Learning by doing – Wie Erfahrung und Gespür unser Können prägen.*" Transkription, in: *ORF Radiokolleg, 2007*, von: J. Kaup.

und Gerät wirksam wird: *„Es handelt sich tatsächlich um eine fast symbiotische Beziehung zwischen Leib und Gerät. Um Körper-Technik-Symbiose, die man auch wiederum in anderen Bereichen hat, beispielsweise in der Arbeitswelt. Die aber am Sport besonders gut zu beobachten ist. Es gibt bestimmte Voraussetzungen dafür, dass diese Symbiosen eingegangen werden können, und dann entsteht gewissermaßen aus der Verbindung von Mensch und Gerät ein neuer ... Akteur aus Mensch und Technik, aus Leib und Technik, der zu Dingen in der Lage ist, zu denen keine Seite der Beziehung von sich aus in der Lage wäre."* [17]

Motorrad-Profis haben ebenfalls eine ausgefeilte, sensorische Technik entwickelt. Sie sind nicht nur „eins" mit der Maschine, sie sind auch „eins" mit der Kurve, sie fühlen den Straßenbelag, den Gegner neben oder vor sich. Es ist ein „Eins-Sein" mit dem, was sie begeistert. Weit über die eigene Körperlichkeit. Sie empfinden sich vielleicht ähnlich eins mit diesen Formationen, wie Vögel im Flug. Ihr Wahrnehmungs-Organ, ihr Ich-Bin-Gefühl von „Meinigkeit" [18], ist auf die gesamte Situation ausgedehnt und geweitet: zeitlich und räumlich. In-*forma*-tion IST. Präsenz IST. So dehnt sich das bewusste Sein, unser Bewusstsein, mit all seiner Bewusstheit über die vom Zeitpunkt der Geburt an, für unser Alltagsbewusstsein etablierte, eigene Körpergrenze aus und integriert Teil-Aspekte der sogenannten Außenwelt ins Erleben des eigenen Selbst. Die präsente eigene Bewusstheit erlangt im Akt solchen Fühlens quasi die Qualität eines neuen Organs der Wahrnehmung.

Wer mit seinem Fühlen derartig geweitet, gewissermaßen am Rande seines ausgedehnten Selbst wahrnimmt, erlebt ein Maß an Wahrnehmungsgewissheit im persönlichen Handeln, das für andere Menschen an ein Wunder zu grenzen scheint. Und doch ist es nicht mehr als ein Sich-verbunden-Fühlen – ein Gefühl von Eins-Sein – nicht bloß mit dem eigenen Körper, sondern darüber hinaus. Wir beginnen uns dann wieder mit einem außerkörperlichen Aspekt der Welt verbunden zu fühlen.

---

[17] T. Alkemeyer, ebenda.

[18] Meinigkeit – ein Definitionsbegriff aus der Psychologie und Philosophie: *„Das, was man als zu sich gehörig erlebt, angefangen vom Bein bis zur Meinung, Vorstellung und den daraus sich ergebenden Folgerungen."* Zitiert aus: http: //www.mouche.ch/ Philo-Definitionen-Meinigkeit.htm (6/2010).

Die Welt beginnt in gewisser Weise ICH zu werden! Nicht für den Verstand, aber für das Gefühl. Wir sind angeschlossen. Ein besonderes Erlebnis, das während angewandter Bewusstseins-Forschung initiiert und im Fühlen erfahrbar wird. [19] Spätestens nach solcher Erfahrung weiß man wieder, dass man grundsätzlich mit allem verbunden ist, außer man reduziert sich automatisch und unbewusst – und das tun wir erwachsenen Menschen für gewöhnlich – auf die gefühlten Erfahrungsgrenzen der eigenen Körperlichkeit. Oftmals reduzieren Menschen diese Wahrnehmungsebene, zum Beispiel bei Sorgen und Angst, noch weiter, sodass sie sich nur noch in ihren Gedanken finden und ihre Bewegungs-Souveränität bezüglich des eigenen Körpers für sie schlichtweg unmöglich ist – bis zur gänzlichen Bewegungsstarre!

Auf jene zuvor bereits" angesprochene „*periphere Wahrnehmung*", andernorts auch „*Intuition*" genannt, durch welche man die künftige Handlung eines Mitspielers antizipieren kann, bauen Sportler auch in anderen Sportarten. Thomas Alkemeyer: „*Ringen und speziell Boxen erscheinen selbstverständlich auf den ersten Blick als sehr rohe Sportarten. Wenn man sich eingehender beschäftigt, wird deutlich, dass Ringer oder Boxer über ein unerhört feines Gespür für den anderen verfügen müssen, gewissermaßen über die Fähigkeit sich so in den anderen hineinzuversetzen, dass sie dessen Aktionen vorwegnehmen, voraussahnen, um sich darauf einstellen zu können.*" [20]

Zu entsprechenden Ergebnissen kommt der Arzt und Professor für Empirische Pädagogik und Psychologie an der Uni Regensburg, Dr. Hans Gruber. Er hat in seinen Forschungen die Grundlagen sportlicher Intelligenz untersucht. Profisportler bauen zunächst auf einem Grundstock von jahrelang gezieltem Training auf. So erwerben sie durch eingefleischte Bewegungsmuster im Bewusstsein den mentalen Freiraum für lediglich intuitiv erfahrbare Spielzüge. Hans Gruber schildert dies am Beispiel des US-amerikanischen Eishockeyprofis Wayne Gretzky, von dem bekannt ist, dass er „*extrem*

[19] Siehe Kap. 7, Anm. 27 sowie Kap. 12, Anm. 34, 35; Siehe auch „*Jn-forma-tion / Bd. 1*", Kap. 5: Zeit, Anm. 24, 25.

[20] T. Alkemeyer, in: „*Learning by doing – Wie Erfahrung und Gespür unser Können prägen.*", Transkription, in: *ORF Radiokolleg, 2007*, von: J. Kaup.

*gute Bewegungsmuster einstudiert hatte und dann zusätzlich eben den Freiraum hatte, ungewöhnliche Dinge ausprobieren zu können. Berühmt geworden ist seine Geschichte, als er im Spiel hinter dem gegnerischen Tor stand, den Torhüter in Schach gehalten hat, der sich nicht entscheiden konnte, in ein Eck zu gehen, weil er im selben Augenblick ja ins andere gehen würde. Und er hat dann entschieden, den Puck mit dem Schläger über das Tor hinweg an den Helm des Torhüters zu spielen, sodass er von dort ins Tor reingehen würde. Das ist eine der Sachen, die ihn berühmt gemacht haben, dass er hier das Zutrauen hatte und die Fähigkeit, sehr ungewöhnliche Dinge zu tun."* [21]

Abschließend jetzt noch etwas anderes zum Thema Erfahrungslernen aus dem großen Spiel des Lebens. Nimm's sportlich und mit Humor. ☺

### *Mensch-ärgere-Dich-nicht.* – Oder: „Erleuchtung"

Vor ein paar Jahren erzählte mir ein naher Freund begeistert über seine Erfahrung am eigenen 4-Jährigen und dessen kindlichem Erleben beim „Mensch-ärgere-Dich-nicht": David, welche Überzeugungs-Sicherheit hat dieses Kind! – Nachdem er mit den roten Männchen verloren hatte, spielte er mit den „Siegermännchen" – den blauen. Und wirklich: Auch diesmal gewinnt Blau! Der Kleine fühlt natürlich den Triumph. Aber gewonnen ...?! Gewonnen – so mein Freund – hat nicht er selbst. Es sind die blauen Männchen, denen David den Sieg zu verdanken meint, die roten, derentwegen er den Verlust erlitt.

Magische Phase nennen Erwachsene derartige Paradebeispiele kindlicher Projektion. Aus der Metaebene distanzierter Erwachsener hat die Geschichte einfach etwas Köstliches: *Die Kinder, ach wie herzerfrischend naiv ...!* – Und damit legen wir für gewöhnlich solch amüsante Stories ad acta. Nur einen kleinen Schritt weitergehend und somit anders betrachtet: *Was für ein unvergleichlich sprechendes Analogiebild menschlichen Alltags-Bewusstseins. David versus Goliath!* Seien wir doch ehrlich: Unbewusst, wie wir leben, erkennt doch kaum einer von uns Erwachsenen seine eigenen, ganz alltäglichen „Mensch-ärgere-Dich-nicht"-Situationen im Spiel des Lebens. Kommt so ein „Mensch-ärgere-Dich-nicht-Spiel" uns „Goliaths" nämlich nicht

---

[21] H. Gruber, ebenda.

partout in Form seines quadratischen Spielbretts und den bekannt bunten Figuren entgegen, dann ist meist nichts in uns bereit, es als das zu erkennen, was es ist und uns spielerisch drauf einzulassen. Kaum einer, der nicht im Handumdrehen emotional völlig involviert ist. Kaum jemand, der nicht dazu neigt, jegliche Verantwortlichkeit am Spielverlauf auf „blaue oder rote Männchen" in Form unserer Kinder, Partner, Arbeitskollegen etc. zu projizieren und sich als Opfer der Umstände auszugeben trachtet. (Wenn unser Männchen im Spiel rausgeworfen wird, heißt das NICHT, dass *„Papa oder Mama uns nicht lieb haben"*!). [22] Ja, genau so sind wir – bis wir „erleuchtet" sind! Genauso köstlich bis kindisch, je nach Standpunkt der Bewertung. Und der gleichen „Illusion" verhaftet, wie David, der 4-Jährige. Also: Raus aus der Illusion und rein in die Wirklichkeit!

An David, dem 4-Jährigen, ist jedem erwachsenen Goliath das Wunder der Illusion längst deutlich. Hier verkraften wir, gönnerhaft und meistens mit vor den Kindern zur Schau gestellter Leichtigkeit, jene Dimension der Eigenverantwortung. Diese Aspekte des eigenen Lebens einer geänderten Betrachtungsweise und Eigenverantwortung zuzuführen, ist ein erster Schritt Richtung „Erleuchtung". Jenseits davon gehen – aus ganzem Herzen – bedeutet, die volle Verantwortung für denjenigen zu übernehmen, der bislang nach wie vor, im Positiven wie im Negativen, auf die Verantwortung der Spiel-Männchen setzte: UNS SELBST!

Erleuchtung bedeutet letztlich nicht (viel) mehr als sich eigenverantwortlich, einsichtig und frei als denjenigen zu begreifen und vor sich selbst zu outen, welcher jegliche Verantwortung – sowohl für alle Mensch-freue-Dich- wie gleichermaßen auch für alle Mensch-ärgere-Dich-nicht-Spiele des täglichen Lebens und deren Ausgang trägt. Allerdings: Davidsche Begeisterung, Davidsche Glaubenskraft und Davidsche Freude am Spiel eingeschlossen. Und bei Schach sowie jeglicher Art von Strategie-Spielen (also ganz allgemein: immer im täglichen Leben!) gilt natürlich Entsprechendes ...

Was für ein großer, kleiner Schritt! – Geben wir es doch einfach zu: Ein wahrhaft „begeisternder Wahnsinn", oder ...?!

---

[22] Siehe Bewusstseins-Übung „*Mensch-ärgere-Dich-nicht*" („*Spiel-des-Lebens*") auf der nächsten Seite.

## Bewusstseins-Übung: *„Mensch-ärgere-Dich-nicht"* (*Spiel-des-Lebens*)

1.) Notiere Situationen, von denen Du Dich erinnerst, dass sie Dich mal hochemotional machten (zur-Weißglut-gebracht etc.). Mit welcher Person im „Spiel-des-Lebens"? (Welches rote bzw. blaue Männchen?)

z.b.: *Streit mit Partner/in wegen Vorwürfen. Ich schreie sie / ihn an, bin jähzornig.*
a)
b)

2.) Auf welche eigene Bewertung reagierst Du so? Welche Emotion willst Du partout nicht erleben, nicht fühlen und bist „lieber" wütend?

z.b.: *Bewertung: Ungerechtigkeit; Emotion: Hilflosigkeit*
a)
b)

3.) Was unterstellst Du Deinem Partner / Deiner Partnerin?

z.B.: *Sie will mich aus der Beziehung vertreiben. Sie / er liebt mich nicht.*
a)
b)

4.) Was ist möglicherweise Deine „Schwäche" im Umgang mit dieser Situation? (Was kannst Du nicht?)

z.B.: *Ich nehme es persönlich. – Ich kann nicht bei mir bleiben.*
a)
b)

5.) Welche Angst gibt es da? Was könnte im schlimmsten Fall passieren, wenn Du diese Schwäche NICHT ausleben, nicht praktizieren würdest.

z.B.: *Bliebe ich ruhig, ginge das so weiter. Ich verlöre Würde und Beziehung.*
a)
b)

6.) Fühle abschließend freien Willens, Anerkennung / Wertschätzung, dass es in all den Situationen genau *jenes* Spiel war, das Dich essentiell unterstützt, Deine Fähigkeiten und Bewusstheit im „Spiel-des-Lebens" (durch diesen Menschen) zu erweitern – so Du Bereitschaft aufbringen willst, es fühlend als SPIEL zu spielen. Lächle Dir innerlich zu, danke der Mitspielerin / dem Mitspieler und ihren Spielzügen. (Öffne Dich zumindest für einen ersten, noch behutsam vorsichtigen Schritt. ☺ )

# Teil 2 In-*forma*-tion im menschlichen Bewusstsein

## Vom menschlichen Bewusstsein als individuell freier Geist

## Kapitel 7: Gefühle

### *Fühlen.* – Verbindung mit der Einheit allen Seins

*Fühlen* ist etwas, was Menschen offensichtlich mit allen Lebewesen gemeinsam haben. Es könnte sogar sein, dass die gesamte Schöpfung In-*forma*-tion auf genau diese Weise ins Dasein einschreibt, respektive: ver-körpert und zugänglich macht. „Fühlen" – damit ist nicht Emotion gemeint, sondern „Wahr-Nehmen" jenseits der Filter des Bewertungssystems und somit ein einfaches in-Verbindung-Sein. Fühlen im Sinne des Erstellens einer Kommunikations-Verbindung, eine Art „Wahrnehmungs-Organ", wie im letzten Kapitel angesprochen. Fühlen – etwas, was selbst MIR als vermeintlich ausschließlich intellektuellem Kopfmenschen, überraschend während einer Bewusstseins-Übung – und seither – telepathische Wahrnehmungen ermöglicht(e). [1]

Der Bewusstseinsforscher und Anthroposoph Georg Kühlewind schildert *Fühlen* aus seiner jahrzehntelangen Selbsterforschung: *„Das erkennende Fühlen ist ursprüngliches Fühlen. Die nicht-erkennenden Emotionen werden später aus ihm gebildet. ... Emotionen sind Wahrnehmungen, die uns zwar überwältigen, doch im Nachhinein beobachtbar sind; sie können durch ihre Intensität die Aufmerksamkeit so fesseln, dass sie sich von ihnen nicht abwenden kann. ... Erkennendes Fühlen wird niemals Objekt, es ist durchsichtig, wie alle Arten der Aufmerksamkeit."* [2] *Fühlen* stellt sich ein, wenn wir ohne Bewertungen mit der Welt in Verbindung treten. Diese Verbindung zu halten, statt die getätigte Wahrnehmung sofort mit unserem Bewertungssystem rückzukoppeln, lässt uns „fühlen". Mehr ist es nicht. Wir kennen ja alle unser ewiges Fragen, kaum dass wir Neues durch Beobachtung auffassen: *„Was bedeutet das für uns selbst? Welche Auswirkung könnte*

---

[1]  Ich habe die telepathischen Fähigkeiten in der Arbeit mit dem Schlaganfallpatienten Denes Dembitz weiterentwickeln dürfen. Daraus entstand letztlich das Buch: „*Zeiten der Zeitlosigkeit*" (Wien 2006), 33 Lebens-Gespräche im Zuge einer Sterbebegleitung.

[2]  G. Kühlewind: „*Aufmerksamkeit und Hingabe – Die Wissenschaft des Ich.*", Stuttgart 1998, S. 83, S. 45.

*das wohl für uns haben? Dient es uns, oder dient es uns nicht?"* – Solch Einordnen unseres Verstandes, wirft uns sofort auf uns zurück, trennt die Außenverbindung unserer Aufmerksamkeit. Bleiben wir jedoch im *Fühlen*, dann geben wir uns der Größe hin, vielleicht erstmals und ausnahmsweise „von-uns-selbst-abzusehen" und unseren Aufmerksamkeits-Strom mit der Welt verbunden zu halten. So können wir In-*forma*-tion über die Welt erlangen, statt wieder nur über unsere Innenwelt und unser Bewertungssystem. Man kann es sich leicht so vorstellen: Wie das Bewusstsein mittels unserer Aufmerksamkeit beim Sehen „draußen-in-der-Welt" wahrnimmt und nicht die Vorgänge auf der Netzhaut beobachtet, erleben wir uns über unsere Aufmerksamkeit beim Fühlen ebenfalls „draußen-in-der-Welt-wahrnehmend". Um hier kein Missverständnis entstehen zu lassen: Emotionen sind für mich nichts „Schlechtes". Allerdings: Unsere Emotionen sind die Folge unserer Bewertungen und werden sich deshalb nicht immer gleich angenehm für uns anspüren. Auch „die-Augen-zu-schließen-und-nach-innen-zu-schauen" ist ja nichts Schlechtes – im Gegenteil! Wir sollten jedoch erkennen, WIE und WANN wir nach innen schauen, oder ob es für unser erkennendes Fühlen stimmiger ist, unsere „Bewusstseins-Augen" offen zu halten, um über unsere Aufmerksamkeit Verbindung nach außen zu halten. Vor allem aber: beides unterscheiden zu lernen.

Im Kommenden werden wir uns zunächst mit dem Fühlen von Emotionen beschäftigen und ihrer Repräsentation in unserem Körper.

### Gefühle und Botenstoffe. – Oder: Geist-Körper-Kommunikation

Durch die Ergebnisse ihres langjährigen interdisziplinären Forschungsansatzes als Psychoneuroimmunologin mit Schwerpunkt Endokrinologie war Candace Pert bereits dazumal klar, dass *„sich das Gehirn im Informationsaustausch mit dem Immunsystem"* [3] befindet. Doch schon allein dieses belegbare Ansinnen *„dass der Geist sich auf den Körper auswirken könne, galt als schlechthin skandalös."* Das war etwas, was sich *„nach philosophischem Idealismus anhörte: Der Geist beherrscht die Materie war eine These, die man 1984 besser esoterischen Kaliforniern oder antiquarischen russischen Ladenhütern überließ."*

---

[3]   C. Pert: *„Moleküle der Gefühle – Körper, Geist und Emotionen."*, Reinbeck 1997, S. 262f (gilt auch für die nächsten Zitate in Folge).

*„Mens sana in corpore sano."* – *Ein gesunder Geist lebt in einem gesunden Körper.* Gemäß des alten materialistischen Paradigmas wurde dies pseudo-sinngemäß übersetzt mit: *„NUR in einem gesunden Körper wohnt ein gesunder Geist".* Stillschweigend wurde die Idee verstandesmäßig uminterpretiert, ein kranker Geist sei die naturgemäße Folge eines kranken Körpers. Und das ist die verbreitet und bis heute gängige Denkweise. Was aber, wenn gilt: *„Corpus sanum per mentem sanam."* – *Ein gesunder Körper durch einen gesunden Geist* – also: durch gesunde Gedanken? Nichts kann das heraufdämmernde Paradigma rigoroser beschreiben als diese Komplementarität, diese Umkehrung.

Candace Pert hat im Zuge ihrer Krebsforschung auf Immunabwehr-Zellen die gleichen Rezeptoren nachgewiesen, wie die von ihr auf den Nervenzellen im Gehirn und in Folge auf jenes des „endokrinen Systems" entdeckten. [4] Damit war für sie verständlich, dass alle diese Zellen als Mini-Organe konzipiert sind und in gleicher Weise auf die Informationen des bewussten und unbewussten Geistes ansprechen. Pert: *„Unser Ansatz war bedrohlich interdisziplinär und bedeutete eine Verletzung vieler traditioneller Grenzen medizinischer Fachgebiete. ... Meiner Ansicht nach hatte sie der Nachdruck, den das alte Paradigma auf Trennung und Autonomie der einzelnen Disziplinen legt, blind für die Bedeutung ihrer Daten gemacht. Unter den Umständen konnten sie nicht verstehen, dass alles auf eine Schlussfolgerung hinauslief: Nerven- und Immunsystem stehen in enger Kommunikation. ... Alte Paradigmen sind zäh. Nur mühsam rang sich die wissenschaftliche Gemeinschaft zur Erkenntnis durch, dass die Entdeckung den Weg zu einer erfolgreichen Heilmethode, einem Wundermittel, eröffnen kann."* [5]

---

[4]   *„Das Hormonsystem, oft auch als endokrines System (endo = ‚innen', krinein = ‚ausscheiden') bezeichnet, ist ein Organsystem zur Steuerung der Körperfunktionen, die sich vom Wachstum über die Fortpflanzung bis hin zum täglichen Verdauungsvorgang erstrecken. Das Hormonsystem übt seine Funktion durch über dreißig verschiedene Hormone aus. Die Hormone, chemische Botensubstanzen, werden über den Blutkreislauf (endokrin) zu ihren Zielorganen geleitet oder entfalten ihre Wirkung direkt auf Nachbarzellen (parakrin). Die Wirkung wird über spezielle Rezeptoren an der Plasmamembran der Zellen vermittelt."* Zitiert aus der Online Enzyklopädie Wikipedia: http://de.wikipedia.org/wiki/Endokrines_System.

[5]   C. Pert: *„Moleküle der Gefühle – Körper, Geist und Emotionen."*, Reinbeck 1997, S. 264f, S. 262, S. 268, S. 266.

Was beinhaltete dieser *neue paradigmatische Griff* auf dem Gebiet der modernen Neurowissenschaften? Was ist es, was diesen revolutionären Ansatz, Körper und Geist zu begreifen, am stimmigsten charakterisiert? Und was ist dieses, in seinen Konsequenzen nach wie vor unabsehbare Erkenntnisfeld des neuen Paradigmas, wo eine Handvoll innovativer Forscher – mit vorne dabei Candace Pert – über Jahre angefeindet und einsam auf weiter (Forscher)Flur das Feld absteckten und bestellten? Pert, Pharmakologin mit einer Post-Graduat Ausbildung im Bereich Neurologie und ihr Mann Michael Ruff, ein Immunologe, erkannten, dass sie auf ein körperweites Kommunikationsystem gestoßen waren, welches sie sich nunmehr anschickten, zu beschreiben. Sie erkannten, dass der Begriff „*Neuro-Rezeptoren*" fälschlicherweise darauf verwies, diese wären lediglich im Nervensystem anzutreffen. Stattdessen ließen sich diese Botenstoffe und ihre Rezeptoren im gesamten Körper finden. So z.B. im Rückenmark, Darm und im gesamten Immunsystem (dieses besteht aus Milz, Knochenmark, Lymphknoten, Leukozyten etc.; KP.): „*Wir beschrieben ein körperweites Kommunikations-System, eines, das unserer Ansicht nach sehr alt ist und den ersten Versuch des Organismus darstellt, Informationen über Zellgrenzen hinweg zu übermitteln.*" [6]

Dies galt damals als echte Bedrohung bestehender Paradigmen: Was herkömmlicher Weise als getrennt angesehen wurde, sollte in Wahrheit untereinander in Wechselwirkung stehen?! Da schienen unter anderem alteingesessene Pfründe ernsthaft gefährdet! Vor allem aber bedeutete es wohl, nunmehr mit anderen Forschungsrichtungen kooperieren zu sollen, vorhandene Forschungsgelder zu teilen und Eigenständigkeiten einzubüßen. Daher wurde die Seriosität vorgelegter Fakten zunächst geleugnet. Heute, fünfzwanzig Jahre später allerdings, gibt es diese interdisziplinäre Forschungsrichtung: die „*Psychoneuroimmunologie*".

Es ist jene Forschungsrichtung innerhalb der Neurowissenschaft, die für praxisorientierte, medizinische Forschung am Menschen heute als besonders zukunftsweisend angesehen wird. [7] Die wesentlichste Erkenntnis der Forscherin und ihrer Mitarbeiter war, dass alle im

---

[6]  Ebenda, S. 271.

[7]  Siehe „*In-forma-tion / Bd.1*", Kap. 8: Immunsystem, Anm. 18, 19 sowie Kap. 10: Überzeugung und Gesundheit, Anm. 40-56.

Körper bewegten Peptide „*gefühlsbestimmend und von entscheidender Bedeutung für den Gesamtzustand unserer Gesundheit sind.*" [8]

Auch die Frage: *Welchem Zweck dienen solche Kommunikationsprozesse?* konnte sie schlüssig beantworten. Unter anderem dient dieses nichthierarchische Informationssystem, welches Information über alle Systemgrenzen vermittelt und anbindet, dem „*Geist des Organismus*". Nämlich: seinen Körper mit Leben zu durchdringen. „*Ich stelle mir den Geist als Informationsfluss zwischen Zellen, Organen und Körpersystemen vor. ... Der Geist, wie wir ihn erleben, ist immateriell, doch er hat ein physiologisches Substrat, das sowohl vom Körper als auch vom Gehirn gebildet wird. Man könnte auch sagen, dass er ein nichtmaterielles, nichtphysisches Substrat besitzt, das mit dem Fluss dieser Information zu tun hat. Der Geist ist also das, was das Netzwerk zusammenhält, häufig unterhalb der Bewusstseinsschwelle tätig ist und dafür sorgt, dass die großen Systeme nebst ihren Organen und Zellen in einer intelligent orchestrierten Symphonie des Lebens zusammenwirken. So gesehen können wir das ganze System als ein psychosomatisches Informationsnetz bezeichnen, das die ‚Psyche‘, d.h. alles was offenkundig nichtmaterieller Natur ist – Geist, Gefühl und Seele – mit dem ‚Soma‘ vereint, der materiellen Welt der Moleküle, Zellen und Organe. Geist und Körper, Psyche und Soma. ... Sobald wir diesen Prozess durch Information ergänzen, erkennen wir eine Intelligenz, die die Abläufe steuert. Dann entsteht Verhalten nicht mehr durch Energie, die auf Materie einwirkt, sondern durch Intelligenz in Gestalt von Information, die in alle Systeme fließt. ... Aus dem gleichen Grund beschwören heute einige alternative Heilkundige, die ‚angeborene Intelligenz‘ des Körpers. Doch für die Schulmedizin gibt es keinen intelligenten Organismus.*"

Hier kommt eine Wissenschaftlerin zu Wort, die ihren Mitmenschen unfassbare Forschungen auf fassbare Weise nahezubringen versucht. Um aber zum eigentlich faszinierend Neuen vorzustoßen: „*Das Konzept des Netzwerks, das die wechselseitigen Verbindungen aller Systeme des Organismus unterstreicht, widerspricht dem herrschenden Paradigma*

---

[8]    C. Pert: „*Moleküle der Gefühle – Körper, Geist und Emotionen.*", Reinbeck 1997, S. 278, 287ff (gilt auch für das nächste Zitat in Folge)

*in mancherlei Hinsicht. Volkstümlich bezeichnet man diese Beziehungen häufig als ‚die Macht des Geistes über den Körper‘. Doch meine Forschungen lassen auf andere Zusammenhänge schließen.* **Der Geist beherrscht nicht den Körper, er wird Körper. Geist und Körper sind eins.** *Für mich ist der von uns nachgewiesene Kommunikationsprozess, Beweis dafür, dass der Körper lediglich die äußerste Manifestation des Geistes ist, sein Ausdruck im materiellen Raum.* [9] *‚Körpergeist‘, eine Bezeichnung von Dianne Connelly, bringt die aus der chinesischen Medizin gewonnene Auffassung zum Ausdruck, dass der Körper nicht vom Geist zu trennen ist.* [10] *Wenn wir uns mit der Rolle beschäftigen, welche die Gefühle im Körper spielen, wird sich zeigen, dass sie ein entscheidender Schlüssel zum Verständnis von Krankheiten sind."* [11]

In sehr signifikanter Art weisen auch Experimente des japanischen Psychologen Genji Sukamura auf Rückkoppelungseffekte zwischen Körper-Haltung, Körpersprache und Psyche hin. Er bat Menschen ins Forschungslabor und versetzte sie dort unter ärztlicher Aufsicht und Betreuung in eine depressive Stimmung. Dr. Sukamura: *„Wenn man sie jedoch eine expansive, stolze Körperhaltung einnehmen ließ, erholten sie sich davon. Ihre Gefühlslage wurde neutral. Nahmen die Versuchsteilnehmer hingegen eine gebeugte Körperhaltung ein, änderte sich die negative Stimmung nicht. So denke ich, wenn wir uns depressiv fühlen, sollten wir eine aufrechte, expansive Körperhaltung einnehmen."* [12] Ganz offensichtlich kennt unser Körper den seelisch-körpersprachlichen Ausdruck von Freude und Stolz, wenn wir Menschen zum Beispiel die Brust recken und vor Freude wachsen, nachdem wir etwas vollbracht haben; aber auch, dass wir wie ein begossener Pudel dastehen, nach vorne geneigt und mit zusammengezogenen Schultern, wenn wir uns unglücklich fühlen. Rückbezüglich lässt sich

---

9    Siehe *„In-forma-tion / Bd.*1", Kap. 3: Das Primat der Information, Anm. 18-34; H.P Dürr, in: Der Standard: „Materie ist Kruste des Geistes.", Wien 1998.

10   Der Begriff *„Körpergeist"* findet sich allerdings auch bereits viel früher an vielen Stellen im Werk des Geisteswissenschaftlers Rudolf Steiners, der ebenfalls in dem Sinn als von einer Einheit dieser beiden Ebenen beim lebenden Menschen spricht.

11   C. Pert: *„Moleküle der Gefühle – Körper, Geist und Emotionen.",* Reinbeck 1997, S. 286.

12   G. Sukamura, in: *„Gefühle – Wegweiser für die Seele.",* Transkription, in: *ORF Dimensionen – Die Welt der Wissenschaft, 2008,* von: U. Geuter.

ganz offenbar auch die inner-emotionale Verfassung über die eigene Körperwahrnehmung beeinflussen. So künstlich einem das autosuggestive „*Fake it, until You make it!*" auch vorkommen mag, es scheint wissenschaftlich durchaus etwas dran zu sein. Pert wusste, wenn es sich als richtig erweisen würde, dass auch Immunzellen Endorphine bilden können, dann „*ist das Immunsystem ein schwimmendes endokrines System, ein Schwarm winziger Hypophysen!*" [13] Perts Untersuchungsergebnisse bestätigten diese Annahme, „*indem sie unwiderleglich auf die Existenz eines chemischen Mechanismus verwiesen, mit dessen Hilfe das Immunsystem nicht nur mit dem endokrinen System kommunizieren kann, sondern auch mit dem Nervensystem und Gehirn.*" Schon mit früheren Arbeiten hatten sie und Kollegen den überzeugenden Beweis angetreten, dass das Gehirn mit vielen Körperteilen in Verbindung steht. Nur beim Immunsystem hatte man immer eine Trennung von den anderen Systemen vorausgesetzt. Diese Annahme war mithin widerlegt. Candace Pert fasst die Erkenntnisse zusammen, wobei sie den Gefühlen den wesentlichsten physiologischen Stellenwert einräumt: „*Kurzum, ich möchte hier deutlich machen, dass das Gehirn auf molekularer Ebene sehr eng mit dem Rest des Körpers verzahnt ist, so eng, dass der Begriff ‚mobiles Gehirn' eine treffende Beschreibung des psychosomatischen Netzwerks ist, über das intelligente Information von einem System zum anderen gelangt. Jede Zone des Netzwerks – das neuronale, hormonale, gastrointestinale und immunologische – ist so beschaffen, dass es durch Peptide und botenspezifische Peptidrezeptoren mit jedem anderen kommunizieren kann. ... Die Neuropeptide und Rezeptoren, die biochemischen Stoffe des Gefühls, sind, wie ich gesagt habe, die Botenstoffe, die durch Informationsübertragung die großen Körpersysteme zu einer Einheit zusammenschließen, einer Einheit, die wir als Körpergeist bezeichnen können. Also dürfen wir nicht länger so tun, als hätten Gefühle geringere Bedeutung als die konkrete, materielle Substanz. Vielmehr müssen wir sie als Zellsignale begreifen, die an der Übersetzung von Information in physische Realität beteiligt sind – buchstäblich an der Verwandlung von Geist in Materie. Gefühl ist das Bindeglied zwischen Materie und Geist; es wechselt zwischen*

---

[13] C. Pert: „*Moleküle der Gefühle. ...*", Reinbeck 1997, S. 245, S. 249, S. 289, S. 263, S. 213, S. 255, S. 224 (gilt auch für die nächste drei Zitate in Folge).

*ihnen hin und her und beeinflusst beide. ... Dieser Prozess nahm eine Schlüsselstellung in unserer Theorie über die Körper-Geist-Grundlage von Krebs und anderer Krankheiten ein. ... Da, wie wir festgestellt haben, so viele Peptide aktiv sind, konnten wir eine neue These aufstellen: ,Krebszellen haben Neuropeptid-Rezeptoren.' Diese Behauptung wich erheblich vom herrschenden Dogma ab und hatte daher weitreichende Konsequenzen, die zu untersuchen wir und andere gar nicht abwarten konnten. ... Ich hatte das Gefühl, die alte geistige Haut abzustreifen, die letzten Überreste, die mich noch mit dem alten Paradigma verbanden."*

Wenn Sie die angeführten Details an dieser Stelle gerade überfordern scheinen, dann lassen Sie hier mal los und gönnen Sie sich eine Pause. Beziehungsweise mag derjenige, welche/r gerade nur an dem Ergebnis interessiert ist, die folgenden beiden Zitate einfach überspringen. Es wird in der folgenden Darstellung lediglich über das Faktum eines gleichen und grundlegenden Informationsnetzes im Einzeller und in uns schlüssig auf die *„Einheit allen Lebens"* verwiesen. Pert: *„Die Forschungsergebnisse zeigen immer deutlicher, dass sich die Rolle der Peptide nicht darauf beschränkt, einfache und singuläre Reaktionen einzelner Zellen und Systeme hervorzurufen. Vielmehr haben Peptide die Aufgabe, die Organe und Systeme des Körpers zu einem einzigen Netz zu verflechten, das auf interne wie externe Umweltveränderungen mit komplexen, fein abgestimmten Verhaltensweisen reagiert. Die Peptide sind die Notenblätter mit den Noten, Phrasen und Rhythmen, die dem Orchester – unserem Körper – ermöglichen, als geschlossene Einheit zu spielen. Und die Musik, die dabei zustande kommt, ist die Stimmung oder Empfindung, die Sie subjektiv als Gefühle erleben."*

Wie uns Pert berichtet, konnte die Forscherin B. O'Neil an einem einzelligen Tierchen der Gattung Tetrahymena zeigen, dass *„auf der Oberfläche seiner einzigen Zelle genau die gleichen Opiatrezeptoren auffindbar sind, wie wir sie im Gehirn haben. Verblüffenderweise stellt dieser primitive Einzeller viele Peptide her, unter anderem Insulin und Endorphine, die auch der Mensch produziert. ... Wie es vier Grundstoffe gibt [14], die alle DNA der lebenden Organismen kodieren, so gibt es eine bestimmte, wenn auch noch nicht endgültig bestimmte Anzahl von*

---

[14]  Siehe *„In-forma-tion / Bd.1"*, Kap. 1: *„Im Anfang war"*, Anm. 15.

*Informationsstoffen, die die Kommunikation oder den Informations-austausch kodieren, der für das Verhalten aller Systeme in allen Lebewesen verantwortlich ist, egal, ob diese Kommunikation inter-oder intrazellulär ist, zwischen einzelnen Organen stattfindet, zwischen Gehirn und Körper oder zwischen Individuum und Individuum. Überlegen Sie einmal ... wenn diese Peptide und ihre Rezeptoren – die Gefühlsmoleküle – nicht nur seit ihrer Entstehung in den frühesten und einfachsten Lebensformen erhalten geblieben sind, sondern sich auch zu jenem unendlich komplexen, psychosomatischen Netzwerk weiter entwickelt haben, das wir im menschlichen Körper entdeckten, so ergibt sich daraus der Schluss, dass sie in der Evolution eine einflussreiche und entscheidende Rolle gespielt haben. ... Wir Menschen haben ein Erbe: die Moleküle des Gefühls. Und das, obwohl wir uns im Laufe unserer Stammesgeschichte zu einem Geschöpf mit Milliarden Zellen von erstaunlichen Fähigkeiten entwickelt haben."* [15]

## Glücklichsein und Gesundheit.

Wie bereits angeführt, gilt es mittlerweile auf Grund des Forschungs-standes als erwiesen, dass Gefühle entscheidende Auswirkungen aufs Immunsystem und damit auf die Gesundheit haben. Wissenschaftlich betrachtet stellen biochemische Stoffe (Peptide), den physiologischen Ausdruck von Emotionen dar. Wir haben es hier mit dem „*molekularen Fundament dessen, was wir als Empfindungen, Sinneswahrnehmungen, Gedanken, Impulse, vielleicht auch als Geist oder Seele erleben*", zu tun: Gefühle als Signale des Körpers; aber auch: Blockaden von Gefühlen.

Interessanterweise vermutet bereits der berühmte Evolutionsforscher Charles Darwin, aufgrund seiner die Arten übergreifenden Unter-suchungen der Physiologie von Gefühlen bei Tier und Mensch, dass „*Gefühle ein Schlüsselaspekt der natürlichen Selektion*" [16] sind. Wie tut der Körper also Stimmungen kund? Darwins Vorhersage fußte auf der Beobachtung, dass die „*physiologische Basis der Gefühle während der gesamten Evolution erhalten geblieben sei.*" Sie trete auf den

---

[15] C. Pert: „*Moleküle der Gefühle – Körper, Geist und Emotionen.*", Reinbeck 1997, S. 295f, S. 197 (gilt auch für das nächste Zitat in Folge).

[16] C. Darwin: „*Der Ausdruck der Gemütsbewegung bei den Menschen und den Thieren.*", Nördlingen 1972 (gilt auch für die nächsten Zitate in Folge).

verschiedenen Entwicklungsstufen des Tierreichs wieder und wieder in Erscheinung. Aus dieser bezeichnenden Tatsache postulierte er ihre *„entscheidende Funktion für das Überleben der Arten."* Obwohl oder weil Darwin noch nichts über die Konzepte der Biochemie und Genetik wusste, sprach er von einer *„Physiologie der Gefühle".* Ein weiteres Beispiel seiner vorausschauenden Ideen, wie wir heute auf Grundlage zeitgenössisch psychoneuroimmunologischer Forschungen erkennen können. Somit zeigt sich, dass dieses System des Lebens – gestützt auf Befunde der neurophysiologischen Ebene – über ungeheure Zeiträume der Evolution beibehalten worden ist. Dies zeigt nichts anderes als seine grundlegende Bedeutung für das Überleben der Arten. Die Tatsache, dass die nunmehrigen Entdeckungen, der Weitsicht Darwinscher Kriterien entsprechen, war für die fündig gewordene Forscher-Community ein wichtiger Hinweis, dass *„Neuropeptide und ihre Rezeptoren plausible Kandidaten für den Sitz der Gefühle"* [17] sind.

Diese Ergebnisse bilden das Fundament für neue Theorien über die Verbindung von Körper und Geist. Sie führen zu radikal anmutenden Folgerungen auf dem Feld der Neurowissenschaften ganz allgemein sowie emotionaler Vorgänge bezüglich Gesundheit und Krankheit im Speziellen, wie sie bis vor Kurzem nicht für möglich gehalten wurden.

Nachdem nunmehr geklärt ist, welche Bedeutung (Neuro)Peptide im Allgemeinen haben, lassen Sie uns anhand einiger weniger Beispiele hören, was diese körpereigenen Boten- und Wirkstoffe, jene Gefühls-moleküle und Informationsträger, konkret für die Gesundheit leisten: *„Ein weiterer möglicher Einflussbereich des Immunsystems betrifft Viren. Um in eine Zelle zu gelangen, benutzen Viren die gleichen Rezeptoren wie Neuropeptide. Je nachdem, welche Menge des natürlichen Peptids in der Umgebung eines bestimmten Rezeptors vorhanden ist und dort binden kann, fällt es dem Virus, welches in diesen Rezeptor passt, leichter oder schwerer, in diese Zelle einzudringen. Da also die Gefühlsmoleküle an dem Prozess beteiligt sind der einem Virus den Eintritt in die Zelle ermöglicht, erscheint die Annahme logisch, dass **unsere Gefühlsverfassung Einfluss darauf hat, ob wir einer***

---

[17] C. Pert: *„Moleküle der Gefühle – Körper, Geist und Emotionen.",* Reinbeck 1997, S. 202, S. 290 (gilt auch für das nächste Zitat in Folge).

*Virusinfektion erliegen oder nicht. Das könnte erklären, warum ein Mensch nach Angriff des gleichen Virus kränker wird als ein anderer. Ich weiß nicht, wie es Ihnen geht, aber ich werde nie krank, wenn ich vorhabe zum Schilaufen zu fahren! Ist es denkbar, dass eine gehobene Stimmung, die erwartungs- und hoffnungsvolle Vorfreude auf eine Reise oder Unternehmung gegen bestimmte Viren schützt? Eine mögliche Erklärung dafür könnte die Tatsache sein, dass das Rheovirus, das nachweislich für Erkältungen verantwortlich ist, zum Eindringen in die Zelle den Noradrenalinrezeptor verwendet – ein Informationsstoff, der nach herrschender, psychopharmakologischer Auffassung bei glücklichen Gemütszuständen ausgeschüttet wird. Wenn wir also glücklich sind, kann das ‚Rheovirus' vermutlich nicht in die Zelle gelangen, weil dann das Noradrenalin alle potenten Virenrezeptoren in Beschlag genommen hat.“*

Dass Lachen gesund ist, hat wohl jeder schon einmal zu hören bekommen. Intuitiv haben die Menschen schon in früheren Zeiten die heilsame Wirkung von Lachen erkannt. Lachen bewirkt körperlich eine Endorphin-Ausschüttung, also die Ausschüttung sogenannter Glückshormone. Weiters ist bereits seit den 1970-er Jahren anhand von Tier- und Menschenversuchen, durch den Namensgeber der Psychoneuroimmunologie, Robert Ader, Professor für Medizin und Psychiatrie an der Uni Rochester und Univ.-Prof. Howard Hall von der Princeton University, erwiesen, dass das Immunsystem als Bindeglied zwischen Körper und Seele trainierbar ist, als *„ein weiterer Beweis dafür, dass geistige Reize, die Physiologie verändern können. ... In den wegweisenden Experimenten, die Hall an der Case Western Reserve University in Ohio durchführte, ... wies Hall unter Verwendung mehrerer Kontrollgruppen nach, dass Versuchspersonen, die kyber-physiologisch* [18] *vorbereitet worden waren, die Aggressivität ihrer Leukozyten mit Hilfe dieser Techniken erhöhen konnten, was durch Speichel und Blutproben gemessen wurde. Bis zu Halls Arbeiten gab*

---

[18] *„Der Wortteil ‚kyber' kommt vom Griechischen ‚kybernetes', ‚Steuermann' und bezeichnet in diesem Zusammenhang Selbststeuerungstechniken wie Entspannungstraining, Visualisierung, Autohypnose, Biofeedback und autogenes Training.“* C. Pert: *„Moleküle der Gefühle – Körper, Geist und Emotionen.“*, Reinbeck / Hamburg 1997, S. 292, S. 291 (gilt auch für das nächste Zitat in Folge).

*es nur anekdotische Berichte über einen Zusammenhang zwischen Hypnotherapie und klinischen Erfolgen bei Warzen und Asthma, beides Erkrankungen, für die möglicherweise unbewusst kontrollierte Immunveränderungen verantwortlich sind. Es gab keine Untersuchungen der Veränderungen auf Zellebene, keine Arbeiten, um die Einflussmöglichkeiten bewusster Kontrolle zu belegen. **Hall wies nach, dass psychologische Faktoren, d.h. bewusste Interventionen, die Zellfunktionen vom Immunsystem direkt beeinflussen können.** Wenn es sich durch bewusste Intervention verändern lässt – was bedeutet das für die Behandlung schwerer Erkrankungen wie Krebs? Die Idee, dass es einen Zusammenhang zwischen Gefühlen und Krebs geben könnte, ist jedenfalls nicht neu."*

Unabhängig voneinander haben verschiedene Studien nachgewiesen, dass Patienten mit unterdrücktem Gefühlsausdruck – meist verbunden mit einem höheren Maß an Selbstverleugnung – sich langsamer erholen, über schwächere Immunkräfte verfügen und meist größere Tumore hatten, als Patienten der charakterlich gegenteiligen Kontrollgruppe. [19]

Candace Pert: *„Wut, Trauer, Angst: diese emotionalen Erfahrungen sind nicht negativ an sich; wir brauchen sie zum Überleben. Wut brauchen wir, um Grenzen festlegen zu können; Trauer, um Verlust zu bewältigen und Angst, um uns vor Gefahr zu schützen."* [20] Pert bekennt sich in ihrem Buch *„Moleküle der Gefühle"* zu der Überzeugung, *„dass alle Gefühle gesund sind, weil Gefühle für die Verbindung von Geist und Körper sorgen."* Und: dass es entscheidend ist, sich diese Gefühle bewusst zu machen und sie zu fühlen [21], sodass sie nicht weiter gären und unkontrollierte Ausmaße annehmen.

Sie kennen es doch, wenn Ihre Aufmerksamkeit immer mal wieder blockiert ist. Es ist dann enorm schwer, *präsent und echt* in unseren eigenen Lebensverhältnissen anwesend zu sein. Manchmal fällt uns das SELBST gar nicht auf, wohl aber unseren Mitmenschen. Kleine Kinder tun es ganz selbstverständlich: ihre Emotionen fühlen – und dann ist

---

[19]  L. Temoshok, University of California / San Francisco, 1980-er Jahre.

[20]  C. Pert: *„Moleküle der Gefühle ..."*, S. 294f, S.437 (gilt auch für das Zitat in Folge).

[21]  Siehe Kap. 8: Anm. 12; Siehe *„In-forma-tion / Bd.1"*, Kap. 8: Immunsystem, Anm. 28, 29, 31.

es auch wieder gut. Und auch, wenn sich im eigenen Leben bestimmte Dinge wiederholen, ist das ein Zeichen, dass unsere Aufmerksamkeit (Energie) blockiert ist. Wir meinen dann vermutlich: Wir hätten ja also DOCH Recht! Es könnte aber wahrer, kreativer und sozial intelligenter sein, anzuerkennen, dass ein nächster Entwicklungsschritt ansteht, um uns im Prozess zu wandeln. Dann gilt es, zu fühlen, was immer da ist; fixe Überzeugungen und Bewertungen zu erkennen, zu überdenken und zu wandeln, um wieder neu sehen zu lernen ... Widerstand gegen etwas und Widerstand dagegen es zu fühlen, wird stets das Strömen der Energie behindern und DAS verfestigen, was wir partout nicht fühlen wollen. Offensichtlich gilt was im englischen Sprachraum als Sprichwort kursiert: *„What you resist – persists!"*

Die Psychoneuroimmunologin Candace Pert zur mehr oder minder gleichen Thematik, mit einem Hinweis auf verschiedene Arten von intentionalem Training: *„Selbst wenn wir uns emotional ,festgefahren' haben, wenn wir auf eine Version der Wirklichkeit fixiert sind, die uns nicht besonders dienlich ist, gibt es immer eine biochemische Möglichkeit für Veränderung und Weiterentwicklung. ... Während Neuropeptide unsere Aufmerksamkeit durch ihre Aktivitäten lenken, sind wir an der Entscheidung, was verarbeitet, erinnert und gelernt wird, nicht bewusst beteiligt. Wir haben aber die Möglichkeit, uns einige der Entscheidungen bewusst zu machen, besonders mit verschiedenen Arten intentionalen Trainings, die zum Zweck entwickelt wurden, das Bewusstsein zu erweitern. Durch Visualisierung kann beispielsweise die Durchblutung eines Körperteils verstärkt und dadurch das Angebot an Sauerstoff und Nährstoffen erhöht werden.* [22] *Giftstoffe werden fortgeschafft und die Zellen genährt. ... Angesichts spektakulärer und rascher Wandlungen, die in diesen Therapien zu beobachten sind, glaube ich, dass verdrängte Gefühle im Körper – im Unbewussten – durch Ausschüttung von Neuropeptiden gespeichert sind. ... Es kommt zu Verwandlungen, wenn sich Gefühle lösen, die sich im psychosomatischen Netzwerk verfangen haben. "* [23]

---

[22] Etwas, was nicht nur Yogis auf fortgeschrittener Stufe können, sondern selbst jeder ausprobieren kann. So gelingt es häufig schon beim ersten Selbstversuch, die Temperatur seiner Hand – äußerlich bemerkbar – um fünf bis zehn Grad zu erhöhen.

[23] C. Pert: *„Moleküle der Gefühle. ..."*, Reinbeck 1997, S. 222f.

Elmer Green, leitender Arzt an der Mayo-Klinik in den USA, hat „Biofeedback" als erster zur Behandlung von Krankheiten eingesetzt. Er formulierte seine Erkenntnisse auf diesem Feld: *„Jede Veränderung im physiologischen Zustand ist von einer bewussten oder unbewussten Änderung des geistig emotionalen Zustands begleitet. Und umgekehrt ist **jede Veränderung des geistig emotionalen Zustands von einer entsprechenden Veränderung im physiologischen Zustand begleitet.***" [24]

Endorphine sind ebenfalls zentral daran beteiligt, dass der erste Schmerz nach einer Verletzung zunächst nicht spürbar ist. Wie Studien belegen, setzt der Körper in solchen Fällen diese Art von Peptiden frei. Dasselbe geschieht übrigens nachweislich auch bei Schmerztherapie mittels Akupunktur. Auch bei derart absichtsvoll und professionell gesetzten Verletzungen mittels Akupunkturnadeln, setzt der Körper derartige Botenstoffe frei, die lokal narkotisierend wirken. [25]

In China operieren Ärzte mit der Methode sogar am offenen Herzen. Filmberichte darüber stießen noch in den 1970-er Jahren bei Vertretern westlicher Schulmedizin auf prinzipiellen Unglauben. Das hat sich radikal geändert. Akupunktur wird heute an praktisch jeder westlichen Universität gelehrt und wird – wie ich selbst aus eigener Operationserfahrung am Wiener Unfallkrankenhaus weiß – mit Erfolg angewandt.

### Bewusstsein. – Gefühle als lebendiges Bindeglied zur Welt

Der durch die Arbeiten zur Bewusstseinsforschung bekannt gewordene Neurowissenschaftler António Damásio, Professor für Neurologie an der University of Southern California, leitet dort das *„Brain and Creativity Institute"*. Damásio zählt zu den angesehensten Neurologen der Welt. [26]

*„Am Ende erweist es sich vielleicht als die verblüffendste Idee, ... dass das Bewusstsein als ein Gefühl begonnen hat, ein besonderes Gefühl zwar, aber doch ein Gefühl. Ich weiß noch, warum ich angefangen habe, mir das Bewusstsein als ein Gefühl vorzustellen und es scheint mir nach wie vor ein vernünftiger Grund zu sein: **Das Bewusstsein fühlt sich an wie ein Gefühl und wenn es sich anfühlt wie ein Gefühl, dann ist es***

---

[24]   E. Green: *„Biofeedback. Eine neue Möglichkeit zu heilen."*, Freiburg 1978.
[25]   Siehe *„In-forma-tion / Bd.1"*, Kap. 9: Placebos und Überzeugungen, Anm. 12f.
[26]   http://de.wikipedia.org/wiki/Ant%C3%B3nio_Dam%C3%A1sio#Leben (6/2010).

*vielleicht auch ein Gefühl. Damit sind wir vielleicht dem Geheimnis des Bewusstseins auf der Spur: Die Abbildung der Beziehung zwischen einem Objekt und dem Organismus wird zum Fühlen eines Gefühls. Die geheimnisvolle Erste-Person-Perspektive des Bewusstseins entsteht aus einem neu entdeckten Wissen – einer Information, wenn Sie so wollen – die als Gefühl zum Ausdruck kommt. ... Wenn wir Gefühle zu den Grundelementen des Bewusstseins erklären, sind wir natürlich verpflichtet, uns eingehender mit dem Wesen des Gefühls auseinander-zusetzen.* [27] *„Wie oben erwähnt, befinden sich Gefühle möglicherweise an eben jener Schwelle, die das Sein vom Erkennen trennt, und stehen damit in einer privilegierten Beziehung zum Bewusstsein."*

Wenn es stimmt, was hier hochgradig vermutet wird, dann ist auch klar, warum es die *Gefühle* sind, ja das Fühlen als solches, welche die wahre Bedeutung für jegliches Lernen besitzen. Eine wahre Pädagogik der Zukunft – mit Zukunft! – wird sich daher entschließen müssen, genau darauf zentral Bedacht zu nehmen. [28]

Lassen Sie uns dieses Kapitel nunmehr zusammenfassen: Nach einer vornehmlich vom Verstand-geprägten Episode der Menschheits-entwicklung scheint Fühlen, dieser versunkene 7. Sinn, heute für die Kognitions-Forschung wiederentdeckt zu sein. Diese Wieder-entdeckung des Fühlens ermöglicht einen nächsten Schritt aus neuester Wissenschaftssicht: Erkenntnis und Einsicht bezüglich der Bedeutung seiner Schlüsselkompetenz, der Intuition als Zugangscode zum Feld des Bewusstseins mit jeglicher personaler / transpersonaler In-*forma*-tion. Solches Fühlen wieder zu erlernen, das wird dem, der es praktiziert schnell deutlich, ist vergleichbar dem Erwerb einer Basiskompetenz wie „Lesen-lernen". Wer darüber verfügt, kann ermessen, welche Dimensionen innerer und äußerer Kommunikation sich damit eröffnen.

Wir werden im kommenden Kapitel nun in unserer Betrachtung dem Vertrauen Vorrang einräumen, bevor wir uns danach der Intuition als Resonanz- und Rückkoppelungsvorgang jener alles durchdringenden Ebene des Lebens und seiner kreierenden In-*forma*-tion zuwenden.

---

[27] A.R. Damásio: *„Ich fühle, also bin ich – Die Entschlüsselung des Bewusstseins."*, Berlin 2009, S. 374ff, S. 58 (gilt auch fürs nächste Zitat); Siehe Kap. 9, Anm. 26, 33f.
[28] Siehe Kap. 11, Anm. 7, 10, 15f, 10-22.

## „Klo-Story". – Direkte Wahrnehmung: Wie Menschen sich verstehen

Hier noch eine persönliche Anekdote. Ich habe diese Geschichte selbst einmal erlebt und möchte sie gerne mit Ihnen teilen. Über viele Jahre arbeitete ich unter anderem als Jugend-Coach und betreute einmal einen – nennen wir ihn „Chris". Chris war ein feinfühliger Bub, der es damit gar nicht leicht hatte. Seine Mutter führte zuhause ein strenges Regiment. Mit dem Vater hatte er damals über Jahre (noch) keinen Kontakt. Man konnte ihre Art von Erziehung unter dem Sprichwort subsummieren, mit dem auch ich selbst aufgezogen wurde – bei mir eher von Vaters Seite: *„Wer NICHT hören will, muss fühlen!"* Irgendwie hatte ich den Eindruck, dass diese Frau gar nicht imstande war, irgendetwas von ihrem Sohn zu verstehen. Chris hatte damals immer weniger den Mund aufgemacht – auch in der Schule. Er wurde „verstockt", wie mir zuhause während einer ersten Begegnung berichtet wurde: *„Ich weiß nicht was er hat. Er tut nichts mehr, er redet nichts mehr. Ich weiß nicht mehr, was ich noch tun soll!"* – klagte die Mutter ihr Leid.

An einem der ersten Treffen ging ich mit ihm ins Jugendzentrum „Bunte Fabrik": erkunden, was dort an aufbauend Unterhaltsamem zu tun möglich sei. Für ihn und mich war der Ort Neuland und wie der Name sagt: buntes Neuland. Wir spielten eine Zeitlang Billard, dann Tischtennis, was Chris besonders gut konnte. Irgendwann ging er aufs Klo und etwas später auch ich. Und als der Strahl in die Klomuschel floss und ich vor mich hinblickte, stand da mit dickem roten Filzstift folgender Spruch geschrieben: *„Wer hören will, muss fühlen!"* WOW, das war ja Mal ein sinnvoller Spruch für eine Männertoilette! Zurück beim Tischtennis-Tisch fragte ich Chris, ob er den Spruch im Klo gelesen hätte. Er verneinte. Nun gingen wir beide aufs Klo *„Spruch lesen"*. Chris verstand zwar nicht gleich. Als ich aber fragte, ob er schon mal irgendwo gehört hätte, dass *wer-NICHT-hören-wolle-fühlen-müsse?* – Ja, da verstand er gleich, das war ihm nur zu gut bekannt.

Könnte es sein, dass wir einander immer dann nicht verstehen, wenn wir mit unserem Vis á Vis nicht in fühlender Verbindung sind, innerlich abgetrennt und so unsere inneren Ohren verschlossen halten? Hat dies eventuell auch für Männer Relevanz? – Dass die Botschaft gerade auf einem Männer-Klosett steht, könnte dafür jedenfalls ein Hinweis sein ...

## Kapitel 8: Vertrauen

### Da-Sein. – Das Ringen des Menschen zwischen Angst und Vertrauen

Der amerikanische Psychologe, Professor für *Human Development* an der Harvard University, Erik Erikson, nennt es: „*basic trust*" – was man mit Grundvertrauen oder Vertrauen-in-einen-Grund übersetzen kann. Ein gut ausgebildetes Grundvertrauen ist nach Erikson das Zeichen einer gesunden Persönlichkeit. Unter Vertrauen versteht er ein Gefühl des Sich-verlassen-dürfens, und zwar sowohl in Bezug auf die Glaubwürdigkeit anderer wie auch die eigene Zuverlässigkeit. Die Erkenntnis des Säuglings in dieser Lebensphase: *Ich bin, was man mir gibt.* Doch er muss in der oralen Phase auch lernen, die Verbundenheit mit der Mutter aufzugeben und damit zurechtzukommen, dass sie nicht ständig präsent ist und das macht Angst. Dazu der an der Uni Marburg lehrende Tiefenpsychologe Gerhard M. Martin, mit Lehraufträgen in New York und am C.G. Jung-Institut in Zürich. Er bezieht sich auf die Entwicklungsaufgabe des Säuglings in dessen erster Lebensphase. Professor Martin: „*Die Urangst ist: ‚Lebe ich, oder lebe ich nicht?' Also: ‚Sein oder Nichtsein' ist die Urangst; die Angst, die die menschliche Existenz lebenslang begleitet. Die Angst vor dem Einbruch sozialer Kontakte, vor Isolierung, vor physischer und psychischer Bedrohung. Und dem gegenüber ist der Aufbau von Vertrauen auf der elementarsten Ebene unendlich wichtig und gelingt über Körperkontakt, über hinreichende Ernährung, über die Stimme, über den Geruch, über den Blickkontakt.*" [1]

Die Fähigkeit zu vertrauen, ist ein Potenzial, mit dem wir geboren werden und es wird durch die ersten Erfahrungen, die wir machen, aktiviert. Das Wort „Vertrauen" geht auf das gotische Wort „trauan" zurück. Es bedeutet soviel wie: treu, stark, fest. Wer vertraut, ist sich der Wahrheit einer Handlung oder eines Sachverhaltes sicher. Er glaubt an die Verlässlichkeit anderer und an sich selbst. [2] Vertrauen im letzteren Sinn ist somit ein personaler Akt des Selbstbezugs und der Beziehung zu anderen. „*Selbstvertrauen würde ich definieren als das Gefühl, mich auf mich verlassen zu können, vielleicht auch als eine Mischung*

---

[1]   G.M. Martin, in: „*Vertrauen. Führt. Weiter.*", Transkription, in: *ORF Radiokolleg, 2006*, von: J. Kaup, K. Steger.

[2]   Siehe auch die Bewusstseins-Übung „*Selbst-Vertrauen*" am Ende dieses Kapitels.

*aus Mut und Lebensgestimmtheit.*" ³ So fasst es die Psychotherapeutin und Viktor-Frankl-Preisträgerin der Stadt Wien, Elisabeth Lindner, für sich zusammen. Sie begreift Vertrauen als *„etwas Sehendes".* Etwas, das *„sich immer auf etwas, was außerhalb von uns liegt, bezieht, ... ein Akt der Selbsttranszendenz, dass man sich auf etwas verlassen können muss, auf das man eigentlich keinen Einfluss hat."*

Wolfgang Müller-Commichau, Professor für Erziehungswissenschaften an der Goethe-Universität in Frankfurt am Main ist Autor der Bücher *„Verstehen und verstanden werden"* sowie *„Fühlen lernen. Emotionale Kompetenz als Schlüsselqualifikation".* Die zentrale Basis, dass jemand intuitiv handeln kann, ist ein gesundes Selbstvertrauen, sagt Commichau: *„Ich kann zu einer größeren emotionalen Kompetenz gelangen, wenn ich mir erstens versuche bewusst zu machen, welche Gefühle ich gerade in belastenden Situationen habe.* **Der erste, zentrale Teil von emotionaler Kompetenz besteht in der Fähigkeit, in mich hineinzuhören. Der zweite Teil darin, dass ich es schaffe, mich mehr und mehr auch auf andere Personen einzulassen. Man spricht von Empathie. Mich hineinversetzen in eine andere Person und quasi mit ihren Augen, aus ihr heraus, die Welt zu sehen – und dabei auch mich.** *Der dritte zentrale Aspekt, der zur emotionalen Kompetenz gehört, ist die Fähigkeit, ein Miteinander zu praktizieren, das für beide gut ist und nicht nur für mich. Auch nicht nur für mein jeweiliges Gegenüber, sondern für beide. Und der vierte zentrale Aspekt besteht darin, dass ich Grenzen, Belastungsgrenzen in mir wahrnehme und daraus Konsequenzen ziehe. Das sind die vier zentralen Elemente emotionaler Kompetenz."* ⁴ Elisabeth Lindner: *„Der Ausgangspunkt ist dieses* **Selbstvertrauen ... Selbstklärung.** *Um herauszufinden, was man selber will, bevor man sozusagen mit allen Ungereimtheiten und allen inneren Konflikten auf den anderen losgeht, was in Streitsituationen passiert, dass man alles dem anderen hinwirft, ohne dass man selber klar ist, worum's eigentlich geht und was man will."* ⁵

---

³   E. Lindner, in: *„Vertrauen. Führt. Weiter.",* Transkription, in: *ORF Radiokolleg, 2006,* von: J. Kaup, K. Steger (gilt auch für das nächste Zitat in Folge).

⁴   W. Müller-Commichau, in: *„Learning by doing – Wie Erfahrung und Gespür unser Können prägen.",* Transkription, in: *ORF Radiokolleg, 2007,* von: J. Kaup.

⁵   E. Lindner, in: *„Vertrauen. Führt. Weiter.",* Transkription, in: *ORF Radiokolleg, 2006.*

**Eltern-Bewusstsein. – Oder: „Wie man (s)ein Kind lieben soll."** [6]

*„Der Mensch kommt mit zwei grundsätzlichen Begabungen und Bedürf-
nissen auf die Welt. Mit dem grundsätzlichen Wunsch nach Geborgenheit
und Verbundensein sowie gleichzeitig mit dem Wunsch, immer wieder,
an jedem neuen Tag, über sich selbst hinauszuwachsen."* [7] So begreift es
der Neurobiologe Gerald Hüther, Professor em. an der Psychiatrischen
Klinik der Uni Göttingen. Und er sagt weiter: *„Das Faszinierende am
Vertrauen ist eigentlich, dass wir ja alle mit einem uneingeschränkten
Vertrauen auf die Welt kommen. D.h., jeder Mensch bringt mit seiner
Geburt das Vertrauen immer wieder neu mit auf die Welt und dann geht
es uns verloren. Und das ist kein Naturgesetz und das ist auch nicht
in irgendwelchen Verschaltungen des Hirns begründet."* Sicherheit-
gebendes Vertrauen – so sind wir von unserer menschlichen Natur aus
angelegt. Nach der Geburt macht der Säugling aber eben auch erste
Erfahrungen, die dieses Ur-Vertrauen in Frage stellen. Das Baby wird
zwar von der Mutter gepflegt, genährt und gehalten. Aber von einer
Mutter eben, die auch eigene Bedürfnisse hat.

Professor Hüther. *„Kinder merken, ob sie ganz und gar gemeint sind,
ob sie, so wie sie sind gewollt sind und geliebt werden. ... Und dann
fangen Eltern eben an, Kinder nach ihrer Vorstellung zu erziehen und
haben Erwartungen, was das Kind zu welchem Zeitpunkt alles können
müsste. ... Was dabei sehr leicht aus dem Blick gerät, ist, dass es während
der ersten Jahre überhaupt nicht um Aneignung von Sachwissen geht,
sondern dass Kinder primär lernen, indem sie Erfahrungen machen.
Und die meisten Erfahrungen machen wir nonverbal. Die machen wir,
indem wir in das Gesicht des anderen schauen und erkennen, ob er
mich mag und ob er mich vor allen Dingen so mag, wie ich bin. Und
das können Kinder sehr genau unterscheiden, ob sie gemeint sind, oder
jemand gemeint ist, der nur in der Vorstellungswelt der Eltern existiert."*
Vorgefertigte Bilder, welche Eltern von ihren Kindern haben – und
dann als Realität auch erfüllt haben wollen(!) – sind ein wesentlicher
Grund, dass Kinder sich nicht gesehen und angenommen fühlen. Die

---

[6] J. Korczak: *„Wie man ein Kind lieben soll"*, Göttingen 1992, Titel.
[7] G. Hüther, in: *„Vertrauen. Führt. Weiter."*, Transkription, in: *ORF Radiokolleg, 2006,*
von: J. Kaup, K. Steger (gilt auch für die nächsten drei Zitate in Folge).

Diskrepanz zwischen elterlichem Anspruch und kindlicher Realität verunsichert das Selbstvertrauen der Kinder. *„Ein 2. Punkt ist der, dass Kinder eine unglaubliche Begeisterung am Gestalten und Entdecken haben und dann feststellen müssen, dass sie mit ihrer Entdeckerfreude doch nicht so erwünscht sind ... Und damit geht ihm auch ein ganz wesentlicher Teil des Vertrauens verloren. Und ein dritter Punkt besteht darin, dass Kinder heute in einer Welt aufwachsen, in der alles viel zu perfekt ist. ... Also das ist eigentlich das Gleiche, wie es uns allen geht. Wir wollen irgendetwas machen, wir wollen zeigen, dass wir was können und dann kommen sie alle: die Klugscheißer, die Besserwisser und die Alleskönner und machen uns unsere Lust am Selbermachen kaputt."*

Der Arzt und Psychotherapeut Dr. Wolf Büntig leitet das ZIST, ein Zentrum für persönliche und berufliche Fortbildung zur Entwicklung menschlicher Kompetenz im bayrischen Penzberg. Auch er sieht in der Frühentwicklung sowohl das Fundament für Beziehungs- als auch Vertrauens-Fähigkeit. Allerdings sollte das seiner Meinung nach nicht dazu führen, dass Eltern und insbesondere Mütter sich unter dem Druck von lebensfremden Idealen überfordern. *„Die ideale Mutter ist nicht die, die alles richtig macht und damit das Kind braucht, als Barometer für ihren Perfektionismus, sondern die ideale Mutter ist eine Mutter, die in einer lebendigen Ich-Du-Beziehung zum Kind ist, die sich auch mal ärgert, die auch mal grob ist, aber das Kind als eigene Person sieht. ... Wenn die Mütter den Selbstbeweis bleiben lassen könnten – ‚Ich bin ein lebenswerter Mensch, weil ich eine gute Mutter bin!' – ja, ich glaube, den Kindern ginge es besser."* [8]

Eltern, die nicht bereit sind ihre Kinder als diejenigen, die sie sind, zu sehen und annehmen zu können, weil sie ihre eigenen Vorstellungen mehr lieben als die realen Kinder, erzeugen seelisches Leid. Die Kinder bekommen nicht was sie brauchen, sondern lernen sich diesen Vorstellungen zu unterwerfen. Etwas, was uns selbst später als Erwachsene, nicht nur in der Beziehung zu den eigenen Kindern wieder begegnet, sondern auch in der Beziehung zu uns selbst, zum Entwicklungswesen in uns selbst, zu dem, was die Psychologie als *„Inneres Kind"* bezeichnet. Wolf Büntig über den

---

[8]  W. Büntig, ebenda (gilt auch für die nächsten beiden Zitate).

kindlichen Konditionierungsprozess: *„Wir merken zwar die Diskrepanz zwischen unserem Selbstgefühl und den Bildern der Eltern, aber wir unterwerfen uns diesen Bildern, weil wir es nicht aushalten können, dass die ein anderes Bild haben von uns, als wir sind. Wir unterwerfen uns deren Normen und durch die Unterwerfung unter die Normen anderer entwickeln wir das, was ich ‚Normopathie' nenne. D.h.: ein Leben nach den Normen anderer – bei gleichzeitigem Verlust der Autonomie, also des Kontaktes zu unserer eigenen, inneren Gesetzlichkeit."*

Die angesprochene Normopathie macht, wie auch der Name „Pathie" sagt, krank. *„Wir haben eine interessante Arbeit, ... die zeigen konnte, dass bei Tumorkranken die Tumore in Abhängigkeit von der Starre des Selbstbildes wuchsen. Je starrer die Selbstvorstellungen einer Person, je weniger Spielraum sie sich erlaubte, umso schneller wuchsen Tumore; je ‚ausgefranster', umso langsamer ... **Wir werden an den Identifikationen mit Bildern krank, wenn sie nicht der inneren Wahrheit entsprechen. Also ich glaube, dass ein Gutteil der psychosomatischen Störungen darauf zurückgeht, ... wer wir sind und dem, wer wir glauben sein zu müssen.** Und wenn man nicht weiß, was man braucht, dann schluckt man viel, was einem schadet und meidet viel, was einem gut tut."*

Das Vertrauen, dass es gut ist, selbst zu sein, ist in der Kindheit leicht zu zerstören. Und es wird im späteren Erwachsenenleben nur mühsam gelernt oder erlitten. Doch: Es ist möglich. Univ.-Prof. Gerald Hüther. *„**Das sind Sternstunden im Leben eines Menschen, wenn er Gelegenheit hat, solche verkabelnden Anteile von Begabungen, die er mal besessen hat und die er unterdrücken musste, wiederfinden darf. Das sind Sternstunden, weil dann plötzlich wieder etwas zu blühen beginnt. Dann macht das Leben auf einmal wieder Spaß.** Dann merkt man plötzlich, dass man in der Welt zu Hause ist. ... Man kann anderen Menschen die Gelegenheit geben, wieder zu sich selbst zurückzufinden und wieder **Vertrauen in sich selbst zu schöpfen**.* [9] *Und das lässt ihn offen werden und bringt ihn in die Situation, dass er etwas zu verschenken hat, nämlich Vertrauen."* [10]

---

[9] Siehe Kap. 4, Anm. 15; Siehe Kap. 9, Anm. 28; Siehe Kap.12, Anm. 9f; Siehe auch die Bewusstseins-Übung „*Selbst-Vertrauen*" am Ende dieses Kapitels.

[10] G. Hüther, in: „*Vertrauen. Führt. Weiter.*", ORF Radiokolleg, 2006, J. Kaup, K. Steger.

## Königsweg „Fühlen"

*„Vertrauen entsteht erstens dadurch, dass man sein eigenes Misstrauen bemerkt. Dazu hilft es, wieder zu fühlen. Und zweitens wächst Vertrauen dadurch, dass Sie es schenken.* **Je mehr Vertrauen Sie schenken, umso mehr haben Sie. Das ist eine paradoxe Geschichte.** *Je mehr Sie lieben – ja, Ihre Liebe verschenken – umso mehr Liebe erleben Sie."* [11]

Vertrauen steht im Zentrum jeder positiven Beziehung, die auf Zukunft angelegt ist. Soweit das Ideal. Real leben wir in Bezug auf andere nicht nur im Vertrauen, sondern auch im Misstrauen. Denn es gibt wohl niemanden, der nicht schon von anderen enttäuscht und verletzt wurde, oder selbst andere verletzt hat. Um für andere vertrauensvoll zu sein, muss ich wissen, WER ich bin und WAS ich will – oder auch nicht will. Doch wie kann ich das erfahren? Wolf Büntig: *„Der Königsweg für mich ist ‚fühlen'. Wirklich im Moment innehalten und schmecken: Tut mir das jetzt gut, oder tut es nur meinem Image gut? Bin ich froh, weil ich es fühle, oder bin ich froh, weil irgendwas sich so einstellt, wie ich es erwartet habe? Bin ich zufrieden, weil ich was erreicht habe, oder fühle ich wirklich Frieden in mir? Viele Leute sind gar nicht mehr fähig dazu und die brauchen dann starke Signale, um wieder zu sich zu finden."* [12]

„Starke Signale" – das können psychosomatische Erkrankungen sein, der Verlust des Arbeitsplatzes oder der Bruch einer Lebensbeziehung. Diese Art zu lernen ist nicht selten ein Leidensweg. Meistens fühlen wir uns dabei als Opfer-der-Umstände, als Opfer-der-anderen, ohne zu bemerken, dass die anderen nicht wesentlich anders mit uns umgehen, als wir es auch selbst mit uns tun! [13] In praxisbezogenen Coachings wird anhand ausgewählter Bewusstseins-Übungen das „Spiegelbild Welt" den Menschen meist zum ersten Mal erlebbar. [14] Sie bemerken, dass die scheinbar „äußere Welt" des alltäglichen Lebens vielleicht nur deshalb mit denselben, stets wiederkehrenden Erlebnissen „hausieren" ging und

---

[11] W. Büntig, in: *„Vertrauen. Führt. Weiter."*, Transkription, in: *ORF Radiokolleg, 2006*, von: J. Kaup, K. Steger (gilt auch für das nächste Zitat in Folge).

[12] Siehe Kap. 7, Anm. 21-24; Siehe Kap. 12, Anm. 30-34; Siehe *„In-forma-tion / Bd.1"*, Kap. 8: Immunsystem, Anm. 26, 29, 33f.

[13] Siehe *„In-forma-tion / Bd.1"*, Kap. 6: Chaos und Strukturen der Ordnung, Anm. 19-24.

[14] Siehe Kap. 3, Anm. 17.

noch geht, um etwas Entscheidendes an uns selbst zu erkennen, und so die Möglichkeit zu schaffen, all das liebevoll zu verändern. Zuerst gilt es auf diesem Erfahrungsweg in einem ersten Schritt anzuerkennen: *Es ist immer in und an uns selbst, was da unsere Wirklichkeit bedingt!* Unsere innere mentale In-*forma*-tion wird immer und in jedem Fall zur erlebten Form – ob wir das nun im Einzelfall so wollen oder nicht!

Im Grunde genommen ist der Sinn des Prozesses sehr naheliegend. Denn: *„Wer im Leben leidet, hat eine Ahnung, dass etwas fehlt."* [15] Auch wenn man zunächst noch nicht weiß, WAS es ist, so Hunter Beaumont, Professor für Tiefenpsychologie der Uni München: *„Man sieht, man vertraut, weil man sich einbildet, dass die Sachen sich entfalten, wie man erwartet. Und dann entsteht manchmal ,Enttäuschung'. ... Man hat sich getäuscht, und es entfaltet sich nicht, wie man es ,erwartet' hat. D.h.: Das Vertrauen, das man in die Erwartung hatte, hat sich nicht bestätigt. Und **diese** Art Vertrauen ist eine Illusion. Das machen viele Menschen. Viele Menschen erleben deswegen Ent-Täuschung.* [16] *Wenn man den Sachen vertraut, dass sie sich entfalten, wie sie sich entfalten, nicht, wie man das erwartet – wird man nie enttäuscht."* Dies setzt voraus, dass man im Lauf des Lebens ein Grundvertrauen ins Leben entwickelt, das unabhängig von einzelnen Enttäuschungen stabil bleiben darf.

Um zu vertrauen, müssen drei Ebenen bewältigt werden, sagt Hunter Beaumont. Erstens gilt es zu prüfen, ob die eigenen Annahmen über den Sachverhalt oder eine Person stimmen. *„Zweite Ebene, psychotherapeutische Ebene: Wir haben Möglichkeiten, als Erwachsene gelernte Gewohnheiten zu überprüfen, ob sie noch stimmig sind. Ob wir noch in derselben Welt leben, wie wir sie in der Kindheit bewohnten. Wir haben Möglichkeiten, die gelernten Gewohnheiten später zu revidieren, neue Gewohnheiten zu entwickeln. **Diese dritte Ebene von Grundvertrauen ins Sein kommt durch eine spirituelle Arbeit. D.h. man schult die Wahrnehmung für die tieferen Ebenen des Seins, die uns tatsächlich tragen. Und man verlässt sich darauf, dass man getragen wird."***

---

[15] H. Beaumont, in: *„Vertrauen. Führt. Weiter."*, Transkription, in: *ORF Radiokolleg 2006*, von: J. Kaup, K. Steger (gilt auch für die beiden nächsten Zitate in Folge).

[16] Siehe *„In-forma-tion / Bd.1"*, Kap. 7: Epigenetik, In-*forma*-tion fürs Genom, Bewusstseins-Übung *„Ent-Täuschung"*.

## Vertrauen durch Begegnung und Auseinandersetzung

*„Ich glaube, Vertrauen gewinnt man dann, wenn man sich auf das Leben einlässt und wenn man vor dem Wunder menschlichen Lebens einfach mal staunt und dann aus diesem Erleben heraus spürt: Da gibt es eine Kraft, die die Welt im Innersten zusammenhält. Und wenn ich diesen Urquell in mir spüre, dann gibt es eigentlich keinen Grund, ihn nicht ebenso auf eine Beziehung zu übertragen.“* [17] Das sagt die Psychotherapeutin Julia Onken, Autorin zahlreicher Bestseller über die Probleme in Paarbeziehungen. Wer sich selbst vertraut, glaubt, dass er mit dem, was auf ihn /sie zukommt, angemessen umgehen kann. In diesem Vertrauen können wir gelassen existieren. Welche Rolle spielt das Vertrauen in Beziehungen? Was setzt eine reife Beziehung voraus? Julia Onken: *„Also, ich muss die Zumutung, überhaupt Leben meistern zu sollen selbst übernehmen. D.h. natürlich auch, die verschiedenen Aufgaben, die mir gestellt werden, zu überwinden, an ihnen zu wachsen, um einst eine reife Person zu werden. Und diese Arbeit kann mir niemand abnehmen. Und der Partner schon grad gar nicht. Dem Partner mute ich zu, dass er es mit mir aushält, immer im Hinblick auf dieses Urvertrauen, in diese letzte Quelle, die in uns sprudelt. Und dann denke ich, dann wird Beziehung gelingen und Leben ebenso.“*

Die von ihr vorgeschlagene Lösung: *sich-auf-das-Leben-einlassen-und-staunen!* – reiht sich in angemessener Weise in jene Erfolgs-ratgeber-Slogans ein. Sie klingt gut, ist es wohl auch. Und doch stellt sie für die meisten Menschen, die sich verletzt und unsicher fühlen zunächst nicht mehr als einen jener gut gemeinten „Rat-Schläge" dar, welche – ohne zuvor Entscheidendes wirklich integriert und nachhaltig verwandelt zu haben – oftmals die Tendenz haben, nur noch tiefer ins „Schlamassel" zu führen. Ja, da gibt es *„eine Kraft, die die Welt im Innersten zusammenhält."* Da gibt es etwas in uns, was sich wirksam entfalten kann. Ob es sich allerdings als heilend ent-puppen wird, hängt in erster Linie und entscheidend vom Samen ab, der zuvor von UNS SELBST neu in unser Bewusstsein gelegt werden will. Ansonsten sind weitere Ent-Täuschungen, weil im eigenen Bewusstsein unverändert angelegt, vorprogrammiert. Und jegliches „Positiv-Denken" oder

---

[17] J. Onken, in: *„Vertrauen. Führt. Weiter."*, (gilt auch für die beiden Zitate in Folge).

„aufmunternd-schulterklopfende-Gehabe" hat wenig reale Aussicht auf Heilung. Um sich nämlich wieder voll und in Wertschätzung auf das Leben einzulassen, muss man erst erneut Einlass zu sich selbst finden.

Hierbei geht es ganz offensichtlich um eine gefühlte Hygiene-des-Stimmigen im eigenen Leben und im eigenen Bewusstsein. Wenn dies aus Wertschätzung und Liebe zu sich selbst gelingt, beginnt sich etwas wie Vertrauen zu entfalten. – Ein wahrhaft berührendes Erlebnis. Meiner eigenen Erfahrung nach, mit mir selbst aber auch als Coach, sind diese Schritte jedem Menschen möglich: mitfühlend sich wieder selbst vertrauen lernen. [18] Und in dem Maß, wie die entsprechende Kraft im Bewusstsein frei wird, frei von Ängsten und Verbiegungen, werden die Folgeschritte weitreichender. Ein solcher Einlass in unser Ureigenstes, Wesentlichstes, wird uns genau dann möglich und gewährt, wenn wir uns – uns selbst gegenüber! – wieder bereit finden zu echter Anerkennung und Wertschätzung.

Sich selbst wieder Selbst-Vertrauen und Würde als Mensch zurückzugeben, das will erst wieder gelernt sein und kann auch wieder gelernt sein. Und dann entsteht voll neu gefühlter Dankbarkeit für das Erleben jener Kostbarkeit des eigenen Menschseins, ganz von allein das Bedürfnis, dieses Mit-Gefühl auszudehnen, auf die Welt und seine / ihre Mit-Menschen. Öffnung, ganz ohne sich irgendetwas mühevoll oder auch bemüht zu verordnen. Solche Zwiesprache mit sich selbst legt letztlich die Basis zum Zwiegespräch mit dem anderen Menschen. In dem Zusammenhang spricht der Arzt und Psychotherapeut Galuska, Direktor der Heiligenfeld-Kliniken für psychosomatische Medizin Bad Kissingen, von Paar-Zwiegesprächen. Galuska empfindet sie als *„reinigend und vertrauensfördernd".* Ganz ohne Worte, zunächst einmal nur spüren, was da in mir ist. *Das ist die Voraussetzung für Empathie, für echtes Mit-fühlen-können mit einem anderen Menschen.* [19], sagt Joachim Galuska. *„Wenn wir an den inneren Ort unserer Seele gehen, in dieser Offenheit, in dieser Präsenz, dann können wir in uns selbst fühlen und spüren und nachvollziehen, was ein anderer Mensch, der uns begegnet, zum Ausdruck bringt.*

---

[18] Siehe Bewusstseins-Übung „*Selbst-Vertrauen*" am Ende dieses Kapitels.

[19] J. Galuska, in: „*Vertrauen. Führt. Weiter.*" (gilt auch für die beiden Zitate in Folge).

*Das nennen wir Empathie. Ja. D.h.: Ich kann mich einfühlen. In Wirklichkeit ist es mehr ein Resonanzphänomen. Es löst etwas in mir aus und das kann ich fühlen. ... Und dann passiert dieses Mysterium, wenn wir uns gemeinsam aufeinander einstimmen. Wenn etwas in uns gegenseitig zum Klingen kommt und wir an diesem inneren Ort verweilen, entsteht plötzlich so ein Gefühl von: ‚wir‘, von Gemeinschaft, von Gemeinsamkeit. Wir erleben jetzt gemeinsam diesen Moment, wir sprechen jetzt gemeinsam miteinander, wir fühlen und teilen irgendetwas Gemeinsames. Und wenn man das vertieft, dann kann es sogar sein, dass man so etwas fühlt wie die Seele unserer Verbindung.“*

Wir stehen als Gesellschaft vor der Herausforderung, herauszufinden, wer wir sind und wie wir in Zukunft unsere Welt bauen wollen. Wird es eine Gesellschaft sein, in der weiter die Starken über die Schwachen regieren. Oder wollen wir kraftvoll eine neue Kultur wechselseitigen Vertrauens denken und aufbauen? Es stehen heute neue Werkzeuge zur Verfügung, um unser altes, beschwertes Bewusstsein liebevoll in die nötige Leichtigkeit zu wandeln: Der klare menschliche Mut zur Macht und die wachsende Fähigkeiten zum integren Umgang mit ihr, könnte unser freudiges Szepter der Selbstbestimmung, der „Macht-über-uns-selbst“ sein. Joachim Galuska: *„Also die Globalisierung macht uns das ja enorm klar. Das ist ja nicht nur ein wirtschaftlicher Prozess, sondern es ist auch ein kultureller Prozess. Wir gehören zusammen, egal wo wir auf diesem Planeten leben und wie wir uns selbst verstehen.“*

**Wirtschaftsfaktor der Zukunft: Vertrauen als Führungskraft**

*„Wenn wir kreativ sein wollen, dann müssen wir spielen können, dann müssen wir uns entspannen können, dann müssen wir unseren Geist öffnen. Ich würde sagen, der Zugang zur Intuition ist die zentrale Quelle der Kreativität. Das läuft meistens unbewusst ab, aber wir können auch heutzutage mehr Intuition aktiv nutzen, versuchen bewusst intuitiv zu sein. Dafür müssen wir in einen inneren Bewusstseinszustand gehen, der offen ist, der weit ist, der lauscht. Der nach innen lauscht, der nach außen lauscht. Aber dieser innere Ort kann sich nur dann entfalten, wenn eine Atmosphäre da ist, die das zulässt, und das hat eben viel mit Vertrauen und Anvertrauen, mit sich gegenseitig anvertrauen, zu tun.“*

Kreativ arbeitende Menschen wissen, wie wichtig Innenschau und ein Raum des Vertrauens sind. Kreativität und Innovation gelten heute als DIE Motoren des wirtschaftlichen Erfolges. Doch die ökonomischen Strukturen bieten dafür noch wenig Raum, obwohl alle nach Innovation rufen. Dabei belegen wissenschaftliche Untersuchungen, dass Unternehmen, die Vertrauen-basiert arbeiten, großteils kreativer und erfolgreicher sind, als jene, die zentralistisch und autoritär geführt werden.

Kenner der Zyklentheorie nach Nikolai Dmitrijewitsch Kondratjew wissen: Ein neuer Zyklus beginnt immer entlang der Knappheiten und Probleme, die der vorherige Zyklus erzeugt hat. Als *„größte Knappheit des 21. Jahrhunderts"* bezeichnet der Trendforscher Matthias Horx in dem Zusammenhang das Vertrauen. Der Wirtschafts- und Gesellschaftskontrakt der Zukunft müsse deshalb auf dem *„Trust-Factor"* liegen, schreibt er. [20] Man weiß heute, welch atmosphärisch-menschliche Resonanz auf dem Boden des Vertrauens möglich ist.

Interessanterweise gibt es auch eine Korrelation zwischen Vertrauen und Gemeinwohl. Manfred Prisching, Professor für Soziologie an der Uni Graz: *„Es gibt ganz interessante vergleichende Untersuchungen über unterschiedliche Länder, wo man die Leute gefragt hat, in welchem Maße sie zwischenmenschliches Vertrauen haben, meistens von der Sorte: ‚Glauben Sie, dass man im Allgemeinen den anderen Menschen vertrauen kann?', oder so. Das sind die Fragestellungen und da hat sich gezeigt, dass in jenen Ländern und Gebieten, wo die Leute ein relativ hohes Maß an Vertrauen in die Institutionen, in das System und in die Mitmenschen haben, dass dort auch eine hohe Korrelation zum Wohlstand besteht. D.h. Vertrauen ist nützlich. Vertrauen ist nicht nur etwas, was zwischen den Menschen ein besseres Leben schafft, sondern offensichtlich auch etwas, das wirtschaftliches Wachstum und wirtschaftliche Entwicklung fördert."* [21] Der studierte Jurist, Dr. Tom Bäumer, ist Vorstandvorsitzender der Württembergischen Versicherung in Deutschland. Nach vielen Jahren ambivalenter Erfahrungen als

---

[20] M. Horx, in: „*Trendreport 2009*", auf: http://www.zukunftsinstitut.de (8/2010).

[21] M. Prisching, in: „*Vertrauen. Führt. Weiter.*", Transkription, in: *ORF Radiokolleg, 2006*, von J. Kaup, K. Steger.

Personalchef will Bäumer heute als Generaldirektor im Unternehmen die Vertrauenskultur fördern. Die Motive dabei sind nicht nur sozialer Art, wie er zugibt, sondern sie lassen sich auch positiv in Zahlen messen. *„Natürlich basiert die Wirtschaft auf dem Handeln, dem Austausch von Leistung ... und das gelingt am besten, wenn man sich als Mitarbeiter wohl fühlt, wenn einem Vertrauen entgegengebracht wird, weil man alles tun wird, um dieses Vertrauen auch zu rechtfertigen, das motiviert zu Höchstleistung. Misstrauen dagegen demotiviert, man schaltet einfach zurück und das ist letztlich dann auch messbar an den Zahlen, an der Krankheitsquote und schließlich auch in der Kundenzufriedenheit, die wir immer wieder messen, weil demotivierte Mitarbeiter werden auch die Kunden schlecht behandeln.“* [22]

Schnelle Märkte, flexible Arbeitsstrukturen, virtuelle Organisations-formen, moderne, wirtschaftliche Strukturen, lassen sich nicht mit herkömmlichen Führungsmethoden bewältigen. Kostenminimierung, Effizienz, Innovation, das ginge nur im Klima des Dialogs und des Vertrauens, sagt Tom Bäumer: *„Ein guter Abteilungsleiter geht aus seinem Zimmer raus, zu seinen Mitarbeitern, kuckt wie es denen geht, was die tun, redet mit denen, macht unmittelbar Rückmeldung zu Themen die auf den Tisch kommen. Und ein schlechter Abteilungsleiter zitiert die Leute zu sich und kommt aus seinem Zimmer nicht raus. D.h. er agiert wie ein Machthaber. Aber gute Führungskräfte führen von vorne und sind nicht oben.“*

Der frühere Universitätsprofessor in Göttingen, Neurobiologe sowie Gründer der Akademie für Potentialentfaltung, Gerald Hüther: *„Wir brauchen Erzieher und auch Eltern, die in der Lage sind, Kinder zu ermutigen und einzuladen und zu inspirieren. Und da haben wir das Problem: Das haben wir alle nicht gelernt. ... Wir bräuchten eine Kultur, ... die dann auch jeden einzelnen Erwachsenen dazu bringt, dass er ,Einlader', ,Ermutiger' und ,Inspirierer' wird für die anderen. – Und wenn das Lehrer können, dann sprechen die Erfolge im Allgemeinen für sich, weil unter diesen Bedingungen Kinder dann tatsächlich ihre Potenziale entfalten und dann können die zum Teil Dinge lernen und ihre Potenziale entfalten, wo man vorher gedacht hat,*

---

[22]  T. Bäumer, in: *„Vertrauen. Führt. Weiter.“* (gilt auch für das nächste Zitat in Folge).

*das sei gar nicht mehr möglich. Aber das bedarf eben dieser anderen Beziehungskultur.*" [23] Das Erfolg-versprechende Konzept sind – dem Neurologen Hüther zufolge – nicht streng geordnete Hierarchien, sondern sogenannte *„Supportive Leaders".* Die unterscheiden sich von autoritären Führungskräften des Industriezeitalters dadurch, dass sie sich nach all ihren Kräften dafür engagieren, die Potenziale ihrer Mitarbeiter zur Entfaltung zu bringen.

Für Führungskräfte hat *„Management by trust",* basierend auf Vertrauen, Konsequenzen: Sie müssen lernen Macht abzugeben, auf Kontrolle zu verzichten. Das gelingt bislang wenigen. Management auf „Basis-von-Angst" beziehungsweise Misstrauen ist vielerorts die Regel. *„Die wichtigsten Punkte sind: Transparenz, Authentizität und vor allem die rasche Rückmeldung. – Ohne diese rasche Rückmeldung brechen Ihnen trotzdem Ihre guten Vorsätze weg, wenn sie zu spät kommen. Hier spielt Zeit eine ganz wichtige Rolle."* [24] Führungskräfte, die nicht nur gute Leistungen, sondern auch ein positives Arbeitsklima schaffen wollen, sollen darauf schauen, dass es ihnen selbst seelisch gut geht, sagt Tom Bäumer. Sonst würden sie nur Stress und Ärger verbreiten. Wer Verantwortung für andere trägt und Vertrauen schaffen will, sollte daher auf sein Herz schauen. Nicht nur im medizinischen Sinn. Leider kommt es immer noch vor *„dass insbesondere Führungskräfte, die ihr Herz verloren haben, einfach rigide mit den Mitarbeitern umgehen und dabei gar nichts Schlimmes dran finden und damit eben dieses Vertrauen zerstören – was aber die Basis ist für erfolgreiches Wirtschaften."*

Solch permanentes Jonglieren mit Optionen, welche existenzielle Konsequenzen nach sich ziehen, verursacht Dauerstress, Unsicherheit und Misstrauen in die Zukunft.

Der Journalist und renommierte Ökonom Christian Felber ist Autor des Buches: *„50 Vorschläge für eine gerechtere Welt".* Christian Felber, Mitbegründer von Attac-Österreich, sieht die Ursache für das grassierende Misstrauen in der Gesellschaft in den dominanten

---

[23]  G. Hüther, in: *„Kreativität – Wie Kinder lernen.",* Transkription eines Interviews anlässlich der Alpbacher Technologie-Gespräche, in: *ORF Dimensionen – Die Welt der Wissenschaft, 2009,* von: F. Tomandl.

[24]  T. Bäumer, in: *„Vertrauen. Führt. Weiter."* (gilt auch für das nächste Zitat in Folge).

ökonomischen Strukturen. Gegen das Dogma von Konkurrenz und Verdrängungswettbewerb setzt auch Felber auf ein Modell, das sich am Gemeinwohl orientiert. Felber: *„Der Gegenvorschlag zu dieser Kombination aus grenzenlosem Eigennutzstreben und Konkurrenz wäre ein gemeinwohlorientierter Wirtschafts-Ansatz über die Kooperation. Man sieht das einerseits in alternativen Gesellschafts- und Wirtschaftsmodellen, dass das erlernbar ist und dass das auch funktioniert. Und andererseits: Auch bei Kindern kommt es ganz entscheidend darauf an, ob man sie zu Konkurrenz oder Kooperation erzieht. Und der Kommunismus ist genau deshalb fehlgeschlagen – der Realsozialismus – weil die Kooperation, das war eine diktierte, das war keine freiwillige, es war innerhalb einer Diktatur, es war zentralistisch verordnete Kooperation und die kann natürlich nicht funktionieren. Die Kooperation müsste eine sein, die von den Menschen getragen ist. Und das würde voraussetzen, dass der einzelne Mensch etwas zählt und genau das war im Kommunismus nicht der Fall. Darum wäre mein Vorschlag, dass man ein neues Wirtschaften, einen wirklich dritten Weg, keinen ‚schein-dritten‘ Weg, sondern einen wirklich dritten Weg wählt, der auf die ethischen Grundkoordinaten – Gemeinwohlorientierung, Kooperation, aber auch das Individuum zählt und auf seine Kreativität."* [25]*„Das Ziel ist nicht, aus Geld mehr Geld zu machen, sondern das Ziel ist, die bestmögliche Befriedigung der Bedürfnisse aller. ... Das heißt: Das ist einmal ein ganz anderes Ziel."*

Aber – Frage an uns selbst: *Wie gehen wir denn mit uns selbst oder auch den Menschen in unserer nächsten Umgebung um?* Welche Schritte ist jeder Einzelne von uns willens zu tun, um in absehbarer Zeit mitfühlender und wertschätzender mit den unterdrückten Teilen in uns selbst umzugehen und infolge auch mit jenen von Menschen in unserer allernächsten Umgebung? Auch diesbezüglich gibt es in jedem von uns ökologische Lebensgrundlagen, die allerdings unseren eigenen Organismus betreffen und somit das Vertrauen in uns selbst neu begründen würden. Sodass in diesem, unserem Organismus *„nichts und niemand zu Schaden kommt!"* Und auch das wäre einmal *„ein ganz anderes Ziel ..."*

---

[25] C. Felber, ebenda (gilt auch für die nächsten Zitate in Folge).

## Hin-Gabe. – „... und grün des Lebens goldner Baum." [26]

Wie ich erst neulich in Gesprächen zum Thema „Vertrauen" bemerkte, scheint gewissen Menschen folgende Idee naheliegend: *„Vertrauen sei nichts, was irgendeine Art von Tätig-werden brauche. Zu ‚Sein' genüge."*

Dem liegt wohl eine zeitgenössische Müdigkeit der stets auf „Maßloses-viel-Tun" gerichteten Leistungsgesellschaft zugrunde. – So wird allerdings eine „Schimäre des Seins" zugunsten „rastlosem Tun" idealisiert, denn: Auch alles „Sein" lebt aus dem Gleichgewicht von „Geben-und-Nehmen" und – gibt beständig. „Hin-Gabe" ist das tätige Existenzprinzip des Seins. Alles erhält und alles gibt hin: Die Sonne erhält und gibt: Energie, Licht, Wärme. Die Erde erhält und gibt: Luft, Nahrung, Wasser, Halt, Dasein. Was sich verbunden fühlt und sich „eins weiß", gibt sich hin. „Da-Sein = Hin-Gabe". Man kann beide als synonym setzen. In dieser Tatsache wurzelt (unser) berechtigtes Vertrauen in die Welt, in ihre Lebendigkeit, in ihr für-uns-da-Sein. Die Welt traut sich, sich hinzugeben, weil in ihr „Vertrauen" lebt und dieses Vertrauen hier Da-Sein bekommt. Es wird immer genug „da-sein" für alle!

Friedrich Schiller hatte für dieses Prinzip bereits einen Vierzeiler als Analogie parat: *„Suchst du das Höchste, das Größte? Die Pflanze kann es Dich lehren. Was sie willenlos ist, sei Du es wollend – Das ist's!"* [27]

Als geistige-Wesen, die wir eine menschliche-Erfahrung sammeln, sind wir wohl immer noch auf steinigem Weg unterwegs, um diese Wahrheit wiederzufinden. – Wenn wir Menschen wieder lernen, nichts geben zu müssen, sondern geben zu dürfen, dann haben wir etwas sehr Wesentliches wiederbegriffen, nämlich: Dass auch wir dazugehören!

Begreifen, selbst Teil dieses systemischen „Da-Seins" zu sein, bedeutet unser Mündigwerden als Menschheit, bedeutet tätige Eigenverantwortung für „das Leben" – von dem wir Teil sind. *„Man sieht (doch) nur mit dem Herzen gut."* [28] Auch wir bekommen stets und haben etwas zu geben: zunächst unserem Nächsten – unserem Körper –, damit wir

---

[26]  J.W.v. Goethe: *„Faust I"*, *Vers 2039*, Reclam; Stuttgart 1986, S. 57.

[27]  F. Schiller, *„Sämtliche Werke in einem Bande / Gedichte der dritten Periode"*, Gedicht: *„Das Höchste"*, Stuttgart 1840, S.90; aus: https://books.google.at/books?id=3J9l2FnTi3UC&pg=PA90&lpg=PA90&dq .

[28]  A.d. Saint-Exupéry: *„Der kleine Prinz" (1945)*, Zürich 1992, S. 72.

vertrauensvoll auf ihn und sein gesundes Dasein setzen dürfen, ohne „schlechtes Gewissen" und ohne „Schuldgefühle". Bedürfnisse wie: Wasser, Nahrung, Schutz, Sexualität, Erholung, Schlaf etc. Fühlen wir uns ihm nicht hingebungsvoll verbunden, wird er unser Vertrauen nicht rechtfertigen können, in ein Burn-Out schlittern oder in manche Erschöpfung und Krankheit. Die misslichen Folgen kennen wir alle: Unsicherheit, Misstrauen, Angst, Aggression, Mangel an persönlichem Zutrauen, Opfergefühle und Projektionen etc. Auch der Seele sind wir in mündiger Hingabe verbunden. Ihre Bedürfnisse sind: Mitgefühl, Echtheit und Lebenssinn sowie Sicherheit, Freude, Freiheit, Mut und Klarheit etc. Gelingt dies, wird ihre Antwort wahre Demut sein. Etwas Erhebendes, wundersam Stärkendes und – Vertrauensvolles. [29]

Wir brauchen in dieser Welt lebensvollen Vertrauens somit nicht „viel-tun" (was uns der Verstand weismacht und was uns verbraucht), sondern „das-Rechte-tun": Das was nährt. Uns und andere. Solches Tun ist eins mit unserem Sein. Es gilt: sich selbst spüren, fühlend verbunden sein und der eigenen Intuition trauen sind gute Voraussetzungen. Dann werden „Geben-und-Empfangen" (das männliche und weibliche Prinzip) in uns selbst und unserer Welt im systemischen Gleichgewicht sein. So kann Vertrauen sprießen. Ebenso will eine Beziehung, die auf Vertrauen basiert, gepflegt sein: Unterstützung ist Pflege, Wertschätzung und Achtsamkeit sind Pflege, Dankbarkeit und Hingabe sind Pflege. Aber eben: Auch „auf-sich-selbst-schauen" ist Pflege, ist Beziehung – nicht Egoismus! All dies hilft, sich zu trauen – um zu vertrauen! Von dort kann der wesentliche Punkt wiedergefunden werden: Vertrauen zu schenken: sich, den anderen, der Welt, weil man sich verbunden weiß.

Beginne mit Dir selbst, gehe wertschätzend, dankbar und achtsam mit Dir um und erweitere dieses „Liebe-Deinen-Nächsten-wie-Dich-selbst". Für alles andere „bemühte" Vorgehen gilt m. E. der erste Satzteil jener lapidaren Weisheit, die Goethe seinen Mephisto sagen lässt: „Grau, teurer Freund, ist alle Theorie, ... und grün des Lebens goldner Baum." [30]

---

[29] „Beugst Du das Haupt und fühlst Dich erhoben, so ist es wahre Demut. Beugst Du das Haupt und fühlst Dich erniedrigt, so ist es falsche Demut." aus: G. Mallasz: „Die Antwort der Engel", Zürich 1984, S. 59.

[30] J.W.v. Goethe: „Faust I", Vers 2039, Reclam; Stuttgart 1986, S. 57.

**Bewusstseins-Übung: *„Selbst-Vertrauen"* (sein eigener bester Freund)**

Wie würde es Dir gehen, wenn Du Dir im privaten Bereich mit einem Freund / einer Freundin (oder auch beruflich) einen fixen Termin für ein Treffen ausmachst und dieser Mensch ließe Dich einfach sitzen oder sagt überraschend kurz davor ab? Je nach Temperament ist man beim ersten Mal wohl tolerant – aber vermutlich auch ein bisschen irritiert. Was aber, wenn das so weitergeht: Verbindlichkeiten, Abmachungen, Unterstützung, für-einander-zur-Verfügung-stehen: es findet nicht statt, es kommt nie dazu. Spätestens beim 3. oder 4. Mal möchte ich den sehen, bei dem das Vertrauen in diesen anderen Menschen nicht zerbrochen ist, weil eben kein Verlass möglich wird. – Verständlich, oder?

Und jetzt die Frage an Dich. Kennst Du das auch von Dir? Machst Du das etwa auch so? Dann kennst du also den Verantwortlichen, dass Dich gewisse Menschen zu meiden gelernt haben. Oder, Du meinst, dass Du das sicherlich mit niemandem so machen würdest, weil Du ja wüsstest, wie enttäuschend solch ein Verhalten ist und wie Vertrauen-zerstörend. Ja, viele haben in ihrer Sozialisation gelernt, verbindlich zu werden, um das Vertrauen anderer zu erhalten und zu bestärken.

Was wir bezüglich anderer Menschen im Text davor reflektiert und erkannt haben, gilt bezüglich Verlässlichkeit und Unterstützung auch uns selbst gegenüber. Wie also gehen wir mit uns selbst um? Verhältst Du Dich in Deinem Leben Dir selbst gegenüber Vertrauens-würdig? Verhältst Du Dich Dir gegenüber echt? – Oder gehst Du mit Dir selbst, Deinen eigenen Verbindlichkeiten, Bedürfnissen und inneren Verabredungen achtlos bis missachtend um und verletzt so ständig Dein „Selbst-Vertrauen"? Hältst Du Deine Abmachungen Dir selbst gegenüber ein und tust wirklich, was Du Dir vorgenommen hast, stehst Dir also für Deine individuellen Anliegen als Dein-bester-Freund ebenso zur Verfügung wie anderen Menschen – Deinen Freunden ...?

Du wirst Dir nun in einem ersten Schritt Deine Verabredungen (essentielle Anliegen, Absichten und Entscheidungen, Werte und Wichtigkeiten etc.) wieder bewusst machen und Dir auch konkrete Zeitpunkte setzen, wann Du bereit bist, Aufmerksamkeit, Lebenszeit, Präsenz, Beharrlichkeit und Einsatz dafür zur Verfügung zu stellen.

Gehe in dieser Bewusstseins-Übung wie folgt vor:

**Übungs-Anleitung:**

1) Notiere in einer Art Brain-Storming, was Dir im Leben wichtig und wertvoll genug ist, um dafür Ausrichtung, Zeit und Erlebnismöglichkeit zur Verfügung zu stellen. Nimm 5-7 Minuten Zeit (Tabelle / li. Spalte).

2) Trage Dir daneben (re. Spalte) den nächstmöglichen Zeitpunkt ein, wo Du diesem Wunsch, Anliegen, Ziel, Haltung, dieser Veränderung etc. Raum-geben wirst, um Dich konsequent zu unterstützen. Und ganz wesentlich! – auch Zeit hast. ☺ Trage das „Date" freudig im Kalender ein. (Nutze die Technik: Notiere Dein „Date" auch im Smartphone.)

3) Halte Deine „Dates" ein und mach Dir deutlich bewusst, was es innerlich mit Dir macht, wenn Du wieder beginnst, Dich des Vertrauens in Dich selbst würdig zu erweisen. (Schreibe es auf. Es kann eine große Hilfe sein, diesbezüglich eine Art „Selbst-Vertrauen-Tagebuch" zu führen!) Alles beginnt immer bei einem selbst. Sei Dir dessen selbstbewusst! – *Werde, ja SEI! Dein bester Freund / Deine beste Freundin.*

**Tabelle:**

| Was ist mir ein essentielles Anliegen? | Mein reales Date (Zeitpunkt) |
|---|---|
| a) | a) |
| b) | b) |
| c) | c) |
| d) | d) |
| e) | e) |

4) Stell Dir nun die Frage, wem noch aller – außer Dir selbst – die Umsetzung und der konsequente Umgang mit Deinen eigenen Anliegen und Entscheidungen, Werten und Wichtigkeiten etc. dienen könnte, bzw. wertvoll wäre. Wenn Du Dich so verhältst, in welchen Personen Deines Lebensumfelds könnte so das Vertrauen in Dich möglicherweise neu gefestigt werden oder könnte neu wachsen?

**Bemerke:**

Wir *alle* sind „egoistisch", wenn auch höchst unterschiedlich: Die einen, indem sie etwas unbedingt „erleben-oder-haben-wollen". Andere, indem sie einer Sache ausweichen, etwas partout „nicht-erleben-wollen". [31]

Was hast Du durch diese Übung für Dich erkannt?

---

[31] Siehe dazu, K. Podirsky: „*Egoismus-und-so-weiter*".

## Kapitel 9: Intuition

### Was ist Intuition? – Ein Paradigma im Umbruch

Intuition. – Warum wird ihr von zeitgenössischen Wissenschaftlern in der Erkenntnissuche eine so wesentliche Bedeutung beigemessen? Wie dies der geniale Physiker Werner Heisenberg „intuitiv gemacht" hat, darüber wurde im Buch bereits berichtet: *„Heisenberg hat es so ausgedrückt und das ist typisch für ihn als Künstler, dass er neue Einsichten gewonnen habe, (... indem er) die Gedanken mehr als Keime wirken lässt, die ... alles überwuchern, was man Gesamtwirklichkeit nennt."* [1]

Uneingeschränkte Vielfalt menschlicher Erfahrung für Forschung zu zulassen und diese Eigenständigkeit anzuerkennen, ist entscheidend. Sie hat das Potenzial und stellt eine immense Bereicherung für künftig ganzheitliche Forschung dar. Jedoch nur dann, wenn wir sie als Mensch und Forscher/in nicht bloß als unnötigen Ballast begreifen wollen, als Vernebelung vermeintlich ausschließlich berechtigter Erforschung des Lebens durch harte, wissenschaftliche Forschung und – „Fakten".

In der Online-Enzyklopädie Wikipedia ist zum Thema „Intuition" Folgendes zu lesen: *„Intuition (v. lat.: intueri = betrachten, erwägen) ist die Fähigkeit, Einsichten in Sachverhalte, Gesetzmäßigkeiten oder die subjektive Stimmigkeit von Entscheidungen ohne ... Gebrauch des Verstandes zu erlangen. – Intuition steht letztlich hinter aller Kreativität. Der danach einsetzende Intellekt führt nur noch aus oder prüft bewusst die Ergebnisse, die aus dem Unbewussten kommen. – Heutzutage eine trainierbare Wahrnehmungsform, deren Problemfelder in der Differenzierung gegenüber Projektionen, Vorurteilen und in der Bewusstmachung liegen. – Eine besondere Form der Eingebung oder Intuition ist der Geistesblitz, bei dem unerwartet ein neuer Gedanke entsteht."* [2]

Es scheint also „etwas-da-zu-sein", auf das der Mensch hören kann. Etwas, worauf er antworten kann, indem er / sie aufhorcht. Kann es sein, dass auf diese Weise auch der höchst individuelle Aspekt wie: etwas zu ver-antworten, eine ganz neue Qualität erhalten kann? Einem

---

[1] H.P. Dürr: *„Das Netz des Physikers"*, München 1990, S. 127f; Siehe Kap. 1: Kunst als Vorläuferin eines neuen Bewusstseins, Anm. 2.

[2] http://de.wikipedia.org/wiki/Intuition (6/2016).

„inneren Gegenüber" mit seiner ureigensten Tat zu antworten – dem eigenen Seins-Grund sozusagen. Inneres Wort und Tat eins werden zu lassen, bedeutet innere Verbindlichkeit zu entwickeln. Der Kognitionswissenschaftler Georg Gigerenza ist Leiter des Max Planck Instituts für Bildungsforschung. Er definiert folgendermaßen: *„Eine Intuition ist ein Urteil, das drei Kriterien erfüllt: Erstens ist es ganz schnell im Bewusstsein da. Wir wissen nicht, warum wir das Gefühl haben. Und es ist dennoch stark genug, um unsere Handlungen zu leiten. ... Es ist ein Paradigmenwechsel. Und wir erleben ja auch, dass der Widerstand sehr stark ist. Denn die klassischen Ansätze denken ja immer noch, dass mehr Information besser ist und dass mehr Zeit immer besser ist – und beides ist nicht der Fall. Intuitive Urteile sind gerade dadurch definiert, dass sie keine Zeit brauchen. Die sind ‚in-einem-Augenzwinkern' da."* [3]

Hinderk Emrich, Leiter der Abteilung für Klinische Psychiatrie und Psychotherapie der Medizinischen Hochschule Hannover, zu Kreativität und Verstehen: *„Ich glaube, dass die Neurobiologie der letzten Jahre etwas sehr Wichtiges getan hat, nämlich das Gefühl zu nobilitieren. Dem Gefühl werden jetzt viel vornehmere und ernsthaftere Eigenschaften zuteil, als das vorher der Fall war, weil eigentlich in gewissem Sinne der Aufklärungsimpuls, der von Descartes angestoßen wurde, immer auf die reine Kognition gesetzt hat."* [4]

Spätestens seit der Aufklärung wird der Triumph der Vernunft übers Irrationale gepredigt: *„Das Wäg- und Messbare ist das Verlässliche.",* *„Vernunft siegt.", „Erst denken, dann handeln!"* – war stets das Paradigma.

Heute aber beginnt die Wissenschaft laut nachzudenken, ob diese Art von „Aufgeklärtheit" eventuell jetzt passé sei. Jedenfalls beginnt man sich neuerdings doch vielerorts anders zu orientieren und anders zu denken. Eigentlich war es bereits Ende der 1990-er Jahre, dass sich in den Neurowissenschaften das Blatt zu wenden begann. Damals wurden Experimente des Neurowissenschaftlers António R. Damásio von der Universität Iowa bekannt. Damásio schildert Erstaunliches in seinem Buch *„Ich fühle, also bin ich".* Er ging in seinem Experiment

---

[3]  G. Gigerenza, in: *„Gefühltes Wissen – Die Kraft der Intuition.",* Transkription, in: *ORF Radiokolleg, 2007,* von: T. Arrieta (gilt auch für ein Zitat auf S. 129).

[4]  H.M. Emrich, ebenda.

mit Glückspielkarten so vor, dass den Probanden mehrere Stapel mit Karten zum Abheben vorgelegt wurden. Die Karten waren präpariert, sodass einige Stapel mehr Gewinn abwarfen als andere. Das wurde den Teilnehmern aber erst nach einer Weile deutlich – im Schnitt nach der 50. Karte. Anhand Hautleitungsreaktionen (Schweiß) konnte man am Erregungsgrad nachweisen, dass die Probanden bereits ab der 10. Karte die glücksbringenden Stapel unbewusst erkannt hatten, weit früher als ihre Ratio es sich bewusst machte. Es waren diese Experimente, welche auf wissenschaftlichem Gebiet heute als federführend gelten: Das Unterbewusste weiß intuitiv früher, weil ungehinderter Bescheid. António Damásio: *„Wie das Gehirn ohne Bewusstsein ‚erkennt‘, dass einige Stapel gut oder schlecht sind, ist die entscheidende Frage."* [5] Der Harward-Psychologe und Autor des Buches *„Emotionale Intelligenz"*, David Goleman: *„Wir wären gut beraten, vom Fetisch des Intellekts abzurücken und eine Kultur der emotionalen Weisheit anzustreben."* [6]

Der Professor für Kognitionsforschung an der Uni Klagenfurt, Oliver Vitouch: *„Intuition ist ein Phänomen, das in den Kognitionswissenschaften lange Zeit eher vernachlässigt worden ist. Das mag damit zusammenhängen, dass es ein bisschen den Anruch des Esoterischen, Unklaren, Geheimnisvollen hatte. Mittlerweile ist man aber in der Kognitionswissenschaft soweit, dass klar ist, dass sehr viele handlungsleitende Prozesse beim Menschen sicherlich nicht bewusst, jedenfalls nicht vollständig bewusst, ablaufen und das lässt sich mit dem Begriff der Intuition, also der Ahnung, der Eingebung, des gefühlten Wissens, wo auch Emotionen eine Rolle spielen, emotionale Bewertungen, Präferenzen, Prävalenzen, sehr gut in Zusammenhang bringen."* [7]

Der menschliche Verstand ist in der Lage, bis zu fünfzig Basiseinheiten von Informationen (BIZ) pro Sekunde zu verarbeiten. Das Unbewusste dagegen schafft in derselben Zeit Millionen an BIZ zu integrieren. Doch nur ein kleinster Teil davon gelangt ins Bewusstsein: kaum ein Promille. Das Allermeiste passiert, ohne dass wir etwas mitbekommen.

---

[5]  A.R. Damásio: *„Ich fühle, also bin ich – Die Entschlüsselung des Bewusstseins."*, Berlin 2009, S. 360f.

[6]  D. Goleman: *„Emotionale Intelligenz."*, München, 1996; dieses Kap, Anm. 28, 43, 46.

[7]  O. Vitouch, in: *„Gefühltes Wissen – Die Kraft der Intuition"*, in: *ORF Radiokolleg, 2007.*

## Intuitiv „angeschlossen-Sein". – Treffsicherheit und Lebensrettung

Ein spektakuläres Beispiel für die Sicherheit von Intuition bei Experten liefert der Wissenschaftsjournalist Bas Kast von „*Die Zeit*". Bast berichtet im Februar 2006 von einem Vorfall, als dem Getty Museum in Los Angeles eine teure griechische Jünglingsstatue angeboten wurde. Wie Bast recherchierte, untersuchte man die vorgeblich antike Plastik vierzehn Monate lang mit Hi-Tech wie Elektronen-Mikroskop, Massenspektrographie sowie Röntgenfluoreszenz-Untersuchungen etc. Abschließender Befund: „*Das Kunstwerk ist echt!*" Kurz vor dem Kaufvertrag sah sich Thomas Hoving, früherer Leiter des Metropoliten Museum of Art New York die Figur an. Das Erste, was ihm durch den Kopf geschossen sei, wäre „*frisch!*" gewesen. In der Folge meldeten andere Experten Zweifel an: Den Leiter der Archäologischen Gesellschaft in Athen hätte – als er die Plastik zum 1. Mal sah – ein „*Frösteln am ganzen Körper*" und das Gefühl „*uns würde eine unsichtbare Wand trennen*" – wie er es nannte, befallen. Tatsächlich stellte sich letztlich heraus, dass die Statue von Fälschern aus Rom stammte. Die monatelangen wissenschaftlichen Untersuchungen erwiesen sich als wertlos. Kunstkenner aber waren in Sekundenschnelle zu einem treffsicheren Urteil gekommen: mit ihrer Intuition.

Wann aber können wir uns auf das Bauchgefühl verlassen? – Gerd Gigerenza legt eigene Erfahrungskriterien an: *Man möge sich auf die Intuition verlassen, sofern man sich in der Materie auskennt. Und wenn Sie sich – sozusagen als Profi – auskennen, dann überlegen Sie nicht lange!* [8] – Erfahrung scheint also ein Faktor zu sein. Mit spielt aber auch die Fähigkeit zu echter Präsenz, zur Bereitschaft sich der Situation hinzugeben – was wohl ebenfalls durch langzeitige Erfahrung und erworbene Sicherheit gesteigert wird. Entscheidend fürs eigene Lebensgefühl könnte sein, sich im Bereich des Zwischenmenschlichen getrost die Frage zu stellen, inwiefern man sich berechtigt zutraut, Experte, also „Profi" im Umgang mit anderen Menschen zu sein. Oder, noch besser – „Amateur", jemand also, der das was er macht aus Liebe macht (lat.: amāre = lieben, etwas gerne tun). Dann nämlich verfügt man über die Fähigkeit, auf diesem Feld mutig loszulassen,

---

[8]  G. Gigerenza, ebenda.

ohne das bekannt ungute Bauchgefühl, gleich den Boden unter den Füßen zu verlieren. Was kann uns unterstützen, auf sozialem Feld, wo es um Frieden und gemeinsame Entwicklungen geht, Profi oder besser „Amateur", im besten Sinne des Wortes zu werden? Intuitions-Sicherheit hat wesentlich mit Selbst-Sicherheit und Selbst-Vertrauen zu tun. [9] Mit etwas also, wo Überzeugungen mitspielen und diesbezüglich erst einmal „liebloser-Schrott" entsorgt, integriert sein will. Es ist an dieser Stelle auch ehrlich und ohne Selbstbetrug die Frage zu klären: *Bin ich selbst überhaupt einigermaßen mitfühlend interessiert an den (anderen) Menschen und an mir selbst?! Bekomme ich diese Wesen im eigenen Herzen überhaupt irgendwie mit ...?* – Wenn nein, steht wertschätzende Öffnung an. Und was uns dann eventuell noch am Weg zu unserem zwischenmenschlichen Expertentum behindern könnte, ist – unser Umgang mit uns selbst: Das sind Unehrlichkeiten, Selbst-Betrug und Treulosigkeiten, die wir uns selbst angetan haben. Da steht es bei jedem an, ohne moralischen Zeigefinger, aber verständnis- und liebevoll – sich Rechenschaft zu geben. Auch das lässt sich Schritt für Schritt ändern, manchmal sogar in einem einzigen Aufwaschen, mit einer entsprechend gestalteten Bewusstseins-Übung. [10]

Ist solches aber mal durchgefühlt und geklärt, steht ein neuer Erfahrungsschatz zur Verfügung und dem eigenen Expertentum nichts weiter im Wege. Dann spätestens darf man auch wieder das volle Zutrauen in sich setzen und den Mut aufbringen, seiner „inneren-Stimme" zu vertrauen, weil korrupte Anteile aufgehört haben, unseren Blick zu trüben. Diplomatisches „Bemühen" hat dann ausgedient. Nachhaltigkeit – und DAS ist entscheidend – ist auch in seelischen Bereichen sinnvoll, nicht bloß für die Ökologie-Bewegung.

Experte im friedlichen Miteinander kann jede/r werden, der sein persönliches Tun in bewusst ergriffener Verantwortlichkeit ausführt. Je weniger Hintergedanken zu verdrängen sind, desto mehr Aufmerksamkeit ist frei dafür, präsent zu sein – und zu wachsen. Diese Energie strahlt ohne Zutun wieder aus. So kann sich uns eine Zugangsquelle zur In-*forma*-tion öffnen und wir beginnen intuitiv dem Gespür zu trauen.

---

[9]  Siehe Kap. 8, Anm. 1-5.
[10]  Siehe z.B. Bewusstseins-Übung „*Integrität eigener Stärken*", Ende dieses Kapitels.

Der Kognitionsforscher Vitouch kennt gut untersuchte Beispiele, wo Intuition das Leben retten kann: *„Ein relativ gut untersuchtes Beispiel sind Feuerwehrmänner bei Großbränden. ... Die sagen relativ häufig, dass sie zum Beispiel unmittelbar vor einem Einsturz ein eigenartiges Gefühl haben und sich dann in Sicherheit bringen. Zum Teil wird jetzt versucht im Nachhinein zu eruieren, worauf dieses eigenartige Gefühl beruht. Ein punktueller Befund wären Geräusche beziehungsweise eine besondere Stille – die manchmal eine besondere Rolle spielen."* [11]

Ich selbst hatte vor etwa zwanzig Jahren ein außergewöhnliches und sehr prägendes – in jedem Fall lebensrettendes – Erlebnis: Ich war allein auf Urlaub in Sardinien und mit dem Auto unterwegs. Es war drückend heiß, Mittagszeit. Ich fuhr, flott wie immer, auf eine unübersichtliche Kreuzung zu: über mir eine Autobahnbrücke, darunter drei einander kreuzende Straßen. Kurz fühlte ich mich desorientiert, als ich plötzlich ein Geräusch hörte – ein deutliches Knacken im Innenraum, von der Beifahrertüre her kommend. Ich wendete den Kopf und schaute hin. Vollbremsung! Von rechts kam ein Auto angebraust. Es fuhr haarscharf vor mir vorbei. – Was war DAS DENN ?! – Nie vorher und nie wieder danach hatte mein Auto so ein Geräusch von sich gegeben! Doch mir hat dies ziemlich sicher mein Leben gerettet ...

Dass Expertenwissen nicht immer „das-Maß-aller-Dinge" sein muss, weiß auch der Kognitionswissenschaftler Gerd Gigerenza: *„Es gibt Untersuchungen, die darauf hinweisen, dass Experten die Aktienkurse nicht besser vorhersagen können als der durchschnittliche Laie. Nur, der Laie weiß das nicht und es ist im Interesse vieler Personen, dass er das nicht weiß."* [12] Wir sehen: Es hat vermutlich nur indirekt mit Expertenwissen zu tun – sicher aber mit einem gesunden Gespür und innerer (Selbst-)Sicherheit. *„Es ist so, dass intuitive Urteile da sind, die genauso gut oder besser sind als profundes Wissen. Aber Personen, die diese Intuition haben, trauen es sich nicht zu und es wird ihnen auch ausgeredet. ... In der Schule lernen wir alles Mögliche: Mathematik, Algebra, Geometrie. Aber eines lernen wir nicht: intuitives Urteilen!"*

---

[11] O. Vitouch, in: *„Gefühltes Wissen – Die Kraft der Intuition."*, Transkription, in: *ORF Radiokolleg, 2007*, von: T. Arrieta.

[12] G. Gigerenza, ebenda (gilt auch für das nächste Zitat in Folge).

## Intuition und innovative Wissenschaft

Es gibt auch noch ganz andere Bereiche, wo Intuition etwas zu leisten imstande ist, was durch Nachdenken alleine einfach nicht möglich ist: Wesentliche Erkenntnisse in den Wissenschaften sind praktisch immer intuitiver Art. Manchmal wird der Erkenntnisvorgang im Rückblick rationalisiert und als schlüssiger Weg publiziert. Doch in Wirklichkeit ist der Weg völlig gegenteilig verlaufen, keinesfalls rational und linear.

Vielleicht ist Ihnen die berühmte Anekdote des Chemikers Friedrich August Kekúle bekannt, wie er den sogenannten „Benzol-Ring" durch die kreative Kraft der Intuition entdeckte: *„Da saß ich und schrieb an meinem Lehrbuch, aber es ging nicht recht. Mein Geist war bei anderen Dingen. Ich drehte den Stuhl zum Kamin und versank in Halbschlaf. Wieder gaukelten die Atome vor meinen Augen. Mein geistiges Auge unterschied jetzt größere Gebilde von mannigfacher Gestaltung. Alles in Bewegung, schlangenartig sich windend und drehend und siehe: ,Was war das?!' Eine der Schlangen erfasste den eigenen Schwanz und höhnisch wirbelte das Gebilde vor meinen Augen. Wie durch einen Blitzstrahl erwachte ich. Auch diesmal verbrachte ich den Rest der Nacht, um die Konsequenzen der Hypothese auszuarbeiten."* [13] Es war die Geburtsstunde der Organischen Chemie. Kekúle hatte sein Problem an das weisheitsvoll Unbewusste abgegeben. Er fand die Lösung, die kein Verstand zustande brachte, sondern das Zutrauen in seine Intuition.

*„Der Zufall bevorzugt den vorbereiteten Geist"*, sagte einstmals der berühmte Louis Pasteur [14] Solcher Zu-Fall, herbeigeführt durch die Weisheit der Intuition, spielt in modernen Naturwissenschaften meist DIE zentrale Rolle. Derartiges bestätigt sich auch der renommierte Quantenphysiker Anton Zeilinger: *„Wenn jemand Naturwissenschaft betreibt, ohne dass die Intuition eine zentrale Rolle spielt, dann macht er die Physik des vorigen Jahrhunderts und nicht die moderne Physik.* [15] Seine erfolgreichen Experimente zur „Quanten-Teleportation" brachten Anton Zeilinger nicht nur den Physiknobelpreis ein, sondern auch den

---

[13]   F.A. Kekúle: „*Band 1, Leben und Wirken.*"; Berlin 1929.

[14]   Siehe „*In-forma-tion / Bd.1*", Kap. 10: Überzeugung und Gesundheit, Anm. 52.

[15]   A. Zeilinger, in: „*Gefühltes Wissen – Die Kraft der Intuition.*", in: *ORF Radiokolleg, 2007,* von: T. Arrieta (gilt auch für die nächsten beiden Zitate in Folge).

Spitznamen „Mr. Beam". 1997 gelang es dem Forscher erstmals anhand von Photonen – also Lichtteilchen – Informationen zu übertragen.

Univ.-Prof. Anton Zeilinger: *„Vor vielen Jahren, als wir unsere ersten Experimente zur Teleportation gemacht haben, Informations-übertragung also, da hat mir die Intuition gesagt: ‚Es muss irgendwo eine Möglichkeit geben, dass man zwei Teilchen, die jetzt von verschiedenen Ecken kommen und die man zusammenbringt und die man misst, dass die ihre Identität vergessen'. Damals haben wir uns gesagt, das muss irgendwie mit einem Spiegel gehen, der die Teilchen genau reflektiert usw. Und hin und her – nach einiger Zeit ist es gegangen! Es ist offenbar viel Gefühl dabei und es ist auch dieses Herumdiskutieren mit verschiedenen Leuten dabei."*

Anton Zeilingers Erkenntnisse aus der Quantenphysik haben ihn dazu geführt, sich von einem Weltbild, in dem alles logisch erklärbar und nach feststehenden Gesetzen läuft, zu verabschieden. Die kreative Kraft der Intuition, die immer neue Ideen hervorbringt, ist seiner Ansicht nach ein Beleg dafür, dass es zielführend ist, diesen anderen Weg zu gehen, der offen ist für Intuitives. Der Quantenphysiker Zeilinger: *„Eine interessante Frage ist ja, wo neue Ideen herkommen. Meine persönliche Meinung ist, dass das Verständnis dafür innerhalb des derzeitigen Paradigmas der Hirnforschung nicht möglich sein wird. Denn das derzeitige Paradigma der Hirnforschung heißt, dass wir deterministische, biologische Maschinen sind. Und eine determi-nistische, biologische Maschine kann grundsätzlich nicht auf etwas Neues kommen. Es ist nicht möglich. Das heißt, ich bin überzeugt, dass die Ideen, die wir durch Intuition haben, irgendwie einem anderen Mechanismus entsprechen. Und dass sie darauf hinweisen, dass wir mehr sind als deterministische Automaten."*

Über ganz ähnliche Erfahrungen berichtet die Wissenschaftlerin Candace Pert [16] in ihrem Buch „Moleküle der Gefühle". Sie beschreibt ein für ihre berufliche Laufbahn entscheidendes Erlebnis während ihres Vortrags auf einem Fachkongress auf Hawaii zum Thema Aids. Durch ihre erfolgreichen Studien zur Verbindung zwischen Immunsystem und Gehirn wurde der Forscherin und ihren Mitarbeitern bereits damals

---

[16] Siehe „In-forma-tion / Bd.1", Kap. 10: Überzeugung und Gesundheit, Anm. 37-48.

eine Schlüsselstellung in der eben beginnenden Aids-Forschung zuteil. Pert: *„Ich ging aufs Podium und berichtete über unsere Forschungsergebnisse, schilderte, wie wir ein T4-ähnliches Molekül im Zuge unserer Hirnkartierung entdeckt hatten, wobei sich besondere Massierungen im Hippocampus und Kortex ergeben hatten* (die beiden bilden mit der Amygdala die Kernstrukturen dessen, was für die klassische Neurowissenschaft als emotionales Hirngebiet gilt; KP.). *Dann erschien Joannas Dia vom Affenhirn auf der Leinwand und gab das farbige Muster wieder, welches das T4-Molekül dort hervorrief. Während ich es bewundernd anblickte, wurde mir plötzlich ein merkwürdig veränderter Bewusstseinszustand bewusst. Als ich zu sprechen begann, erschien mir meine Stimme vollkommen fremd, als käme sie aus weiter Ferne: ,Unsere Daten lassen eindeutig darauf schließen, dass der T4-Rezeptor* [17] *ein Neuropeptid-Rezeptor sein könnte, da sein Muster an diejenigen bekannter Hirnpeptid-Muster erinnert', erklärte ich, während die Worte, die meinen Mund verließen einen eigenartigen Nachhall zu haben schienen. Und dann fuhr ich völlig unvorbereitet, und zu meiner eigenen Überraschung, fort: ,Wenn wir den körpereigenen Peptid-Liganden finden könnten, der am T4-Rezeptor bindet, ließe sich daraus möglicherweise ein einfaches, nichttoxisches Medikament gewinnen, welches das Virus am Eindringen in die Zelle hindert.' Tiefes Schweigen herrschte, während meine Zuhörer und ich diese erstaunlichen Worte verdauten. Hatte ich soeben eine Forschungsrichtung für die Suche nach einem Aids-Mittel vorgeschlagen? Mir war der Gedanke eben erst gekommen. ... Meine ganze wissenschaftliche Laufbahn, so schien es, war eine Vorbereitung gewesen zur Beantwortung der Frage, die ich gerade gestellt hatte:*

---

[17]  Der sogenannte „T4-Rezeptor" ist jenes Molekül an der Zellmembran-Oberfläche, durch welches das HIV-Virus in die Zelle eindringt und das Immunsystem zerstört. Gelingt es, jene körpereigenen Botenstoffe zu identifizieren, welche an genau diesem Rezeptor binden, kann impftechnisch der (T4-)Rezeptor vom entsprechenden Botenstoff besetzt werden, um das HIV-Virus zu hindern, in die Zelle zu gelangen. Entsprechende Wirkungszusammenhänge sind heute für das „Erkältungskrankheiten-Virus" erwiesen, welches am selben Rezeptor bindet wie das Glückshormon „Noradrenalin". **Daher versteht man, dass und warum glückliche Menschen resistenter gegen Infektionskrankheiten sind.** C. Pert: *„Moleküle der Gefühle – Körper, Geist und Emotionen."*, Reinbeck 1997, S. 304, S. 290.

*‚Welches körpereigene Peptid bindet am HIV-Rezeptor in Gehirn und Immunsystem und wie lässt sich eine synthetische Version davon herstellen, die den Rezeptor blockiert und damit das Eindringen des HIV in die Zelle verhindert?'* ... *Das war so logisch, dass ich nicht begriff, warum es mir nicht schon vorher eingefallen war.*" [18]

Für die infolge durchzuführenden Experimente wählten Pert und ihr Team aus vielen möglichen Peptiden nach einer Woche intensiven Brütens letztlich zunächst eines aus. Eines, von dem Candace Pert sagt, dass sie *„zu Recht oder Unrecht annahmen, es verwende möglicherweise den gleichen Rezeptor wie HIV. Das war zwar nicht der Fall, aber wie sich herausstellen sollte, hatten wir doch den Hauptgewinn gezogen – wir hatten die richtige Wahl aus den falschen Gründen getroffen.*"

Jeder Wissenschaftler versteht wohl etwas ein wenig anderes unter *Intuition.* Mit Sicherheit aber steht hinter jeder Formulierung ein sehr persönliches Erlebnis, wo er / sie sich in der Forscher-Treffsicherheit weiser erschien, als für möglich gehalten. In gewisser Weise führt uns die Intuition geradewegs zum Wissen jenseits der (bekannten) Realität.

Auch der Top-Genetiker Kazuo Murakami weiß davon zu berichten: *„Die Geschichte der erfolgreichen Entschlüsselung menschlichen Renins ist auch ein vorzügliches Beispiel für den enormen Lohn, den man erhält, wenn man eigener Intuition vertraut. Wir hatten nicht einmal angefangen das Gen zu entschlüsseln, während das Pasteur-Institut („Großmeister" dieser Forschung; KP.) bereits 80 % geschafft hatte. Als Shigetada Nakanishi, ein Experte für Gen-Technik, den ich ‚zufällig' in einer kleinen Kneipe in Deutschland traf, mir seine Hilfe anbot, hing das Schicksal in der Schwebe. Hätte ich geantwortet: ‚Vielen Dank für Ihr Angebot, aber ich denke, wir sollten uns besser aus der Sache zurückziehen.', wäre das das Ende der Geschichte gewesen. Obwohl es im Nachhinein seltsam erscheint, war meine intuitive Reaktion: ‚Gott ist auf unserer Seite. Wir haben gewonnen!' Und ich traf eine Entscheidung, die aus objektiver Sicht wohl sehr unklug schien.*" [19]

---

[18]  C. Pert, ebenda (gilt auch für das nächste Zitat in Folge).
[19]  K. Murakami: *„Der göttliche Code des Lebens – Ein neues Verständnis der Genetik.",* Güllesheim 2008, S. 96, S. 91.

## „Alchemie". – Supraleiter und Intuition

Intuitives Vorgehen braucht es auch auf dem Forschungsgebiet von Supraleitern. Die Forscher wählen und kombinieren die Proben aus fast unbegrenzten Kombinationsmöglichkeiten. Die Anordnung ähnelt in vielem den überlieferten Texten alchemistischer Versuchsreihen. Nur wenige Entdeckungen wurden von der wissenschaftlichen Fachwelt so euphorisch aufgenommen wie Paul Chus Hochtemperatur-Supraleiter.

Der Physiker Chu und sein Team hatten die chemische Zusammensetzung eines elektro-technischen Werkstoffs komponiert (1987). Auf diese Weise wurde dem Phänomen „Supraleitung" im technologischen Ranking der Sprung vom Rang einer physikalischen Kuriosität in den Status einer energietechnischen Alltagsrealität möglich: 92 Kelvin [20] „Sprungtemperatur" [21] – also 92 Grad über dem absoluten Temperatur-Nullpunkt. Damit war es das erste Mal gelungen, in einem künstlich design-ten Material, widerstandslose elektrische Leitfähigkeit oberhalb der Temperatur des billig und leicht herzustellenden flüssigen Stickstoffs (77 Kelvin) zu erzielen. Die technisch betrachtete „Temperatur-Schallmauer" war durchbrochen. *Das Studium der Supraleitung war ebenso Kunst wie Wissenschaft. ... Forschung erfordert Fähigkeit und Hingabe, aber sie erfordert auch etwas Glück. Chu besitzt eine ansteckende Gutherzigkeit. Die vielen Rückschläge im ‚Supraleiterspiel' nimmt er mit Zen-geprägter Ruhe auf. Dies inspiriert sein Team, mit ihm unkonventionelle, intuitive Wege zu gehen. ... Man hatte es mit einer neuen Klasse von Supraleitern zu tun. Und: Konventionelles Wissen war hier nicht mehr länger anwendbar. ... Der Druck wurde auf 10000 Atmosphären erhöht. Niemals zuvor hat man so eine phantastische Wirkung des Druckes bei einem Supraleiter beobachtet. ... Das Team in Alabama hat die, wie sie hofften, beste Probe fertiggestellt. Das neue Y-Ba-Cu-Gemisch war feinkörnig und schwarz wie der ursprüngliche La-Ba-Cu-Supraleiter. Abweichend von den anderen 2-1-4-Proben* [22]

---

[20] Die Kelvin-Skala entspricht bzgl. der Skalierung der Celsius-Skala. Sie beginnt allerdings beim „absoluten Nullpunkt" – also bei - 273,2 °C (0 Kelvin = - 273,2 °C).

[21] Unter „Sprungtemperatur" versteht man jene Temperatur, bei der das Material widerstandslos leitfähig wird. Der Widerstand fällt dort *sprunghaft* auf Null ab.

[22] Die Bezeichnung „2-1-4-Probe" beschreibt das Mengen-Verhältnis dieser drei Materialien (in diesem Fall: Yttrium-Barium-Kupfer) des Supraleiter-Werkstoffes.

*besaß die Alabama-Probe jedoch einen deutlichen Anflug von Grün. Um fünf Uhr nachmittags wurde die Messung gemacht. Bei 93 Kelvin stürzte der Widerstand ab. ... Sie alle wussten, dass diese Entdeckung die Welt verändern würde ...*" [23]

Verfolgt man die jahrelangen Bemühungen in der Supraleiter-forschung, so kann das Vorgehen, wie bereits gesagt, am besten damit verglichen werden, was man sich aus dem esoterisch anmutenden Bereich der Alchemie [24] erzählt.

Ohne, mangels „Werkspionage", das Vorgehen im *konkreten Fall* genau zu kennen, könnte folgende Beschreibung, wenn auch im Detail frei erfunden, einen derartigen Herstellungsprozess, technologisch treffend repräsentieren: *Man nehme zwei Teile des Ausgangsstoffes A, zerreibe die Substanz, bis sie in Konsistenz und Korngröße von 0,1 μm* [25] *vorliegt. Nun Substanz B vorbereiten. und auf mehrere 100 °C erhitzen, dann schockartig abkühlen und – auskristallisieren; dann auf die benötigte Konsistenz zermahlen. Nun füge man Substanz B der Substanz A zu, vermenge beide und erhitze über die Schmelz-temperatur beider Substanzen. Den Druck kontinuierlich auf mehrere 1000 Atmosphären steigern, Temperatur konstant halten. Infolge: schockartige Abkühlung und Druckminderung, sodass ein Aushärten beider Substanzen zu amorpher Masse einsetzt. Verreiben der Verbindung (AB) und anschließend über Schmelztemperatur erhitzen. Nunmehrige Zugabe eines 3. Stoffes (in gasförmiger Phase). Das Ganze auf mehrere 1000 Atmosphären bringen und chemisch reagieren lassen, bis eine Verbindung im Verhältnis 2-1-4 Mengen-Anteile eintritt. Letztlich die physikalischen Normverhältnisse herstellen. – Testen!*

---

[23] R.M. Hazen: „Wettlauf um Kelvin 90 – Das Tagebuch einer aufregenden Entdeckung.", in: *Bild der Wissenschaft, 11/1989,* S. 118f.

[24] Frank Close, Leiter der Abteilung für Theoretische Physik am berühmten Rutherford Appleton Laboratory in Großbritannien, schreibt dazu in seinem Buch: „*Es war eine der größten Entdeckungen, und durch sie wurde die Alchemie zu einer Wissenschaft.*" F. Close: „*Luzifers Vermächtnis – Eine physikalische Schöpfungsgeschichte.*", Berlin 2004, S. 151. Wir können übrigens davon ausgehen, dass das „*Verdammen der Alchemie*" durch Papst Johannes XXII (1317) die Entwicklung der Chemie drastisch verzögert hat; Siehe „*In-forma-tion Bd.1*", Kap. 2: Materie – Bewusstsein – Leben, Anm. 40.

[25] 0,1μm (sprich: 0,1 Mü-Meter) entspricht 0,00001 mm.

## Intuition. – Management in der Chefetage

Die Entwickler zeitgenössischen Management-Knowhows propagieren heute in Präsenz-Trainings unterschiedlicher Provenienz die Bedeutung von „Intuitions-Entscheidungen". Und ihre Anwender in den Chef-Etagen anerkennen diese in Teamsitzungen als ökonomisch innovativ. Mittlerweile wird derartiges Vorgehen als marktrelevant erkannt und als unverzichtbar eingestuft. Und dies auf einem Feld, wo es vor allem um wirtschaftlich-monetäre Effizienz geht. – Zwangsläufig reagieren nun selbst zeitgenössische Kognitionswissenschaften darauf, indem sie einen Paradigmenwechsel setzen: *Weg von der Ratio – hin zum Gefühl.*

Ganz ähnlich denkt mittlerweile der Unternehmensberater Norbert Obermayr. Der Wirtschaftsingenieur war Uni-Assistent und wechselte dann in die Industrie. Zuletzt war er Vorstand eines österreichischen Konzerns. Vor dreizehn Jahren machte er sich selbstständig, widmete sich Problemen bei logistischen Abläufen und arbeitet in erster Linie intuitiv. Auf seine innere Stimme hören, das tat er jedoch auch schon früher, als er Konzernvorstand war. Obermayr: *„Und das war einfach diese eine Idee. ... Ganz plötzlich war da ein Wort oder vielleicht waren es zwei Wörter, die waren da und ich hab sofort gewusst worum es geht."* [26] Heute trainiert er*„seine Intuition"* und setzt die Weisheit des Unterbewussten gezielt bei seinem Consulting ein.

Dass diese Herangehensweise in der Wirtschaft zunimmt, aber erst zum Teil salonfähig ist, weiß Obermayr aus eigener Erfahrung. Was er diesbezüglich vornehmlich erlebte, ist Widerstand nicht mehr primär der Ratio zu gehorchen, sondern ihr konsequent die angestammte Entscheidungs-Kompetenz zu entziehen: *„Das große Problem bei Intuition in der Wirtschaft ist, dass man das eigentlich nicht sagen darf. Trotzdem passieren ganz viele Entscheidungen auf intuitiver Basis. ... Gerade als Vorstand! Man bekommt sehr oft das gesagt, was die Mitarbeiter glauben, was der hören möchte – und oft auch nicht die Wahrheit. ... Da hat man nur die Möglichkeit herzugehen und zu schauen, wo bekommt man Information her, die ungefiltert ist, die richtig ist. Und da kann man, wenn man das Bewusstsein hat, dass es Intuition gibt, diese*

---

[26]  N. Obermayr, in: *„Gefühltes Wissen – Die Kraft der Intuition.",* in: *ORF Radiokolleg, 2007,* von: T. Arrieta (gilt auch für die nächsten beiden Zitate in Folge).

*gezielt und aktiv nutzen und bekommt so sehr, sehr gute Informationen.*" Für Norbert Obermayr hat Intuition mittlerweile gar nichts Irrationales mehr an sich. Er selbst zieht für sich die Quantenphysik heran. Diese zeige, dass *„Information nicht verloren gehen kann, sondern stets und überall vorhanden ist.*" Obermayr: *„Nachdem ich jetzt weiß, dass Intuition wissenschaftlich erklärt werden kann – hat sie diesen ‚Hokuspokus‘ verloren und ist für mich eine Realität geworden.*"

Wie krass Menschen der westlich zivilisierten Welt heutzutage den unaufgeregten Zugang zur Intuition eingebüßt haben, wurde mir einst selbst bewusst als ich mich zuzeiten meiner Bewusstseins-Forschung persönlich mit Telepathie sowie intuitiver Wahrnehmung zu beschäftigen begann. Das zunächst größte Hindernis für mich, war meine Ungläubigkeit und der Zweifel, *„so etwas*" zu können. Dabei kann ich mir heute gut vorstellen, dass ich als ein-eiiger Zwilling zu Beginn meines Lebens sehr viel Zeit im Zustand solchen Zutrauens mit meinem Bruder verbracht habe: sprachlos vermutlich, ahnend-intuitiv.

## Systemische Aufstellungen. – *Fühlen* im Bewusstseins-Feld

Im therapeutischen Arbeitsbereich ist das Faktum ebenfalls anerkannt: Die auf sozialen Geflechten und ihren Feld-Aspekten aufbauenden „Systemischen Therapien" bilden das Um-und-auf praktisch jeden derartigen Vorgehens. *„Der Vorgang des intuitiven Wahrnehmens ist ein ungeheuer mutiger, denn Wahrheit – das Richtige – erscheint blitzartig und kurz. Wenn ich irgendeinen Zweifel daran habe, wenn ich mich frage: ‚Darf ich das?‘, verschwindet die Wahrnehmung*", formuliert der bekannte Therapeut Bert Hellinger im Magazin *„Psychologie heute*".

Die von ihm ins Leben gerufene Methode *„Therapeutische Familien-aufstellung*" ist zwar umstritten, seine Techniken aber wurden von zahlreichen Psychotherapeuten und Wirtschaftsberatern übernommen und weiterentwickelt. Etwa von Siegfried Essen. Er ist Psychologe, Ausbilder für *„Systemische Familientherapie und Integrative Gestalt-therapie*". In der Aufstellungsarbeit, so Siegfried Essen, geht es unter anderem um ein Leer-Werden von vorgefertigten Konzepten. Es geht darum, sich ganz jenen Gefühlen und Bildern zuzuwenden, die intuitiv entstehen. Für ihn bedeutet Intuition: *„Gewahrsein in der Gegenwart*", ein Weitergehen vom Denken zum Spüren. Siegfried Essen: *„Viele kommen zur Aufstellungsarbeit nur, um die Haltung des Nichtwissens, die Intuition, zu üben. Das ist eine Übung wie die Meditation, oder Ähnliches. Das Problem aller Probleme ist die innere Unfreiheit, die Bezogenheit auf angelerntes Wissen und Automatismen. Wie Freud schon gesagt hat: ‚unsere Abwehrmechanismen, die aus Angst und aus Sicherheitsbedürfnis entstehen'. Ich denke, dies ist der Hauptsinn der Existenz: Ausweitung unseres Verhaltens und unseres Bewusstseinsradius', Freud hat von ‚Abhängigkeit und Gegenabhängigkeit' gesprochen. Es geht immer um innere Befreiung. Das braucht Mut."* [27]

*Mut und Risikobereitschaft* sind ein entscheidender, psychosozialer Richtwert, um zu erleben, was das Leben ist. Dafür aber braucht es Vertrauen ins Leben. *Vertrauen ins Leben bedingt aber auch Vertrauen in die eigenen Integrität sowie Zutrauen zu sich selbst und zur eigenen Bereitschaft, größtmögliche Verantwortung für sein Leben zu übernehmen, für alles, was kommt.* [28] Dies halte ich nicht nur für eine Gabe, sondern für eine Fähigkeit, die oftmals erst wieder neu entdeckt und entwickelt werden will. Hand in Hand damit entfaltet sich reales Vertrauen in den Anderen, „*Empathie*": Interesse und Staunen als „Denken-in-unbegriffener-Form" wirkt da geradezu Wunder. Nach-denken aber steht dieser Bewusstseinskraft deutlich entgegen. Was auch auf diesem Feld eine schlagartige Veränderung bewirkt, ist: Fühlen. Eine hohe Herausforderung für unsere gewohnheitsmäßig sehr Verstand-ausgerichtete Kultur-Spezies.

Doch es beginnt mittlerweile selbst die „Ratio", gestützt auf diverse wissenschaftlich Untersuchungen, uns klarzumachen, auf welche Art neue Wege zu beschreiten sind. Das seit Jahrhunderten verfochtene Primat des allesbeherrschenden Verstandes erscheint „in-die-Jahre-gekommen", während „Fühlen" einen neuen Frühling in unserem Bewusstsein erleben darf. Mehr und mehr sozusagen: neu-in-Mode. Ja, mehr als das: Es darf mit wissenschaftlich fundierter Unterstützung, wieder in seine angestammten (Menschen-)Rechte inthronisiert werden.

---

[27]  S. Essen, ebenda.

[28]  Siehe Bewusstseins-Übung *„Integrität eigener Stärken"* am Ende dieses Kapitels; Siehe Kap. 8, Anm. 9-12.

Interessanterweise sind es heutzutage die Kognitionswissenschaften, welche diesen Paradigmenwechsel für das menschliche Bewusstsein mitbewirken. Mit genialen und aussagekräftigen Forschungen haben sie die Nase vorne. António Damásio erforschte mit seiner Frau über Jahrzehnte die Wechselwirkungen zwischen Körper und Bewusstsein. Aus seinen empirischen Untersuchungen auf dem Feld angewandter Bewusstseinsforschung schloss Damásio, dass die über Jahrhunderte behauptete Trennung zwischen Körper und Geist, wie sie Descartes formulierte, falsch sei. Damásio konnte vielmehr aufzeigen, dass beide, Körper und Geist, einander bedingen. [29] Fazit von Damásios Untersuchung: Entscheidungen, welche Menschen treffen, beruhen auf Gefühlen. Und wo solche nicht mehr da sind, werden Entscheidungen verunmöglicht. Nur die Fähigkeit zu fühlen, versetzt uns in die Lage Entscheidungen zu treffen, diese durchzutragen und sie zur eigenen Realität zu machen. Was dieses Bild oft verzerrt und täuscht, ist die häufige Versuchung, rationale Erklärungen („Entscheidungskriterien") im Nachhinein beizufügen, ja – zu erfinden. Oft beruft man sich hernach nur deswegen auf die Vernunft, um ernst genommen zu werden, anstatt zuzugeben, dass man einfach auf sein Gefühl gehört hat. Freie Gefühls-Entscheidungen beruhen aber nicht auf Emotion, sondern auf Intuition.

Damásios Grundgedanke, den er schon 1994 im Buch „*Descartes' Irrtum*" vorstellte, hatte in der Fachwelt durchschlagenden Erfolg. Sein Buch wurde in 17 Sprachen übersetzt und lieferte unter anderem Daniel Goleman die Vorlage zu seinem wissenschaftlichen Verkaufs-schlager „*Emotionale Intelligenz*". [30] Entsprechende Erkenntnisse hatte auch Regina Obermayr-Breitfuß. Sie studierte Neurobiologie und Transpersonale Psychotherapie. Ihre damalige Intuitions-Trainerin Gail Ferguson veröffentlichte ihre Erfahrungen im Buch: „*Cracking the Intuition Code.*" Im Rahmen ihrer Tätigkeit kooperierte Ferguson u.a. mit FBI, Scotland Yard, aber auch mit den Leitern großer Institutionen (Krankenhäuser, Medien, Regierungen), Anzahl der Konsultationen

---

[29] Wichtige Werke Antonio Damásios sind unter anderem: „*Ich fühle, also bin ich. – Die Entschlüsselung des Bewusstseins.*", München 2000; „*Descartes' Irrtum. – Fühlen, Denken und das menschliche Gehirn.*", München 1994 sowie gemeinsam mit Hanna Damásio und Yves Christen: „*Neurobiology of Decision-Making.*", Berlin 1996.

[30] Siehe selbes Kapitel, Anm. 5.

über all die Jahre: etwa 20000. [31] Nach Fergusons jahrzehntelanger Erfahrung mit der Intuition, gilt sie ihr als „allgemein menschlich, als *„etwas komplett Normales unter anderen menschlichen Wesen.“* [32]

Die Anerkennung der Intuition durch die Kognitionswissenschaften, leitete den Paradigmenwandel vom mechanistischen zum holistischen Weltbild ein. Intuition, als Kraft verstanden, verbindet die biologische Realitätsebene mit der Energie- bzw. Bewusstseins-Ebene. Sie zeigt sich als angeborene Fähigkeit und produziert überlebensnotwendige Information. Obermayr-Breitfuß: *„Evolutionsbiologen würden sagen, dass der Hauptzweck der Intuition das physikalische Wachstum und die Anpassung sei, die sicherstellt, dass unsere Art weiter existieren kann.“*

Intuitionsschulungen haben auch das berufliche Leben von Elisabeth Pira-Stemberger verändert. Es sei wichtig, solche Grundfertigkeiten wieder zu erlernen, meint die Rechtsanwältin. *„In meiner Kanzlei habe ich, bevor ich mich da so hineinbegab, jahrelang einen Prozess geführt, einen grauenhaften Rosenkrieg, und dann hab ich mich mehr in dieses Thema hineinbegeben und angefangen ... auch mit der Intuition, auf den Gegner einzugehen, zu spüren, was braucht der jetzt und ihm das auch zu geben. Das war ,Anerkennung', das war auch eine gewisse Form, dass er auch wirklich gehört wird, dass man sagt: Ok, was Sie jetzt gesagt haben, das kommt bei mir an und ich spüre jetzt, es wäre für Sie so oder so gut. Das hat das Ganze aufgelöst. Wir waren innerhalb eines Monats mit einem Prozess fertig, den wir sicher 4-5 Jahre geführt haben.“* [33] Wer die Stimme der Vernunft durch die Stimme des inneren Gefühls ergänzt, kann dadurch zu mehr Lebensvertrauen finden und zu mehr Lebensintensität – so Pira-Stemberger. Denn die Informationen sind bereits vernetzt, man müsse sich nur einklinken in dieses Netzwerk.

Seit der Jahrtausendwende erlebt die Intuitions-Forschung einen wahren Boom. Es ist eben Wasser auf die Mühlen, dass sowohl die Naturwissenschaft als auch die Wirtschaft mittlerweile erkannt haben,

---

[31]  R. Obermayr-Breitfuß, in: *„Gefühltes Wissen – Die Kraft der Intuition.“*, in: *ORF Radiokolleg, 2007*, von: T. Arrieta (gilt auch für das übernächste Zitat in Folge).

[32]  R. Obermayr-Breitfuß: *„Intuition – Theorie und prakt. Anwendung.“*, 2005, S. 249f.

[33]  E. Pira-Stemberger, in: *„Gefühltes Wissen – Die Kraft der Intuition.“*, in: *ORF Radiokolleg, 2007*, von: T. Arrieta.

welche Chancen in einer diesbezüglichen Öffnung liegen. Ja, dass es immer wieder nicht möglich ist, primär auf „Ratio" zu setzen. *„Wenn man gar nicht gegen die Vernunft sündigt, kommt man zu überhaupt nichts"*, sagte bereits Albert Einstein. Und auch aktuelle „Fehlerforschung" hat gezeigt, dass die meisten Fehler genau dann gemacht werden, wenn menschliche Erwartungen überraschend nicht eintreten. Genau dann heißt es, offen zu sein, denn dann sind wir laut Untersuchungen am „Fehler-anfälligsten". Die Forschung weist auf Grund der Ergebnisse auf eine klare Korrelation – einen Funktionszusammenhang – zwischen effizienter Fehlervermeidung und Intuition hin: *„Intuition scheint die beste Methode zum Vermeiden von Fehlern."* [34]

## Telepathie

*„Die Forschung wird einfach bestätigen, was Wissenschaftler und Laien bereits wissen, aber dieses Wissen vielleicht noch nicht richtig ernst nehmen und begriffen haben: Alle Organismen, auch Menschen, nehmen ihre Umgebung durch Energiefelder wahr und kommunizieren durch sie. Weil wir Menschen vorwiegend auf die gesprochene und geschriebene Sprache fixiert sind, haben wir unsere Wahrnehmung der energetischen Kommunikation vernachlässigt. Wie jede biologische Funktion verkümmert sie, wenn sie nicht gebraucht wird."* [35]

Kennen Sie das Gefühl, wenn Sie intuitiv wissen, dass etwas, was Sie im Begriff sind zu tun oder auszusprechen, richtig ist – ohne dass Sie irgendeine Begründung dafür haben? Telepathie funktioniert nur dann, wenn Intuition zugelassen wird. Wenn zugelassen wird, dass es kein Argument des Verstandes gibt, warum man JETZT etwas sagt, oder gerade DAS tut. Dann aber kann man etwas höchst Interessantes erleben: Es gibt zwar keinerlei rechtfertigendes Argument für unseren Verstand, nichts was einen selbst – vor sich oder anderen – als ernst zu nehmenden Zeitgenossen ausweisen könnte und nichts was etwas „rational Begründbares" an sich trüge, aber dennoch etwas, was sich intuitiv richtig anfühlt ... Spricht man derart Intuitives mutig aus, so kann man überrascht erleben, dass sich rational fassbare Lösungen

---

[34]  Zitiert in: *„Schaltzentrale Gehirn"*: *„Fehler-Forschung."*, in: *Wissen aktuell, 3sat*, *17.3.2009.*

[35]  B.H. Lipton: *„Intelligente Zellen. ..."*, Burgrain 2006, S. 119; Siehe Kap. 7, Anm. 1.

ergeben und andere Menschen verblüfft nachfragen, woher man diese treffende Sicht denn her habe ...

Auch ich selbst kenne natürlich das intensive Gefühl: Du musst eine Begründung haben, für was-immer-Du-tust, für was-immer-Du-willst, für was-immer-Du-sagst! ...[36] Keiner aber wird im Leben solch einen unglaublichen Moment vergessen, wenn der Irrtum während einer Telepathie-Übung plötzlich radikal abnimmt und man sich voll bewusst etwas aussprechen hört, von dem man nicht weiß, woher man „es" weiß – und doch stimmt es nachprüfbar! Diesbezüglich eigene Erfahrungen sammeln zu dürfen, bestärkt das Vertrauen in die eigene Intuitionsfähigkeit ungemein. Man weiß dann auch, wie man in Zukunft entscheiden wird, wenn es drum geht, Neues zu erfassen. Wenn es heißt auf für-den-Verstand-nachvollziehbare-Argumente verzichten zu müssen, dafür jedoch intuitiv-richtig liegen zu dürfen ... ☺

Denken ist eben nur ein Aspekt unseres menschlichen Bewusstseins. Der Wissenschaftsphilosoph Univ.-Prof. Ervin Laszlo: *„Es zeigt sich, dass die lebende Welt in mancherlei Hinsicht fast genauso erstaunlich ist wie die Quantenwelt. Der laufenden Forschung post-darwinistischer Biologie zufolge, zu der auch die neue Disziplin der Quantenbiologie gehört, sind nicht nur Teile eines Organismus, sondern auch ganze Organismen und ihre Umgebung in gleichem Maße ‚verschränkt'.[37] ... Die Informationsübernahme bleibt unabhängig von der Entfernung vom Arzt oder Heiler intakt. ... Merkwürdigerweise trat eine Besserung im Zustand des Patienten (in Budapest) schon zum Zeitpunkt ein, als die Therapie in England festgesetzt wurde. Das homöopathische Mittel kam erst 4-5 Tage später mit der Post! Andere britische Ärzte machten mit Patienten aus verschiedenen Ländern dieselbe Erfahrung. ... Auf Grund unseres heutigen Wissenstandes ist dies nur möglich, wenn man die Existenz des Psi-Feldes [38] annimmt, denn es kommt bei Fernheilung kein anderes Mittel der Informationsübergabe infrage."* [39]

---

[36]  Siehe Kap. 11, Anm. 7, 10, 22.

[37]  Siehe „*Jn-forma-tion / Bd.1*", Kap. 5: Zeit, Anm. 22-24.

[38]  „Psi-Feld" oder auch „5. Feld" genannt; Siehe „*Jn-forma-tion / Bd.1*", Kap. 4: In-*forma*-tion – und andere Felder, Anm. 19-24, 26.

[39]  E. Laszlo: „*HOLOS – die Welt der neuen Wissenschaften.*", Petersberg 2002, S. 39, S. 174.

Der Geist eines Menschen scheint offensichtlich imstande zu sein, Informationen einem anderen Menschen telepathisch kommunizieren zu können, beziehungsweise auf Gehirn und Körper eines anderen Menschen wirken zu können: telesomatisch. Etwas das, glaubt man den Berichten renommierter Anthropologen, bei Naturvölkern heute noch gang und gäbe ist. Hierzu Einschätzung und Gedanken Albert Einsteins: *„Ein Mensch ist ein Teil des Ganzen, das von uns als Universum bezeichnet wird, ein Teil, der in Zeit und Raum begrenzt ist – wie eine Art optischer Täuschung seines Bewusstseins. Diese Täuschung ist für uns wie eine Art Gefängnis, das uns auf unsere persönlichen Entscheidungen und auf die Zuneigung zu einigen wenigen Menschen in unserer unmittelbaren Umgebung begrenzt."* [40]

Bereits in den 1970er Jahren publizierten die beiden Physiker Russel Targ und Harold Puthoff in „Nature" – einer der zwei diesbezüglich renommiertesten Fachzeitschriften der Welt –, Versuche auf dem Feld transpersonaler Gedanken- und Bildübertragung. Bei diesen unter strengen Labor-Versuchsbedingungen durchgeführten Experimenten, zeigten sich überraschend signifikante Ergebnisse: Trotz schalldichter und auch elektromagnetisch abgeschirmter Räume, in denen die menschlichen Sender beziehungsweise Empfänger saßen, konstatierten die Forscher, dass sich nach kurzer Zeit beim jeweiligen Empfänger dieselben rhythmischen Gehirnwellen-Muster einstellten wie beim Sender (bei diesem ausgelöst durch die Einwirkung heller Lichtblitze). Die Gehirnwellen-Synchronizitäten wurden jeweils durch Elektro-Enzephalogramme (EEG) aufgezeichnet. [41] Man wird sich in nächster Zukunft wissenschaftlich wohl damit arrangieren müssen, dass etwas, was nachweislich möglich IST, wohl nicht mehr als „Zufälligkeit" interpretiert werden kann, sondern vielmehr als etwas, das unseren Kosmos als immanent Grundsätzliches repräsentiert, so man sich nicht länger dem berechtigten Vorwurf eines blinden Reaktionismus aussetzen will. – Die Zeichen für diesbezügliche Offenheit und Entwicklung stehen heute und mittlerweile doch ziemlich gut!

---

[40] A. Einstein, zitiert in: E. Laszlo: *„HOLOS – die Welt der neuen Wissenschaften.",* Petersberg 2002, S. 57.

[41] R. Targ / H. Puthoff: *„Information transmission under conditions of sensory shielding"* in: *Nature, Vol. 251, 1974.*

Die Realität dieses In-*forma*-tions-Feldes mag in der Komplexität seiner Entwicklung und Fülle für das Verstandes-Bewusstsein von unsereins unfassbar sein. Ist es dennoch möglich „es" zu erfahren?

Zu den wesentlichsten Pionieren der Bewusstseinsforschung zählt der Psychiater Dr. Stanislav Grof [42]. *„In vielen tausend Experimenten mit Patienten in veränderten Bewusstseinszuständen stellte Grof fest, dass Menschen in diesem Zustand die Verschmelzung mit anderen Personen in einer so umfassenden Einheit erfahren, dass sie die Identität dieser anderen Person annehmen. Es gibt Erfahrungen, in denen Menschen ... die Sphäre menschlicher Erfahrung gänzlich mit dem Bewusstsein von Tieren, Pflanzen und sogar anorganischen Objekten und Prozessen transzendieren. ... Das Feld des kosmischen Bewusstseins, das sie erfahren, ist eine kosmische Leere – ein Nichts. Doch paradoxerweise ist es gleichzeitig eine essentielle Fülle. Obwohl es nichts in einer konkret manifesten Form aufweist, enthält es die gesamte Existenz als Potenzial."* [43] Diese Erfahrung korrespondiert übrigens, auf Grund aktueller CERN-Foschungsergebnisse, mit dem heutigen, physikalischen Modellbild der „Quantenfelder" im Vakuum. Was da einstmals als „Leere" (Äther) gedacht wurde, gilt heute als potenziell gefüllter „Äther-Raum", aus dem alles entstehen kann und entsteht, wie das im anderen Band, in *„In-forma-tion / Band 1 ..."* besprochen wird. [44]

All das führt dazu, dass die Wissenschaftler Univ.-Prof. Peter Walla, Neurobiologe und Psychologe an der Uni Newcastle / Australien sowie der Professor für Neurologie an der Uni Wien, Dr. Peter Dal-Bianco in ihrem Werk *„Verrückt was unser Gehirn alles kann ..."* die Offenheit besitzen, dies zu formulieren: *„Es könnte sogar sein, dass wir Empfängersysteme haben, von denen die Wissenschaft im Moment nichts weiß. Vielleicht gibt es Telepathie, wir wissen es in Wahrheit nicht."* [45]

---

[42] Stanislav Grof gilt als Begründer der Technik des „Holotropen Atmens" und als Mitbegründer der „International Transpersonal Association". 2007 wurde Grof für sein Lebenswerk mit dem „Vision-97-Preis" der Vaclav-Havel-Stiftung in Prag ausgezeichnet.

[43] E. Laszlo: „HOLOS – die Welt der neuen Wissenschaften.", Petersberg 2002, S. 154.

[44] Siehe „In-forma-tion / Bd.1", Kap. 1: „Im Anfang war ...", Anm. 5 sowie Kap. 4: In-*forma*-tion – und andere Felder", Anm. 22, 23.

[45] P. Dal-Bianco / P. Walla: „Verrückt was unser Gehirn alles kann ...", Etsdorf 2010, S. 46.

## Zusammenfassung

Ziehen wir die beobachtbaren und beschriebenen Phänomene mit in Betracht, wird deutlich, dass die behauptete Trennung eines Individual-Bewusstseins vom Bewusstsein anderer, eine Illusion ist beziehungsweise eine sozio-psychologisch klassisch Anschauung, die, ähnlich den Anschauungen der klassischen Physik, auf der Strecke bleiben wird müssen. Etwas, das der visionäre österreichische Quantenphysiker und Nobelpreisträger Schrödinger am eigenen Lebensende, in seinem autobiographischen Werk und persönlichen Vermächtnis *„Mein Leben, meine Weltansicht.“*, so formulierte: *„Es gibt innerhalb des Erscheinenden nirgends einen Rahmen innerhalb dessen ‚Bewusstsein‘ im Plural vorgefunden wird, wir konstruieren das nur auf Grund der räumlich-zeitlichen Pluralität der Individuen, aber diese Konstruktion ist falsch. ... Der adäquateste, wenn auch zweifellos etwas mystische Ausdruck des Sachverhalts ist: Die Ichbewusstseine der einzelnen Glieder sind untereinander und mit dem Ich höherer Ordnung, das sie etwa bilden, numerisch identisch. Jedes Glied ist in gewissem Sinne berechtigt zu sagen: ‚L'état c'est moi.‘ – ‚Der Staat, das bin ich.‘ ...“* [46]

Was mehr und mehr offensichtlich wird: Intuition schöpft aus einem Bereich von In-*forma*-tion, indem sich uns die Lösung erkennbar macht. Vielleicht könnten wir mit einem Wortspiel sogar treffender sagen: *„erkenntlich zeigt“*, wenn wir wirklich bereit sind, offen und begeistert in diesen Raum einzutreten, uns einzulassen – um eingelassen zu werden. Es scheint, wie wenn alles immer schon da ist und sich nur finden lässt, um in unserer Realität selbst Erfüllung zu finden. [47]

Die folgende Bewusstseins-Übung zur Motivforschung wird helfen, etwas im persönlichen Bewusstseinsfeld zu klären. Unsere persönliche Integrität ist meiner Erfahrung nach maßgeblich entscheidend, die eigene Intuitionskraft zu stärken. Mir selbst wurde einst die Frage gestellt, ob *„zwei Dinge, die in allen ihren Aspekten gleich erscheinen, auch immer das Gleiche seien?“* – Na klar, dachte ich damals. Heute weiß ich, dass die gleiche Handlung, aber aus unterschiedlichen Motiven getan, etwas gänzlich anderes sein wird. ... Spannendes Forschen!

---

[46]  E. Schrödinger: *„Mein Leben, meine Weltansicht“*, Wien / Hamburg 1985, S. 83f.
[47]  Siehe Kap. 1, Anm. 18; Siehe Kap. 10, Anm. 14-16.

## Bewusstseins-Übung: *„Integrität eigener Stärken"* (Motivforschung)

Jeder von uns hat schon einmal Macht missbraucht, was allerdings nur die an sich anerkennen (aushalten) können, die über ein gewisses Maß an Integrität verfügen. Alle Fähigkeiten können wir völlig unterschiedlich einsetzen und verwenden: Entweder als Ausdruck unserer Schwäche, oder als Ausdruck von Stärke. Meiner Einsicht nach entscheidet unser „Motiv", wie wir selbst unser Tun einschätzen. Das Maß an Selbstreflexion und Eigenverantwortung gibt uns darüber die rechte Auskunft.

Oftmals setzen wir unsere besten Fähigkeiten und Stärken so ein, dass wir selbst sie nicht wirklich bejahen können. Die schmerzlichen Folgen: Wenn wir es ungeschickt machen, werden wir Missernten im Leben einfahren. Wenn wir es clever machen, laufen wir Gefahr, die Achtung vor uns selbst zu verlieren. Dennoch: Es ist nie zu spät, etwas zu ändern!

**Beispiel:**

Wir können unser eigenes Handeln z.b. als „Rücksichtslosigkeit" erfahren oder als „Durchsetzungs-Kraft". Als „Kritiksucht" oder als „hohen-Ansprüchen-folgend"; als „Unbewusstheit und Wurschtigkeit" beziehungsweise als „Kontrolle-loslassen-können", als „Übergriff" oder „Einsatzfreude" etc. *„Man sieht nur mit dem Herzen gut."* [48] sagt Saint-Exupéry in Person seines *„Kleinen Prinzen"*. Da könnte was dran sein! Forsche einfach, was Dir an der kommenden Übung bewusst wird.

**Anleitung:**

1.) Finde mindestens fünf Schwächen (Fehler), die Du von Dir kennst (oder andere über Dich sagen) und trage sie links in die Tabelle ein.

2.) Danach kläre für Dich, welches Deine diesbezüglichen Stärken sind, die Du aber missbräuchlich einsetzt und als Gabe entwertest (re. Spalte).

**Tabelle:**

| Schwächen (Fehler) | Stärken (Be-Gabungen) |
| --- | --- |
| a) | a) |
| b) | b) |
| c) | c) |
| d) | d) |
| e) | e) |

---

[48]  A.de Saint-Exupéry: *„Der kleine Prinz" (1945)*, Zürich 2010, Kapitel XXI, S. 72.

3.) Frage Dich, in welchen Momenten Du speziell gefährdet bist, Deine Stärken missbräuchlich einzusetzen? Sprich wirklich Klartext mit Dir!

4.) Was ist Deine Schwäche in diesen Situationen? Was kannst Du da nicht? – Was willst Du durchdrücken, oder auch *„bloß nicht erleben"*?

a)        b)        c)        d)        e)

5.) Fühle absichtsvoll und freien Willens alle angeführten Schwächen. Stelle Deine Integrität wieder her, sodass es nichts nachzutragen gibt.

6.) Frag Dich abschließend, ob Du Dir wertvoll und kostbar genug bist, Dir eine neue Lebensausrichtung zu gönnen. Eine, die Dir ermöglicht, Deine Stärken wertzuschätzen, ohne sie durch missbräuchlichen Einsatz zu desavouieren. Versprich es Dir! Setze auf Dein Wort und halte Dich daran. Reflektiere von Zeit zu Zeit Dein Handeln. Erfreue Dich auch persönlich an solch entscheidender Veränderung („Selbst-Vertrauen-Tagebuch"!). Wertschätzung und Selbst-Achtung werden Deine Ernte sein. – Und darauf gründend noch einiges darüber hinaus.

***Sei acht-sam, dann bist Du im Mit-Gefühl.*** ☺
***Sei macht-sam, dann bist Du kraftvoll zur Eigen-Verantwortung.*** ☺

Wer seine Macht annimmt und verantwortet, missbraucht sie nicht. In allem haben *wir* die Macht auch wenn es manchmal anders aussieht. Vergiss nicht: Auch „nicht-zu-entscheiden" ist eine Entscheidung; auch eine „Nicht-Tat" ist eine Tat. Selbstbewusst und selbstbestimmt handeln können nur diejenigen, die sich selbst kennen. Wie wäre es, wenn fremdbestimmte Menschen die Macht hätten? – Du spürst es. Du spürst es immer wieder auch an Dir. Könnte es sein, dass Du Dich bislang „lieber" in der Ohn-Macht und im Opfer-Sein wiederfindest, als in der Macht, weil Du Dir nicht vertraust, integer mit Mächtigkeit umzugehen? Dies geschieht meist dann, wenn Du Dich für etwas schuldig fühlst.

Lass uns Licht ins Dunkel bringen. Lerne Dich kennen, komm Dir näher. Finde den Zugang zur qualitativ neuen Ebene der Entscheidung. Lebe eigen-verantwortlich und selbst-bestimmt. Werde wieder zum König / zur Königin. Ein wahrer König / Königin ist nicht immer „gut" oder „unangreifbar" etc., sondern „wahr". Du wurdest einst als Prinz / Prinzessin Deines Lebensreiches geboren, sei Dir heute dieser Gabe bewusst und nutze sie – gerade auch in Deinen Beziehungen.

## Kapitel 10: Wissenschaft und Spiritualität im Konsens

### Präsenz und Vernetzung – und ihr wissenschaftlicher Weltbezug

*„Wir besitzen ein biochemisch-psychosomatisches Netzwerk, das von einer Intelligenz gesteuert wird, die keine Grenzen kennt und sich nicht im Besitz eines Individuums befindet, sondern allen gehört. Jeder von uns ein individueller Knotenpunkt, ein Punkt der Zugang zu der größeren Intelligenz gewährt. Aus diesem umfassenden, uns allen gemeinsamen Zusammenhang, erwächst unser tiefstes Empfinden für Spiritualität. Es gibt uns das Gefühl, miteinander verbunden, ein Ganzes zu sein."* [1]

Immer noch wird zeitgenössische Spiritualität von vielen in der Gesellschaft als mit Religion, oder moderner: mit Esoterik und ähnlich pseudo-spirituellem Zeremoniell in Verbindung gebracht. Hier wirkt ein überkommenes und einer konfessionellen Geschichte verhaftetes Gedankengut nach. Was ja keineswegs zu verwundern braucht ...

Dennoch: Es zeichnet sich spätestens mit Beginn des 21. Jahrhunderts ein mit auffallender Dynamik behafteter Wandel ab. Waren es im 20. Jahrhundert vornehmlich bedeutende Physiker sowie Kosmologen wie Einstein, Heisenberg, Schrödinger, Weizsäcker, Bohr, Bohm, Hubble, Hawking, usw., welche in Folge ihrer Beschäftigung und Einsichten in den Mikro- und Makrokosmos, eine verwandelte, im besten Sinn als spirituell zu bezeichnende Haltung an den Tag legten, so sind in den letzten Jahren namhafte Vertreter zeitgenössischer Biologie sowie aus den Neurowissenschaften dazugestoßen. Auch hier beginnt man anhand der entdeckten evolutiv-genialen Zusammenhänge, Spiritualität neu zu begreifen: als etwas Geistiges – als „Geist" im Sinn der – einer neuen Wissenschaftlichkeit zugänglichen – In-*forma*-tion.

Ein starkes Plädoyer für Offenheit in der Causa zeichnet bereits heute namhafte Wissenschaftler aus. Die Berührungsängste zu ganzheitlichen Betrachtungen verlieren sich im selben Maß, wie ihre Wissenschaftlichkeit in der Wissenschafts-Community außer Streit gestellt ist.

Zur angesprochenen Thematik äußert sich einer der bedeutendsten, zeitgenössischen Genetiker, der Japaner Kazuo Murakami: *„Bei meinen Forschungen über genetische Informationen überkommt mich oft ein*

---

[1]    C. Pert: *„Moleküle der Gefühle – Körper, Geist und Emotionen."*, Reinbeck 1997, S. 479.

*Gefühl der Ehrfurcht und des Erstaunens. Ich frage mich, wer einen so ausgezeichneten Lebensentwurf geschrieben haben kann, und wie. Informationen mit einer so komplexen Bedeutung können unmöglich zufällig entstanden sein. Deshalb bin ich gezwungen, ihn als Wunder zu betrachten, das die menschliche Intelligenz oder das menschliche Begriffsvermögen bei weitem übersteigt. ... Unsere Gene, die so klein sind, dass sie unsichtbar sind, enthalten drei Milliarden Kombinationen aus vier chemischen Buchstaben, die perfekte Paare bilden. Diese enorme Informationsmenge erhält uns am Leben – und nicht nur uns, sondern jeden lebenden Organismus auf der Erde ... Ich finde das absolut unglaublich ... Für mich ist das Beweis genug für die Existenz von ,Etwas Großem', wie ich es nenne."* [2] Ähnlich äußert sich Kitty Ferguson, Wissenschaftsjournalistin und persönliche Biographin des Physikers und Kosmologen Stephen Hawking, welcher wertschätzend über sie sagt, sie sei *„die Einzige, die seine Arbeit wirklich erklären könne."* [3] Ferguson: *„Sowohl in den Naturwissenschaften als auch in der Spiritualität gehen wir von der Relevanz und Authentizität der menschlichen Erfahrung aus. Diese Zuverlässigkeit wird jedoch immer wieder auch in Zweifel gesetzt und in den Rang einer bloßen ,Annahme' gestellt. Trotzdem, Tatsache ist: Wir gehen alle davon aus, dass unsere persönlichen Erfahrungen ein gültiger Beweis sind. Weiters hat es sich als relevant herausgestellt und als triftiges Argument für die Gültigkeit einer Theorie – wenn sich dadurch Daten zu einem sinnvollen Ganzen ordnen lassen, die vorher verwirrend und unerklärbar erschienen."*

Je nachdem wie man den Begriff *„Spiritualität"* neu verstehen will – ich selbst stelle ihn synonym für *„wache Präsenz des Lebens"* –, hat er für mich nichts mit religiösen (oder auch wissenschaftlichen) Dogmen am Hut. Deutlich wird vielmehr, dass Wissenschaft und Spiritualität aus derselben Quelle schöpfen. – Die sich von religiösen Vorstellungen, Praktiken und Dogmen lösende und somit wichtige Phase des eine Zeit getrennt Marschierens, geht einem Ende zu. [4] Jene *„Befreiungs-Wissenschaft"* hat ihr Ziel erreicht: Emanzipation auf dieser Ebene

---

[2] K. Murakami: *„Der göttliche Code des Lebens – Ein neues Verständnis der Genetik."*, Güllesheim 2008, S. 124f.

[3] K. Ferguson: *„Gott und die Gesetze des Universums."*, München 2001, S. 2 und S. 394.

[4] Siehe *„In-forma-tion / Bd. I"*, Kap. 4: In-*forma*-tion – und andere Felder, Anm. 15, 16.

hat stattgefunden ... Carl Friedrich v. Weizsäcker, der große deutsche Physiker, hat diese Sicht bzw. diesen Standpunkt so ausgedrückt: *„Die Wissenschaft verdankt ihren Erfolg unter anderem dem Verzicht auf das Stellen gewisser Fragen."* [5] Es ist an der Zeit beide Wege zu versöhnen, um so in intuitiver Weise für dieselbe Geistes-Quelle offen zu sein, sie selbstbewusst zu nutzen, um Geistes-Kraft zu schöpfen und zu leben.

### In-*forma*-tion. – Beziehung als Zugang zum Feld

*„In der Wissenschaft gibt es zweierlei Arten von Informationen: offizielle Informationen aus etablierten, anerkannten Quellen und inoffizielle Informationen aus persönlichen Quellen. In der Forschung sind letztere oft ausschlaggebend. ... Informationsaustausch durch persönliche Beziehungen kann Ihr Leben verändern. Lassen Sie nicht zu, dass diese Gelegenheiten ungenutzt an Ihnen vorüberziehen."* [6]

Alle zuvor angeführten Forscherpersönlichkeiten haben in sehr individueller Weise während ihres Forscher-Seins – und somit über ihre Arbeit – Beziehung erfahren. Beziehung nicht nur zu all den anderen Forschern und deren Entdeckungen, sondern zum Genialen selbst, zum Genius dieser Schöpfung. Wer in derartiger Weise in Beziehung zu treten imstande ist, der findet seine persönliche „Begeisterung", seinen persönlichen Zugang zu etwas, was man im umfassenden Sinn mit *„Geist"* bezeichnen darf; zu *„Etwas Großem"*, wie Murakami es in sehr freilassender Weise zu benennen versteht. Oder – noch schlichter: zum *„Leben"*. Für diese Menschen hat Begeisterung stattgefunden. Diese Forscher „wissen", was uns alle – weit jenseits unserer bewussten Lebensanstrengungen und Bemühungen – trägt. Murakami: *„Gene sind jedoch nicht mit dem Leben gleichzusetzen. Sie sind nur der Entwurf, das Konzept und nicht die Realität. Wenn das Leben nicht in unseren Genen zu finden ist, wo und was ist es dann? Wir wissen es nicht."* Ich gestehe: Ich erachte es als ungemein spannend, eine derart differenzierende Sicht aus dem Mund eines Top-Genetikers zu hören! Und doch war und ist diese Erkenntnis – wohl jedem unbefangenen Bewusstsein leicht zugänglich: Es ist In-*forma*-tion – ob in den Naturgesetzen oder den

---

[5]   C.F. v. Weizsäcker: *„Deutlichkeit."*, München 1978, S. 167.
[6]   K. Murakami: *„Der göttliche Code des Lebens – Ein neues Verständnis der Genetik."*, Güllesheim 2008, S. 70f, S. 126 (gilt auch für das nächste Zitat in Folge).

Genen – durch welche sich die notwendigen Wirksamkeiten bis hin zur Aus-*form*-ung des Lebens entfalten. *„Ist eine fundamentale Wahrheit einmal gefunden, hilft sie auch bei der Beantwortung offener Fragen in anderen Bereichen und wird nach und nach als ,Realität' akzeptiert."* [7]

Doch lassen Sie uns zunächst zurückkehren zu Murakamis Aufruf zum *„Informationsaustausch durch persönliche Beziehungen"*. Es ist mir im angeführten Zusammenhang wichtig, einen erweiternden Standpunkt aus eigener Erfahrung ins Spiel zu bringen: In-*forma*-tions-Austausch einer *speziellen* Art. Indem wir *persönliche Beziehung* aufnehmen zu jenem meist unbekannt-verborgenen Wesen hinter den Masken seines alltäglichen Selbstbildes: UNS SELBST. Auch diese Gelegenheiten sollen wir nicht länger ungenutzt vorüberziehen lassen. Es ist entscheidend, dass gerade dieser In-*forma*-tions-Quell wieder für uns zu fließen beginnt. Denn im Speziellen hier, gilt: *„Informationsaustausch durch persönliche Beziehungen kann Leben verändern."* Wenn es überhaupt Antworten und intuitive Wahrheit gibt, dann werden wir sie hier finden, wo wir sie am wenigsten gesucht haben: IN UNS SELBST als ureigenste und intimste In-*forma*-tions-Quelle.

Wer sind wir? Welche In-*forma*-tion will sich im Leben gerade durch uns ausdrücken? Wir können uns das als Individuum fragen und als Menschheit: *„Was will da durch uns in die Welt?"* Sind wir bereit in solch einen Bezug zu treten, so wird sich uns ein Potenzial jenseits des Intellektuellen erschließen. Vertrauen bedeutet auch, sich den Zugang zu dieser immanenten Kraft [8] des Intelligenz-Feldes von *„Etwas Großem"* eröffnen zu lernen. Entsprechend der Sicht des bekannten expressionistischen Künstlers Alexej von Jawlensky, welcher bekennt, dass echte Kunst *„ein großer Schreck"* sei [9], kann dieses Wort-Bild auch für wahre Wirklichkeits-Wahrnehmung gelten, wie dies oft bestätigt wird. Ja, ein „Bild", das dem Verstand keine Nahrung gibt, mag erschrecken. *„Reine*

---

[7]   F. Close: *„Luzifers Vermächtnis – Eine physikalische Schöpfungsgeschichte."*, Berlin 2004, S. 144; Siehe *„In-forma-tion / Bd.1"*, Kap. 2: Materie – Bewusstsein – Leben, Anm. 40.

[8]   Siehe Kap. 4, Anm. 4; Siehe *„In-forma-tion / Bd.1"*, Kap. 8: Immunsystem, Anm. 16-31.

[9]   *„Ein großes Kunstwerk ist ein großer Schreck."*, A.v. Jawlensky, zitiert in: http://www.manfred-schling.de/05_presse/presse006.html (8/2016).

*Wahrnehmung"*, existenzielle Verbindung, wird oft als *„Erleuchtung"* bezeichnet – *„Enlightenment"*. Rückübersetzt bedeutet dieser Begriff auch Erleichterung [10]. Erwachen zur eigenen Quelle, kann für uns beides sein.

### In-*forma*-tion. – Oder: Kommunikation mit *„Etwas Großem"*

Kazuo Murakami: *„Seit mehr als zehn Jahren nenne ich das: ‚Etwas Großes'. Ich weiß nicht genau, was es ist, aber das Leben, das auf Grundlage eines immensen Entwurfs, der in einer winzigen Zelle Platz hat, ungemein gut funktioniert, ist ohne es einfach nicht vorstellbar. In den Biowissenschaften hat man enorme Fortschritte gemacht, die uns ermöglichen, die Geheimnisse des Lebens eines nach dem anderen zu enthüllen. ... Wie um alles in der Welt, fragte ich mich, konnte ein derart winziger, aber präziser Entwurf des Lebens erschaffen werden?"* [11]

Staunen inspiriert, wahres Interesse verbindet und Dankbarkeit führt zu Glücklich-Sein. – Das Einzige aber, was Wunder wirken kann, ist die Begeisterung. Die unbezwingbare Freude darüber, dass wir „*Mensch"* sein dürfen, Botschafter von *„Etwas Großem"*. So gefühlt, kann es mehr und mehr zur unterstützenden Tatsache des eigenen Daseins werden. Während die meisten Menschen dem Glück hinterherlaufen, glaube ich daran, dass Freude und Dankbarkeit zu Glücklich-Sein führen, Freudlosigkeit und Undankbarkeit hingegen zu Unglücklichsein. Genau so funktioniert das Erschaffen der Realität aus Resonanzgründen, nur: Echt will es doch AUCH sein ...!

Der Gen-Forscher Murakami: *„Es gibt eine Kommunikationsmethode mit Ihren Genen ...: regelmäßig zutiefst bewegt und stark inspiriert zu sein. Obwohl starke Gefühle uns die Tränen in die Augen treiben, sind es physiologisch gesehen unsere Gene, die das erst möglich machen, ein Indiz, dass Geist unsere Gene beeinflusst. ... Für ein langes, erfülltes Leben empfehle ich Ihnen unbedingt Aktivitäten und Beziehungen, die ehrliche Gefühle in Ihnen wecken, die aus tiefstem Herzen kommen."*

---

[10] Es ist für mich immer wieder faszinierend die Klangwurzeln und Verwandtschaften in einer Sprache zu erkennen: z.B.: Licht mit „leicht"; Erde mit „schwer" (Beschwerde).
[11] K. Murakami: *„Der göttliche Code des Lebens ..."*, Güllesheim 2008, S. 16f, S. 30, S. 16f, S. 51ff (gilt auch für das nächste Zitate in Folge); Siehe *„In-forma-tion / Bd.1"*, Kap. 11: Kreative Feldaspekte des Bewusstseins, Anm. 4-6.

## *Gen-Aktivierer.* – Einflüsse auf persönliches Entwicklungspotenzial

Gleich vorneweg: Es gilt in der Entwicklungspsychologie als gesichert, dass die soziologisch betrachtet nächsten Menschen, die jeweils realen Entwicklungshelfer sind. Sie gelten somit heute in der epigenetischen Forschung als Gen-Aktivierer. Fehlen diese Vorbilder und entwicklungs-helfenden Geister, oder werden Menschen ausgegrenzt, so bleiben sie auf ihrem Niveau stehen und ihre Entwicklung stagniert. Dann haben vornehmlich angestammte Gedankenmuster das Sagen und übernehmen das Kommando über das Leben. – Und, was wenn wir uns selbst ständig ausgrenzen? Wenn wir uns durch lieblose Kritik oder unfaire Haltungen selbst mobben, heruntermachen und unsere heillosen Abwertungen uns um die Chance auf künftiges Wachstum bringen? – Es sind dies die nachhaltigsten und zerstörerischesten Ausgrenzungen vom Strom des Lebens. Festgesetzt in unseren Köpfen, greifen sie in unsere Welt und die unserer Nächsten ein und säen stillschweigend ihre Saat von Opfer, Isolation, Verzweiflung, Hass und Wut.

*„Viele denken nur an die äußere oder physische Umwelt, etwa Luftverschmutzung, Lärmbelästigung und Wasserverschmutzung, wenn sie den Begriff ‚Umweltfaktoren' hören. Ich meine aber, dass zur Umwelt auch die psychologischen Auswirkungen von Informationen bezüglich der physischen Umwelt gehören. Der Geist ist von der Umwelt nicht getrennt. ... Der Geist hat einen enormen Einfluss auf das Individuum. Krankheiten, nicht bestandene Prüfungen oder Arbeitsverlust, sie können dankbar akzeptiert werden, wenn sie positiv interpretiert werden. ... Ein glücklicher oder gesunder Zustand hat den Ursprung im Geist. **Es gibt einen Weg, schädliche Gene zu deaktivieren und gute zu aktivieren, der jedem ungeachtet von Umgebung oder Umständen offen steht: die Änderung der geistigen Einstellung.“*** [12] Murakami verweist auf das biologische Phänomen einer Tomatenpflanze, die nur durch Änderung der Anbaubedingungen durch den Agrarwissenschaftler Shigeo Nozowa (Wasserkultur statt Erde) – den 1000-fachen Ertrag lieferte. Er schreibt: *„Nozawa war fähig, Leben aus dem Blickwinkel der Tomatenpflanze zu betrachten. Hieraus wird ersichtlich, dass selbst Tomaten ein Potenzial haben, das weit über unsere Vorstellungskraft hinausgeht. ... Mit dem*

---

[12] K. Murakami: *„Der göttliche Code des Lebens ..."*, Güllesheim 2008, S. 49f.

*Menschen verhält es sich genauso. Wenn wir Hindernisse beseitigen und für eine geeignete Umgebung sorgen, ist unser Entwicklungspotenzial grenzenlos. ... Ich nahm meine Studenten und stellte sie neben Nozawas Riesentomatenpflanzen. ‚Wenn Tomaten das können‘, sagte ich ihnen, ‚dann haben Sie noch ein viel größeres Potenzial.‘ Nozawa behauptet, die Erde hemme das Wachstum der Pflanzen.* **Welche Faktoren sind es, die die Entfaltung des menschlichen Potenzials hemmen?“** [13]

Die Frage von Seiten dieses Naturwissenschaftlers ist gestellt: Welches könnten also jene ganzheitlichen Lebens-Bedingungen für den Menschen auf der Erde als Bewusstseins-Träger sein? Und: Wie kommt die In-*forma*-tion unseres Mensch-Seins wieder in Übereinstimmung mit den lebensförderlichen Bedingungen unseres Naturwesen-Seins?

Heilung sowie Gesundheit und Entfaltung des menschlichen Potenzials sind erst dann gewährleistet, wenn unser individueller Geist wieder Licht (leicht) werden und aus den Erden-Beschwerden, aus dem Opfer-Bewusstsein, befreit werden kann. Murakamis Einsicht in die Funktionsweise der Gene ist klar: Sie befinden sich immer in ursächlichem Einklang mit den Naturgesetzen. Können wir es aus dieser Einsicht für möglich halten, dass allem, was uns aus diesem In-*forma*-tions- oder Intelligenz-Feld – genannt Leben – zukommt, immer und grundsätzlich lebensförderliche Bedeutung zugeschrieben werden kann? Murakami: „*Gene, die Glück regulieren, müssen latent in jedem existieren. ... Was wir tun müssen, ist, sie zu aktivieren und so zum Arbeiten zu bringen, dass sie unser Leben positiv beeinflussen. Soweit wir wissen, arbeiten lediglich fünf bis zehn Prozent unserer Gene; was der Rest macht, ist unbekannt. Mit anderen Worten sieht es so aus, als wäre der Großteil unserer Gene inaktiv. Die Tatsache, dass unser psychologischer Zustand die Funktionsweise unserer Gene verändern kann, liegt vielleicht tatsächlich daran, dass so viele Gene schlafen. Einige der Gene, die wir nicht verstehen, reagieren möglicherweise stark auf unseren geistigen Zustand. Wie können wir dann bewirken, dass unsere Gene so arbeiten, dass wir glücklich sind? Die Antwort lautet: indem wir jeden Tag in vollen Zügen mit positiver Einstellung genießen. Meine Hypothese lautet, dass eine enthusiastische Sichtweise*

---

[13]  Ebenda, S. 130, S. 129, S. 19f, S. 26f, S. 34 (gilt auch für das nächste Zitat in Folge).

*auf das Leben, zum Erfolg führt und die Gene aktiviert, die uns Glück
erfahren lassen. ... Ich nenne das, ein Leben mit eingeschalteten Genen
oder ‚genetisches Denken'. ... Obwohl also die Gene mit Unmengen von
Informationen ausgestattet sind, werden sie nicht vollständig genutzt.
... Die Erfahrung, dass bestimmte Fähigkeiten nicht spontan aus dem
Nichts heraus entstehen, sondern vielmehr latent in unseren Genen
vorhanden sind, war damals eine wirklich bahnbrechende Entdeckung.*"
Für sie erhielten François Jacob und Jacques Lucien Monod 1965(!)
gemeinsam mit André Lwoff den Nobelpreis für Physiologie / Medizin.

Um solche Veränderungen zu erreichen, kann der Blick auf reale
Lebenserfahrungen, Mut machen: Steigen Sie aus aus der täglichen
Routine. Erleben Sie, was andere Orte und Menschen zu bieten haben.
Als ähnlich hilfreich stellt sich, wie schon angedeutet, ein Wechsel der
Sichtweise dar. Murakami: *„Ich spreche aus persönlicher Erfahrung:
Bei langen Forschungsprojekten stecken Wissenschaftler häufig in
schwierigen Situationen. Bei mir funktioniert eine bestimmte Technik. ...*
**Der Trick besteht darin, die Sache aus einem größeren Blickwinkel
zu betrachten und darauf zu vertrauen und davon überzeugt zu sein,
dass das Schwierige einem helfen wird, sich konstruktiv weiterzuent-
wickeln.** [14] *Wir müssen versuchen, in allem was uns im Leben passiert,
das Positive zu sehen. Falls Sie das für unmöglich halten, spiegelt Ihre
Reaktion nur eine der Unzulänglichkeiten des modernen Menschen
wider. Die Herangehensweise kann helfen das Gesamtbild zu erfassen.
Werfen Sie Ihre Gewohnheiten regelmäßig über Bord, um sich zu
erfrischen.*" [15] Das bedeutet offen zu sein für jene Information, die das
Leben als situationsbezogene Lösung für uns bereithält, so wir präsent,
wach und dafür interessiert sind. Mit den Worten des Biologen Bruce
Lipton etwas wissenschaftlich, technischer formuliert: *„... für möglichst
viel konstruktive Interferenz mit dem eigenen Leben zu sorgen.*" [16]

---

[14]  Siehe *„In-forma-tion / Bd.I"*, Kap. 11: Kreative Feldaspekte des Bewusstseins,
Anm. 2-6.

[15]  K. Murakami: *„Der göttliche Code des Lebens ..."*, Güllesheim 2008, S. 45f, S. 67;
Siehe Bewusstseins-Übung *„Selbstachtung & Mut (Herausforderungen)"* am Ende
von Kapitel 11; Siehe *„In-forma-tion / Bd.I"*, Kap. 10: Überzeugung und Gesundheit,
Anm. 49.

[16]  B.H. Lipton: *„Intelligente Zellen ..."*, Burgrain 2006, S. 120; Siehe Kap. 9, Anm. 47.

## Vergebung und Loslassen

Die Psychoneuroimmunologin Candace Pert: *„Wir haben gehört, dass starke Gefühle, die nicht verarbeitet werden, nachhaltig auf Zellebene gespeichert werden. ... Entweder integrieren Sie die Information im Dienste ihrer persönlichen Entwicklung, oder Sie entscheiden sich für Vergebung und Loslassen. ... All die negativen Gedanken und Gefühle, die ganze Negativität, die wir mit in uns tragen, tritt im Körper in Erscheinung und macht uns krank. Vergebung heißt, das Herz zu öffnen und lieben zu lernen."* [17] Lösungsorientierte Hilfe zur Selbsthilfe – wie Bewusstseins-Trainings – haben heute höchste Aktualität. Ausschlaggebend ist nicht der oberflächliche Inhalt unserer Gedanken, oder „darüber-Reden". Die Ausrichtung unserer Aufmerksamkeit, um das eigene Bewusstsein zu „bilden" und eigenaktiv unser Szepter-in-die-Hand-zu-nehmen ist der Weg, welcher am verlässlichsten zu mündigen Menschen führt. Einen entsprechenden Standpunkt nimmt Dr.[in] Candace Pert aus physiologischer Sicht ein: *„Etwas zu wissen, wirkt sich nicht immer auf das aus, was wir fühlen. Daher müssen wir wohl über die rein verbale Kommunikation hinausgelangen, um Zugang zu unseren Gefühlen zu gewinnen. ... Unser Körper ist das Unbewusste und lässt sich nicht durch bloß Reden heilen."* [18] Ja, jeder ist letztlich aufgerufen, sich mit sich selbst auseinanderzusetzen und Entdecker seiner selbst und der herrschenden Prägungen (psychische Seelenanteile = „Identitäten") zu werden. Der innere Beobachter steht schon lange dafür fühlend bereit. Hier lebt Freiheit. Freiheit, die allerdings auf unsere liebevolle Hinwendung zu uns selbst und zum Leben angewiesen ist.

*„Das Leben spielt immer für uns."* – Diese Idee in der jeweils eigenen Wahrnehmungs-Welt absichtsvoll beobachten zu lernen, ist der Schlüssel für psychische und physiologische Gesundheit. Solches mutet möglicherweise zunächst pseudo-idealistisch an. Doch: Vergebung und Loslassen beginnt immer im Zentrum des eigenen Universums. Bei einem selbst: Sein-eigener-bester-Freund-werden [19], mag sich fein und

---

[17] C. Pert: *„Moleküle der Gefühle ..."*, Reinbeck / Hamburg 1997, S. 444, S. 470; Siehe auch Bewusstseins-Übung: *„Dankbar sein"* am Ende von Kapitel 5.

[18] Ebenda, S. 469f.

[19] Siehe *„In-forma-tion / Bd.1"*, Kap. 12: Visionen und Ziele, Anm. 14f.

einfach anhören. Denn: Viele wissen ja meist *ganz* genau, welchen Rat sie ihrem besten Freund in eventuell schweren Zeiten geben würden. Doch wissen sie es gleichermaßen auch für sich selbst?! Jeder von uns kennt die Antwort: Nein, meist gar nicht! Meist sind wir dazu einfach nicht willens. Vermutlich, weil es psychische Anteile, „Schatten-anteile" (Identitäten) gibt, die kein Interesse haben, Veränderungen und vermeintlichen Folgen gegen sie selbst zuzulassen. Und dann auch noch eigenverantwortlich zu verantworten. Derartig unerlöste Identitäten können sein: *„der Feigling"*, *„die faule Sau"*, *„der / die Intrigant/in"*, *„das Opfer"*, *„der / die Beste"*, usw. Diese Identitäten neigen in ihrem Bedürfnis unentdeckt / verdeckt *„die-Fäden-ziehen-zu-können"* dazu, andere positiv bewertete, Identitäten vorzuschieben und sich unerkannt ihrer zu bedienen. Dies könnte zum Beispiel *„der / die Unterstützer/in"* sein, *„der / die Realist/in"*, *„der / die Selbstlose"*, *„die / der Treue"*, aber auch *„der / die Gerechte"*, *„der / die Ordnungshüter/in"* etc.

Cluster von Identitäten, Konglomerate von parasitären Verbündeten [20] sind da am Werk. Ist allerdings der Funktionszusammenhang einmal offengelegt, so büßen diese Seelen-Anteile zu einem hohen Prozentsatz ihre Pseudo-Allmacht in unserem Leben ein. Entscheidend ist hier die Anerkennung der Erkenntnis: **Nichts ist in unserem Leben mächtiger, wie derartige, im Verborgenen wirkende Mechanismen, Muster und Überzeugungen.** Einmal dieses ihres mächtigsten Schutzes – jener Unbewusstheit infolge Ahnungslosigkeit sowie oft und oft prolongierter Tarnung – beraubt, sind diese Identitäten entmachtet. Sie sind aber dadurch auch von ihrer „unsympathischen Aufgabe" auf unserem individuellen Weg hin zu echter Freiheit erlöst. Und Veränderung kann beginnen. **Freiheit ist eben, wie wir wissen, nicht primär eine Frage der Wahl, sondern: der Fähigkeit zur Entscheidung.** Entscheidungen aber trifft unser Fühlen und Wollen, und nicht unser „Denken". – Wahre Bezogenheit und echte Beziehungen sind die Folgen.

Die Bewusstseins-Übung *„Ego – Vermeiden* (Was treibt uns an?)" auf der nächsten Seite, wird uns mit zwei weit verbreiteten Identitäten bekannt machen. Und sie wird mehr Klarheit ermöglichen, bezüglich uns dominierenden Bewertungen und Strategien.

---

[20] Siehe Bewusstseins-Übung: *„Ego – Vermeiden"* auf der nächsten Seite.

## Bewusstseins-Übung: *„Ego – Vermeiden"* (Was treibt uns an?)

Wer mich in der Arbeit als Coach kennt, weiß, dass ich immer wieder von zwei speziellen Identitäten" berichte: dem *„Möchte-gern"*-Klaus und dem *„Möchte-bloß-nicht"*-Klaus ☺. Möchten und bloß-nicht-möchten tun wir alle so manches im Leben. Das eine hat mit all dem zu tun, was wir im Bewusstsein positiv bewerten, das andere mit dem, was wir negativ bewerten. Wille (Energie) ist aber etwas ganz anderes, jenseits unverbindlicher *„Möchte-Gerns"* und *„Möchte-nicht-Gerns"*.

Aus meinem Erleben weiß ich: Es sind (fast) immer eigene, negative Bewertungen, die Widerstand generieren (Aufmerksamkeit binden) und damit unser Leben bestimmen. Bei mir war es der existenziell erlebte Widerstand gegen „patschert-sein" (ungeschickt). Und das „No-Go" Missgunst (Neid) war in meiner Stammfamilie derart tabuisiert, dass es zum Ego-Motor wurde, alles möglichst selbst zu können. So gelang es meinem Ego-Verstand jeden möglichen Anlass gekonnt zu vermeiden. [21] Beides hat meine Entwicklung somit befördert. Irgendwann aber ist es an der Zeit solche Bewertungen loszulassen, weil sie keinerlei weitere, förderliche Bedeutung mehr haben. Egoistisch zu sein bedeutet eben nicht nur, dass wir etwas für uns haben möchten, was wir positiv bewerten wie materielle Güter, Sex, Anerkennung etc. Egoistisch-sein bedeutet auch, dass wir etwas für unser emotionales Erleben tunlichst vermeiden möchten. Nämlich all jenes, was wir negativ bewerten wie Streit, unterlegen-sein, Versager-sein (wahrscheinlich auch: egoistisch-sein ☺). Du kannst aber nichts verändern beziehungsweise loslassen, was Du nicht zuerst als zu-Dir-gehörig erkannt und anerkannt hast. So gilt's Mut aufzubringen sowie Demut (nicht: Selbst-Demütigung!), damit der nächste Schritt zu Echtsein und Achtsamkeit möglich wird.

**Übungs-Anleitung Teil A:**

Betrachte Dein Leben: Gibt es Erfahrungen (Emotionen), die Du um jeden Preis vermeiden willst? Welche Strategie hast Du organisiert, um diese „Schattenanteile" vor Dir zu verstecken und nicht zu *fühlen*; oder auch vor anderen – um Dein Selbstbild zu schönen? Gräm Dich nicht: *„Das Gesicht, das man verlieren kann, ist nie das eigene."* ☺

---

[21] So sagte meine erwachsene Tochter vor ein paar Jahren einmal zu mir: *„Ja, Du Papa hast ja leicht reden bezüglich ‚nicht-neidisch-Sein'. – Du kannst ja alles!"*.

**Forsche:** Was will ich nicht erleben? Welche etablierte Strategie ...?

| | |
|---|---|
| z.B.: *unterlegen-Sein, versagen, zu-kurz-kommen.* | *lügen; immer den 1 Schritt vorne sein, um das ‚Feld' von vorn zu kontrollieren.* |

a)

b)

c)

**Übungs-Anleitung Teil B:**

Geh davon aus: Deine cleveren Strategien haben sich automatisiert und sind zu einem, auch für Dich, verhängnisvollen Selbstläufer geworden.

**Forsche:** Welche Nachteile erwachsen Dir aus der erkannten Strategie?

z.B.: *Ich bin so schnell unterwegs, dass ich mir die Achtsamkeit und Wertschätzung für andere solcher Art selbst verunmögliche. Ich manipuliere meine nächsten Menschen, schließe sie immer wieder aus, statt ein und instrumentalisiere sie etc.*

a)

b)

c)

**Übungs-Anleitung Teil C:**

Frage Dich, wie Du selbst jemand bezeichnen würdest, dessen Strategie so angelegt ist, wie Du dies eben erkannt hast – und mit all den sozialen Folgen, die Dir daran bewusst werden? Führe ein Brainstorming durch und – sei mutig! Was Du jetzt an Identitäten findest und integrierst, wird Dich künftig nicht mehr beherrschen, sondern Du herrschst wieder als integrer König / Königin über sie. Fühl sie absichtsvoll und: geh weiter.

**Frage:** Wie würdest Du so jemand (anderen) bezeichnen? (Identitäten)

z.B.: *Getriebene(r), Trampeltier, Feigling, Manipulant/in, Ausgrenzer, Lieblose(r)*

a)

b)

c)

**Übungs-Anleitung Teil D:**

Fühle (integriere) die in der linken Spalte aufgeschriebenen Begriffe aus Übungsteil A und die Identitäten (Übungsteil C). Fühle sie absichtsvoll.

Finde wieder zu einem klaren und mutig-freien: Ich <u>ENTSCHEIDE</u>! anstatt eines kämpferisch-gestressten: <u>ICH</u> entscheide! So öffnest Du alte Schlösser und erkennst Markierungen für neue Wege.

## Kapitel 11: Bildung der Zukunft – ein Ausblick

*Kunst & Pädagogik.* – Befreiung aus festgefügten Vorstellungsideen

Die Befreiung der Malerei fand etwa zu Beginn des 20. Jahrhunderts in Folge technischer Neuerungen (Photographie) statt. Die Malerei wurde damals ihre gesellschaftliche Verpflichtung, des „einseitig-getreuen-Abbildens-fertiger-Wirklichkeit" endlich los! Kreativität war entfesselt, befreiter Umgang mit Farbe brach auf! – Heute steht eine analoge Befreiung bezüglich Bildung an. Ebenfalls in Folge technischer Neuerungen (Online-basierter Wissens-Pool, KI). Auch die Bildung der Zukunft wird ihre gesellschaftliche Verpflichtung endlich los: „einseitig-getreues-Abbilden-fertigen-Wissens" . HEUREKA!

Welche Bedeutung und Aufgabe kann eine Pädagogik in diesem Post-Zustand künftig ergreifen? – Erziehung und Bildung hat mit einer wesentlichen Ebene von Fortschritt im Sinn von „Vorwärts-Schreiten" zu tun. Es geht hier ums zukünftige Potenzial der Menschheit: unsere Kinder; aber auch um das kreative Entwicklungswesen in uns, um unser „Inneres Kind". Es liegt eine mächtige Wahrheit darin, was schon Franz von Assisi erkannte: *„Wanderer, es gibt keinen Weg, der Weg entsteht im Gehen."* Der rechte, der echte, individuell unterscheidbare Weg – entsteht erst im Gehen. Das braucht vor allem eines: Mut. Einen Mut, der beglücken kann, wenn man selbst fühlt, wie das eigene Leben sich zu entfalten beginnt – jenseits übernommener Vorstellungen, Prägungen und Projektionen. Im Strom des Werdens (be)findet sich nur der glückliche Mensch, der intuitiv sein persönliches Neuland beschreitet.

Was zeigt diese Einsicht für eine zukunftsweisende Pädagogik auf? Um die Förderung welcher Basiskompetenzen und ihr eventuelles Erreichen will es da gehen? – Auch hier gilt nicht die Frage: Was sollen wir bloß tun? Sondern: Worauf wollen wir auf diesem Feld setzen?! Was wollen wir für möglich halten, damit es Realität werden kann – befestigt durch grundlegendes Vertrauen! Durch welche innere Haltung und durch welche Überzeugungen kann diese Ausrichtung bestärkt werden? Wie erschaffen wir pädagogische Wirklichkeit und gewollte Wandlung? – Und: Wie öffnen wir uns absichtsvoll und freien Willens für das Leben und seinen intuitiven Willen, der als Folge einer gesetzten Handlung, letztlich auch physisch Form annehmen kann?

*Nach innen hören.* – **Präsenz: Vom Ton, der aus der Stille kommt**

Bezüglich echter Innovation können wir von der Kunst Wesentliches lernen. Lassen Sie uns daher auf die Kunst als kreativ-improvisatorischen Bereich menschlichen Seins schauen. Hierbei wird ihre Vorreiterrolle für vorbildlich intuitives Schaffen und Innovation deutlich. [1]

Wie entscheidend wichtig es ist, Musik gänzlich am eigenen Leib zu erfahren, einzutauchen, präsent und voller Leidenschaftlichkeit zu leben, das hat der Jazz-Musiker Alegre Corea bereits als Kleiner in Brasilien erfahren. So wuchs ihm über die Jahre dieses Wissen aus seiner Begeisterung zu. Das Beispiel kann etwas Entscheidendes verdeutlichen, da es stellvertretend für jeglichen Aspekt von Leben ist, der DA ist, um einzutauchen und das Leben aufzunehmen – in all seinen unwiederbringlichen Qualitäten des Seins. Jeder wird spüren, wohin seine ureigenste Be-Geisterung ihn hinzieht, sodass Verbundenheit geschieht. Nichts daran ist zufällig. Nur: Die Möglichkeiten müssen „passieren" dürfen. Vielfalt muss in unserer Kultur wieder gelebt sein dürfen. So zu lernen – macht auch fähig, so zu leben: im Wechselspiel mit dem Leben, das wir SIND. Damit einverstanden eins-sein, „Lebens-Künstler" sein, schöpferisch vom Leben fürs Leben in-*form*-iert sein ...

Langjährige Erfahrung und inneres Gespür schaffen den Raum für kreativ Neues und den eigenen Weg, den man schließlich als Musiker geht. Alegre Corea: *„Alles im Leben ist eine Sache der Einstellung. D.h. in der Musik für mich: Alles, was von draußen kommt, am Anfang der Geschichte des Musizierens, ist wichtig. Von großen Komponisten, von großen Instrumentalisten, lernt man Musik lesen können, Musik analysieren zu können. Aber wenn man eine eigene Identität suchen will, sagst Du Dir: ‚Wo soll ich denn hinschauen?' – Nach innen! ...* **Ich brauche Platz, um die innere Musik zu hören.** *Wenn ich drei Tage keine CDs höre, dann gehe ich nach Hause und höre sofort Melodien, weil – ich höre eine Musik. Die Musik ist in der Natur und auch in den Herzen der Menschen drin. ... D.h. ich empfehle einem Musiker: Spielen und Platz machen, um die ‚innere Musik' zu hören."* [2]

---

[1]  Siehe Kap. 1: Kunst als Vorläuferin eines neuen Bewusstseins.

[2]  A. Corea, in: *„Learning by doing – Wie Erfahrung u. Gespür unser Können prägen"*, Transkription, in: *ORF Radiokolleg, 2007,* von: J. Kaup.

***Präsenz & Achtsamkeit***: Schlüsselaspekte innovativer Verantwortung

Um praktische Wissenskompetenz zu stärken, braucht es in der Bildung eine Richtungskorrektur. Der Soziologe Hans Bauer von der *„Gesellschaft für Ausbildungsforschung und Berufsentwicklung"* in München: *„Es liegt auf der Hand, dass das, was wir so als ‚primäre Erfahrungsmöglichkeiten' bezeichnen, dass das sehr viel mehr Raum und Platz kriegt. Also dass ich Möglichkeiten habe, ... meine Gespür-Qualitäten einzusetzen und zu merken, wo sie unscharf, stumpf geworden sind. Sie zu üben, ... ein Bereich, der in Bildungsprozessen sehr viel mehr Beachtung finden muss, als er tut."* [3] Mit welch umwälzenden Herausforderungen der anstehende Paradigmenwechsel auf unser reproduzierendes Bildungssystems auftrifft, mag aus den folgenden Äußerungen des Genetikers Kazuo Murakami, selbst Lehrender und Ausbildner seiner Mitarbeiter, abgelesen werden: *„Die heutigen Bildungs-Systeme der meisten Länder, richten sich allerdings gegen die vielseitige Natur der Gene. Ihr Augenmerk liegt auf standardisierten Tests. ... **Innovative Ideen fangen an, wo es keine Antworten gibt**. Studenten scheinen nicht weiterzuwissen, sobald es darum geht, Unbekanntes zu erforschen."* [4]

Weiters noch Leo Ezaki, Nobelpreis-Träger für Physiologie oder Medizin aus dem Jahr 1973. Er hat ein paar wenige, aber umso interessantere *„Do's und Dont's"* parat, *„um-den-Nobelpreis-zu-gewinnen"*: *„1.) Lassen Sie sich nicht von Konventionen in die Falle locken. 2.) Horten Sie kein Wissen und 3.) Befreien Sie sich von unnötigen Informationen, um Raum für neues Wissen zu schaffen. In einer Welt, in der Originalität verlangt wird, können Sie sich nicht hervortun, wenn Sie sich zu sehr auf alte Kenntnisse oder Informationen stützen."* [5] Ich schätze diese Hinweis-Sammlung nicht nur für mögliche „Möchte-gern Nobelpreisträger" als interessant zu beherzigen. Sondern ich finde vielmehr, dass sie für jeden Menschen gelten kann, der / die mehr als nur ein angepasstes Leben leben möchte ...

---

[3]  H. Bauer, ebenda; Siehe Kap.1, Anm. 7-9.

[4]  K. Murakami: *„Der göttliche Code des Lebens – Ein neues Verständnis der Genetik.",* Güllesheim 2008, S. 80.

[5]  L. Ezaki, zitiert in: K. Murakami: *„Der göttliche Code des Lebens ...",* Güllesheim 2008, S. 86.

## Erfahrung macht klug. – Wie aber fördern wir praktisches Wissen?

*„Man muss überhaupt sehen, dass ... Dinge, Gegenstände nicht einfach etwas sind, was man anfasst und manipuliert, sondern dass man sie erspürt, dass man auch Empathie gegenüber so etwas wie technischen Vorgängen entwickeln kann. Wahrnehmungsfähigkeit, das assoziative Denken – all dieses müssten wir eigentlich vom Kindergarten bis zur Grundschule einbauen in den Unterricht. ... Und das hat jetzt nichts damit zu tun, dass man rationalitäts-feindlich ist. Ganz im Gegenteil! Ich sage nur, es reicht nicht. Und die zweite These ist: Je mehr Sie auch diese andere Seite können, umso besser können Sie vielleicht auch das Rationale. ... Auch Einstein hat nicht nur logisch rational gedacht."* [6]
Dies sagt der Soziologe, Uni Professor Fritz Böhle. Er will praktisches und verkörperte Wissen viel gezielter gefördert und unterstützt wissen.

Handlungswissen braucht vornehmlich Präsenz sowie Zeiten der Selbstvergessenheit. Wo sich der Mensch mit seiner eigenen Tätigkeit ganz verbinden kann, sich ihr hingibt. Auf diese Weise erfahrenes Wissen macht Menschen kompetent.

Der Professor für Pädagogik, Wolfgang Müller-Commichau von der Goethe Universität in Frankfurt, ist Autor des Buches *„Fühlen lernen. Emotionale Intelligenz als Schlüsselqualifikation"*. Er setzt sich initiativ für eine Stärkung der intuitiven Handlungsqualifikation bei Heranwachsenden ein: *„Ich glaube, **eine zentrale Voraussetzung dafür intuitiv handeln zu können und sich das auch zu gestatten, ist ein gewisses Maß an Selbstvertrauen.** Und das lässt sich ... schulen, indem ich als Erzieher, als Lehrer, als Hochschullehrer an mein Gegenüber in einer wertschätzenden Weise herantrete und so Mut mache, zu den eigenen Gefühlen, zur Spontaneität, zu stehen. Das heißt, ich spreche nicht nur Kompetenzen an bei der jeweiligen Person, sondern auch Ressourcen. ... Wenn das eine Grunderfahrung ist, die Menschen, gerade Kinder und Jugendliche über längere Zeit machen, dann gelingt es ihnen, zu dem, was sie intuitiv spüren, was richtig erscheint in der jeweiligen Situation, dass sie zu dem dann auch stehen und das leben."* [7]

---

[6]  F. Böhle, in: *„Learning by doing – Wie Erfahrung und Gespür unser Können prägen"*, Transkription, in: *ORF Radiokolleg, 2007*, von: J. Kaup.

[7]  W. Müller-Commichau, ebenda.

## *Von der Kunst zu wachsen.* – Fehler machen dürfen, gehört dazu!

Wir alle werden von einem Wissen geleitet, das wir nicht *theoretisch* gelernt haben – und das wir auch gar nicht theoretisch hätten lernen können. Es ist das Leben selbst, das solches lehrt. Zugegeben, auch für sie musste manches Lehrgeld bezahlt werden. Aber: Dieses Lernen aus Fehlern macht sich grundsätzlich bezahlt. Es ist die (Lebens-)Erfahrung, welche Weisheit schafft und den Menschen zum Meister macht. [8]

Ähnlich verhält es sich überall, wo es um lebenspraktisches Wissen, aber auch um Kunst oder auch das Leben-als-Kunst, geht: So wie ein Bauer Wetter, Boden und Wachstum der Pflanzen beobachtet, um den besten, den rechten Zeitpunkt für Saat und Ernte zu bestimmen, sind auch Musiker gefordert, wenn sie Melodie, Rhythmus und Dynamik zu etwas ganz einzigartig Neuem zusammenfügen wollen. Oder auch ein Maler, der den rechten Pinselschwung in der Hand spüren muss, um die Farbe mit der entsprechenden Dynamik oder Besinnlichkeit auf die Leinwand zu setzen. Derartiges muss man selbst entdecken dürfen. Sogar im technischen Bereich, finden gute Servicetechniker Fehler an einer Maschine anhand ihres Gehörs. Sie erwerben solche Sicherheit durch Hingabe an die Erfahrung und die dabei aufkeimende Intuition. So entwickelt sich eine Art Instinkt, auf den sie wie blind vertrauen, weil sie auf anderer Ebene Sehende geworden sind. Diese Lernzeit braucht es im Leben auch ganz allgemein – nennen wir sie „Jugend". Es ist die Zeit, wo die Gesellschaft den jeweils anderen Menschen, Mut und Risiko zugesteht, Fehler zu machen, nicht perfekt zu sein – ohne dafür primär lieblose Verurteilungen auszuteilen, oder zu ernten. Wie wunderbar die Gabe zu entwickeln, den Mut bewundern zu lernen, der darin liegt, etwas zu wagen, dessen Ausgang noch nicht feststeht.

Fast jeder wünscht sich etwas wie ewige Jugend. In der Gesellschaft wird Derartiges genau dann zur Realität werden, wenn jeder jedem zugesteht Fehler zu machen. – Vor allem aber auch sich selbst! Und, wenn Wertschätzung dabei nicht vergessen wird! Welch‘ gigantisches Lernpotenzial kann in der Menschheit auf die Weise frei werden! Jeder von uns trägt dieses Entwicklungswesen als „Inneres Kind" in sich. Es ist jener Seelenteil, der Herausforderungen nimmt, um zu wachsen.

---

[8]  Siehe Kap. 6, Anm. 1, 11.

*„Ein Gärtner weiß, dass aus Abfall Kompost wird und sich Kompost in Blumen verwandeln lässt. ... Und wenn diese Blumen und Früchte dann wieder zu Abfall werden, wird keiner mehr Angst haben, da wir mit der Kunst vertraut sind, ihn wieder in Blumen und Früchte zu verwandeln. ... Unwohlsein ist die Substanz, aus der wir Wohlsein herstellen können, wenn wir es mit Achtsamkeit umarmen und dem Leben Dankbarkeit zollen. ... Keiner ist ohne Abfall. Wenn wir unsere schwierigen Energien fühlen, anlächeln und sie so integrieren, bemerken wir, dass es **unsere Einsicht** und **unsere Tat** ist, die Befreiung bringt."* [9]

Um für zukünftige Entwicklungen und Aufgaben im Bildungssystem Stimmigkeit und Effizienz zu gewährleisten, werden Basiskompetenzen wie Präsenz, Intuition, Eigenverantwortlichkeit [10] gefragt sein – und: Mut. Es wird Lehrerpersönlichkeiten geben, welche sich ganz bewusst als Mit-Schöpfer und Mit-Gestalter des Kosmos begreifen, um volle Verantwortung zu übernehmen, für das, was ist und das was werden will.

### *Neuropädagogik*: Erneuerte Pädagogik durch Paradigmenwechsel

Die Neurowissenschaften dringen stets weiter in andere Fächer ein. So sind Neurolinguistik, Neuroökonomie, Neurotechnik und – Neuropädagogik gängige Schlagworte geworden. Manfred Spitzer, Mediziner, Psychologe, Philosoph und Hirnforscher sowie Direktor der Uni Klinik Ulm, Leiter des Transferzentrums für Neurowissenschaften und Lernen: *„Aus meiner Sicht ist Pädagogik nichts weiter als angewandte Neurowissenschaft."* [11] Lernen aus neurowissenschaftlicher Sicht bedeutet, dass Nervenzellen immer wieder gereizt werden. Dann verbinden sie sich zu einem neurologischen Schaltkreis. Etwas plakativ formuliert nennt man es die Zehntausendstundenregel: *„Egal was man tut, als Lernender benötigt man etwa 10000 Stunden, um zur Könnerschaft zu gelangen. Ob alte Frauen auf Kuba Zigaretten drehen, oder junge Orchestermusiker die Tuba blasen, 10000 Stunden sind das Maß der Dinge. Wie viele Tage der Übung sind das? Gesetzt den Fall, Sie üben tagaus tagein etwa 3 Stunden, dann sind Sie gute 10 Jahre beschäftigt."* [12]

---

[9]  T.N. Hanh: *„Schritte der Achtsamkeit.",* Freiburg 1998, S. 132, S. 122.

[10]  Siehe Kap. 9, Anm. 36f.

[11]  M. Spitzer: *„Neuropädagogik...",* Transkription, *ORF Radiokolleg, 2009,* von P. Weber.

[12]  M. Wehr: *„Welche Farbe hat die Zeit?",* Frankfurt 2007 S. 91.

*„Übung macht den Meister"* sagt ein altes Sprichwort. Wer Profi-Geiger wird, hat im Alter von 10 Jahren bereits rund 1000 Stunden Geige geübt, als Teenager 4000 Stunden und mit zwanzig Jahren 10000 Stunden. Amateure haben nur ein Viertel der Zeit mit ihrem Instrument zugebracht. ... Ja, es ist sicherlich kein Meister vom Himmel gefallen.

Wie Umwelt und Biologie zusammenspielen, zeigen Synapsen. Sie sind die Verbindungsstellen von Nervenzellen. Neuronenwege, die oft gebraucht werden, vertiefen sich im Gegensatz zu anderen, die infolge absterben. Synaptische Plastizität ist das wissenschaftliche Codewort. Trifft ein Reiz oft auf eine Synapse, verändert sie sich: Das Gehirn lernt.

Wie man richtig lernt? – Wiederholen, wiederholen, wiederholen. Das wirkliche Problem beim Lernen ist die Frage nach der Motivation! Wie schafft es eine Lehrer/in, die Schüler zu begeistern?! – Hier geht es um „Kapitalbildung-per-se", denn die Schüler/innen erwirtschaften übend ein persönliches Kapital, das keiner Inflation unterliegt: ihr Selbstwert, ihre Fähigkeiten, ihre Mündigkeit und Weisheit.

„Zeit!" Das ist es, was Experten fast schon anklagend, gegenüber Eltern einfordern: nicht Bestrafung bei schlimmen Kindern durch die Eltern, sondern Zeit – von den Eltern. Für den Beruf wenden beide Elternteile bekannterweise jeweils ca. 8 Stunden pro Tag auf. Für das Gespräch, beziehungsweise den wie immer gearteten, direkten Kontakt mit dem eigenen Kind, liegt er in Deutschland und Österreich nur im Minutenbereich. Der Kinderarzt und Univ.-Prof. Remo Largo, eine wahre Institution aus Zürich in Sachen Kindererziehung, meint: *„Etwas vom Kostbarsten, das Eltern und Lehrer den Kindern geben können, ist ihre Zeit."* [13] Kleine Menschen aber brauchen (diese) Zeit, um das komplizierte Instrumentarium zu entwickeln, dass es ihnen ermöglicht, ein Kulturwesen zu werden. Sind es nicht die Eltern, so müssen sich andere Bezugspersonen um sie kümmern. Der Computer-bildschirm kann es nicht leisten.

Ein weises, altes Sprichwort macht uns dazu Wesentliches deutlich: *„Es braucht ein ganzes Dorf, um ein Kind zu erziehen."* [14]

---

[13] R.Largo:„*Neuropädagogik...*",Transkription,in:*ORF Radiokolleg, 2009,*von:P.Weber.
[14] Afrikanisches Sprichwort (u.a. Niger / Senegal); Siehe: https://www.erziehungskunst.de/artikel/auf-die-doerfer-fertig-los/ .

Kinder sind die leibgewordene Antwort auf die elterliche Erziehung. Univ.-Prof. Manfred Spitzer: *„Viele Eltern geben ihre Kinder gerne an Lehrer ab, welche sie in Ballett, Geige, Fußball oder sonst irgendwas unterrichten – und natürlich dann auch an die Schule, nach dem Motto: ‚Macht mal ordentliche Kinder aus meinen, ich hab's nicht geschafft und ich hab auch gar nicht die Zeit dafür, denn ich muss arbeiten'."* [15]

## Lernen als „Spaß-des-Lebens". – Impulse für Ausdauer und Freude

Lernen und Glück hängen eng miteinander zusammen. Das menschliche Glückszentrum ist ein Lernzentrum, sagt Manfred Spitzer, Professor an der Uni Klinik Ulm: *„Ich glaube, es ist wichtig, dass Lehrer um diese Mechanismen wissen, die dies bewirken. ... **Wir wissen im Grunde genommen heute, dass es in unserem Gehirn gar kein Glückszentrum gibt, wie man früher angenommen hat: Nein, dieses Zentrum ist in Wahrheit ein Lernzentrum.** Es bewirkt, dass, wenn etwas positiv für uns ist, wenn es Spaß macht, wenn es interessant und neu ist und wenn es unerwartet ist, es besonders schnell gelernt wird. ... Bei diesem Prozess werden auch die sogenannten Glückshormone ausgeschüttet, die Endorphine – und die werden genau dort ausgeschüttet, wo im Gehirn letztlich das Erlebnis: ‚Mensch, klasse!' produziert wird. Tief in unserem Kopf sitzen also Glücksgefühle und rasches Lernen ganz eng beieinander. Wenn man dies weiß, dann versteht man, dass z.B. das Gerede über die Schule als der ‚Ernst-des-Lebens' ziemlich falsch ist. Man kann auch sagen, wer so redet, liegt gründlich daneben. Eigentlich müsste die Schule der ‚Spaß-des-Lebens' heißen. ... Dass Lernen Spaß macht, ist wichtig".*

Das zentrale Thema in der Bildung heißt eben: „Motivation". In der Schule ist eine der Hauptantriebsfedern, warum Kinder Spaß am Lernen finden: Lob, Anerkennung und Wertschätzung durch den Lehrer und von Mama und Papa. Jüngere Kinder sind darauf geradezu angewiesen, um nicht zu sagen: abhängig. Je kleiner sie sind, desto mehr. Es sind nicht gute Schulnoten, die sie antreiben, nicht für „das-Leben-lernen-sie", sondern zunächst ausschließlich für den Lehrer oder für die Eltern und deren Anerkennung. Ihnen zuliebe büffeln sie Vokabeln und lösen

---

[15] M. Spitzer: *„Neuropädagogik ..."* (gilt für die nächsten zwei Zitate in Folge).

Textaufgaben. – Erfahrungslernen, etwas was Motivation aus sich selbst garantiert, sieht anders aus ... [16] Frühestens mit sechzehn Jahren ist das menschliche Gehirn als Träger des Bewusstseins soweit, die abstrakten Folgen eigenen Handelns einzuschätzen. Erst jetzt können Jugendliche „fürs-Leben-lernen" als Realität begreifen.

Doch zurück zu Anerkennung und Lob: Auch Erwachsene lassen sich primär dadurch motivieren und in ihrem Tun anspornen. Manfred Spitzer zitiert dazu eine Studie: Probanden wurden zunächst veranlasst, unter Anleitung einen „Sehtest" zu machen. Anschließend wurden sie für einen zweiten Test zu einem Computer geführt, wo die Teilnehmer *„gespiegelte 3D-Figuren in Übereinstimmung bringen"* sollten. Die beiden Tests hatten, inhaltlich gesehen, nichts miteinander zu tun. Die Computer-Tätigkeit mit den 3D-Figuren entpuppte sich für die Probanden, sobald der richtige Kniff entdeckt war, als ziemlich langweilig. Genau das aber sollte der Test bewirken, da es daran primär interessierte, wie lange die jeweilige Person durchhalten würde. Spitzer: *„Beiläufig sagte jemand, der mit der Auswertung des Sehtests befasst war, entweder Folgendes: ‚Also wissen Sie, Sie sind einer der Besten, den wir je in diesem Sehtest hatten'. Oder er sagte gar nichts. Oder er sagte: ‚Sie haben in dem Sehtest besser abgeschnitten als 95 % der übrigen Teilnehmer'. Das war alles. Dann ging die Aufgabe los mit der Drehung, die langweilig war und man stoppte einfach die Zeit, bis Leute sagten: ‚Ich hab jetzt keine Lust mehr'. Was zeigt sich? **Diejenigen, denen zuvor beiläufig mitgeteilt wurde, dass sie richtig gut waren – man hat ihnen gleichsam mental auf die Schulter geklopft: ‚Junge, richtig gut gemacht!' – die hielten im anschließenden, langweiligen Aufgabenlösen mehr als 50 % länger durch,** als jene, denen entweder gar nichts mitgeteilt wurde oder nur ganz objektiv ihr Testergebnis. ... Wenn er das glauben kann: ‚Mensch, ich kann was, ich bin wer, und ich bin richtig gut!' , beflügelt das beim Arbeiten an der nächsten Aufgabe, auch wenn die nicht Spaß macht und er wird länger durchhalten! – Das heißt ganz klar: Wenn ich in der Schule bestärkt werde, wenn ich gesagt bekomme: ‚Mensch, du kannst das!', dann werde ich es können."* [17]

---

[16]  Siehe Kap. 6, Anm. 1, 2.

[17]  M. Spitzer: „*Neuropädagogik ...* " (gilt auch für das nächste Zitat in Folge).

Daraus folgt einerseits: Es muss ehrlich gemeintes Lob sein, das vom Übenden angenommen werden kann. Andererseits, eine ebenso wichtige Einsicht: *„Ich muss nicht unbedingt genau das Gleiche loben, von dem ich hinterher will, dass es besser wird. Lob allein – und zwar so, dass es ankommt und angenommen werden kann – genügt und ich halte länger durch."* Denn: In der zuvor beschriebenen Studie hatte der Sehtest mit dem Computertest ja im Prinzip nichts zu tun! Neurowissenschaftler haben sich natürlich gefragt, was sich Mutter Natur gedacht haben könnte, Entwicklungsbestärkung auf die Weise neurophysiologisch zu verankern, sodass Lob motiviert.

Wenn es ums Thema *Lernen* geht, kommt der Molekular- und Neurobiologe, Internist und Psychiater Univ.-Prof. Joachim Bauer, schnell auf Hirnbotenstoffe zu sprechen: *„Die Motivationssysteme sind also in der Lage, dem eigenen Körper Botenstoffe auszuschütten, die uns wohlfühlen lassen und die unsere Gesundheit stabilisieren. D.h. man kann davon ausgehen, dass wir **unbewusst unser Verhalten so einrichten, dass wir Situationen erzeugen, welche Motivations-systeme dazu bringen, diese Botenstoffe, diesen Glückscocktail, auch auszuschütten."* [18]

Was sind das für Situationen, in denen Motivationssysteme Opioide freigeben, konkret: Dopamin und Oxytocin, jene Opiate, die in der Drogenszene in erhöhter Dosis eingenommen werden. Früher dachte man daher, dass Menschen im Gehirn über ein Suchtzentrum verfügen. *„Bei der Suche nach den Voraussetzungen, unter denen die Motivations-systeme ihren Glücks- und Gesundheitscocktail ausschütten ... hat man gefunden, dass die Motivationssysteme immer dann anspringen, wenn wir Menschen die Beachtung und die Zuwendung anderer Menschen bekommen, wenn wir die Aussicht auf soziale Gemeinschaft haben, in der wir Anerkennung und Zuwendung und Bestätigung bekommen. Das ist DIE Situation, welche die Motivationssysteme des Gehirns zur Aktivität bringt."* D.h.: Ohne soziale Vernetzung – kein Dopamin und Oxytocin. [19] Beide werden von einer Struktur im Gehirn gebildet, dem sogenannten Hypothalamus, dem Steuerungssystem des Vegetativen Nervensystems.

---

[18] J. Bauer: ebenda (gilt auch für das nächste Zitat in Folge).

[19] Siehe *„In-forma-tion / Bd.1"*, Kap. 8: Immunsystem, Anm. 20-23.

## *Selbsterziehung.* – Oder: Vom Wesen der Eigenverantwortlichkeit

Leider neigen wir argumentativ vor uns selbst und vor den anderen meist zunächst primär dazu, uns selbst lieber als Opfer-der-äußeren-Umstände zu sehen und in der Folge auch darstellen zu wollen anstatt als Täter. Irgendwie scheint es wohl immer noch so-viel-verzeihbarer und damit ent-schuldbarer. Zu begreifen, dass wir alle – jeder von uns, nicht nur einige wenige –, durch jenes uns überantwortete Schöpfertum unseres Bewusstseins in jedem Fall Täter SIND, lässt uns erst zu real eigenverantwortlichen Menschen werden. Nicht „Schuld" stellt sich somit als Thema, sondern gelebte „Eigenverantwortung". Ohne diese Einsicht und Akzeptanz kann Veränderung nicht möglich werden. Darüber hinaus aber resultiert daraus eine höchst wunderbare, wenn auch eigenverantwortliche Wahrheit: Weil wir es sind, weil nur wir es verantworten, haben wir eine realistische Chance, es selbst zu ändern. Ansonsten wäre jegliche Form nachhaltiger Veränderung – ohne Machtausübung auf andere und ohne Übergriffe – gar nicht möglich.

Soweit die „Frohe Botschaft". *„Steter Tropfen höhlt den Stein"*, besagt ein altes Sprichwort. So auch hier: Der Ansatz, dass unser Bewusstsein, durch etwas sehr Weises in uns selbst, solcherart zur Selbsterfahrung – mit der Möglichkeit der Selbsterkenntnis – angestoßen wird, besitzt ein höchstes Maß an Effizienz, verbirgt sich darin in letzter Konsequenz doch die Chance auf Erfolg und echte Heilung. Entscheidend ist wohl, die Tatsache anzuerkennen: Eine Änderung der Resonanz-Struktur unseres individuellen Bewusstseins bezüglich des kosmischen Bewusstseins gelingt nicht allein im Kopf. Dafür braucht es eben etwas Unmittelbareres: Fühlen! – Ein solches „in-Verbindung-sein" mit sich selbst und der Welt, zu bestärken und zu unterstützen, ist somit zentrale Aufgabe einer zukünftigen Pädagogik. Hier liegt enormes Bildungspotenzial brach. Das gilt es für eine ganzheitliche Pädagogik der Zukunft zu fördern.

Noch allerdings ist es in unserer Gesellschaft nicht so weit. Denn nach wie vor werden wir eher dazu erzogen, aufzugeben, was unser Wesen ausmacht, beziehungsweise was wir uns wirklich wünschen. So jedenfalls sieht es Dr. Gerald Hüther, emeritierter Professor für Neurobiologie an der Uni Göttingen. Dadurch, so der Gehirnforscher

Hüther, verlören wir unser Selbstvertrauen und das Vertrauen in die Welt:
*„Ursprünglich waren wir mal jemand, der daran geglaubt hat, dass es möglich ist, jeden Tag über sich selbst hinauszuwachsen und gleichzeitig in enger Verbundenheit zu den anderen zu bleiben. Das sind die zwei Grundbedürfnisse, mit denen sich jeder Mensch auf den Weg gemacht hat nach seiner Geburt. Und dann haben wir alle feststellen müssen im Laufe unseres Lebens – die einen stärker, die anderen weniger stark –, dass das beides gleichzeitig nicht geht. ... Um erfolgreich zu sein in einer wettbewerbsorientierten Gesellschaft, muss man einzelne Teilfertigkeiten entwickeln. Und die möglichst stark. Der Wettbewerb forciert die Spezialisierung des Menschen auf einzelne seiner ursprünglich angelegten Möglichkeiten. Einzelnes von dem was in uns ist, wird entwickelt und zur Blüte gebracht – auf Kosten anderer Fähigkeiten. Und das wissen wir alle. Wir wissen, dass in uns etwas schlummert, was nicht wachsen durfte.* **Wir könnten von unseren eigenen Kindern wieder lernen, worauf es im Leben tatsächlich ankommt.“** [20]

Von unseren eigenen Kindern lernen, worauf es im Leben tatsächlich ankommt, das beginnt wohlweislich damit, Vertrauen fassen zu lernen, dass wir so wie wir sind gemeint sind. Genau so! Was weder bedeutet, sich darauf festzulegen, dass wir nur so gemeint sind, wie wir uns bislang kennen, noch, dass Veränderung und Entwicklung nicht berechtigt wären. Tatsächlich können wir das Vertrauen haben, dass wir viel größer sind als all unsere Vorstellungen es je fassen können. Und: dass jegliche neue Erfahrung innerhalb unseres Seins möglich und wert ist, sie zu erleben. [21]

Die Psychoneuroimmunologin Candace Pert: *„Wir haben gelernt, unserem Körper und unseren Gefühlen zu misstrauen, uns an äußere Autoritäten zu halten, statt an unsere innere Kraft. Lernen Sie sich selbst vertrauen.“* [22] Dies ist wohl uneingeschränkt für jegliche Ebene gemeint. In derart umfassendem Sinn stimmig und lebensförderlich, wird es auch stets von ärztlicher Seite empfohlen.

---

[20] G. Hüther, in: *„Vertrauen. Führt. Weiter.“*, Transkription, in: *ORF Radiokolleg, 2006*, von: J. Kaup, K. Steger.

[21] Siehe Kap. 5, Anm. 22-28.

[22] C. Pert: *„Moleküle der Gefühle – Körper, Geist, Emotionen.“*, Reinbeck 1999, S. 474f.

**Bewusstseins-Übung:** *„Selbstachtung & Mut"* (Herausforderungen)

Wie gut kennst Du Dich? Bist Du jemand, der Herausforderungen liebt, ja?! Du hast auch kein Problem, Deine Komfort-Zone zu verlassen? Ok, super! Übungs-Teil A wird Dich besonders ansprechen! Bist Du aber ein Mensch, der von sich zu wissen meint, Herausforderung nicht zu schätzen, dann wirst Du eventuell zu anderen Ebenen leichter Zugang finden – vielleicht auch zur „Liebe". Dann ist Teil B für Dich! ☺

Vorweg zu beiden Übungsteilen: Beherzige ein wesentliches Detail. Die Herausforderung besteht für die einen darin, sich endlich mal durchzusetzen; für die anderen bedeutet es, genau das einmal auch NICHT zu tun, sondern: zuhören, sich mal auf die anderen einlassen. Entsprechendes gilt für Übungs-Teil B: Wahre Liebe kann sich im „wirklich-JA-Sagen", im sich voll Einlassen lebendig zeigen oder darin, auch einmal klar und entschieden „*Nein*" zu sagen!

**Übungs-Anleitung Teil A:**

1.) Wo im Leben besteht DEINE Herausforderung darin, dass Du **auf Dich hörst und Dich durchsetzt** (Neues wagst, was unternimmst etc.), statt zu kuschen oder Dich anzupassen? Bei wem bzw. wann genau?

a)

b)

c)

2.) Wo besteht Deine Herausforderung darin, mal **auf die anderen zu hören**, statt Dich wie üblich durchzusetzen (auch: Stille einkehren lassen)? Ohne Beigeschmack von sich Fügen oder Langeweile. Wann?

a)

b)

c)

Liebe Deine wahren Herausforderungen. Erkunde gleich heute aktiv und absichtsvoll das Terrain JENSEITS DEINER Komfort-Zone – und staune über Dich und das was Du dabei erfährst! ☺

Was nimmst Du Dir konkret vor? – Sei wahrhaft liebevoll und mutig!

Was hast Du mittels dieser Übung Wesentliches erkannt? Wie fühlst Du Dich gerade?

## Übungs-Anleitung Teil B:

1.) Wo besteht Deine Herausforderung für die Liebe, in der Bereitschaft „wirklich-JA-zu-sagen" und Dich einzulassen, statt zu verweigern? Und das ohne Gefühl von sich Fügen oder: Bloß DAS nicht! – Wann?

a)

b)

c)

2.) Wo besteht Deine Herausforderung für die Liebe in der Bereitschaft entschieden „*Nein*" zu sagen, weil Du *Nein* fühlst, statt nachzugeben oder „Verständnis" aufzubringen und Dich anzupassen? – Wann?

a)

b)

c)

Liebe Deine wahre Herausforderung zur Liebe. Erkunde gleich heute aktiv das Terrain Deiner Liebe – und staune, was Du dabei erfährst!

Was nimmst Du Dir konkret vor? – Sei wahrhaft liebevoll und mutig!

## Bemerke:

Nur wer zu jemand wirklich bereit ist „*JA*" zu *sagen* (zu wem immer – auch zu sich selbst!), kann auch klar und ohne Scheu „*Nein*" sagen.

Jeder hat im Leben schwierige Situationen zu bewältigen. Seine Selbstachtung zu wahren, bedeutet, seinen wahren Herausforderungen zu folgen – wie auch seiner wahren Liebe. Ein Gedicht von Erich Fried heißt: „*Was es ist.*"[23]. Genau das aber gilt es zu sehen und seiner selbst bewusst, zu handeln – jenseits altgedienter Verhaltens-Muster.

### „*Was es ist.*"

*Es ist Unsinn, sagt die Vernunft. Es ist was es ist, sagt die Liebe.*

*Es ist Unglück, sagt die Berechnung. Es ist nichts als Schmerz, sagt die Angst. Es ist aussichtslos, sagt die Einsicht.*
*Es ist was es ist, sagt die Liebe.*

*Es ist lächerlich, sagt der Stolz. Es ist leichtsinnig, sagt die Vorsicht.*
*Es ist unmöglich, sagt die Erfahrung. Es ist was es ist, sagt die Liebe.*

---

[23]  E. Fried / A. Hrdlicka / E. Ringel: „*Die da reden gegen Vernichtung.*", Gedicht: „*Was es ist.*", Wien 1986, S. 55.

## Kapitel 12: *Was ist Leben?* – Phänomene und Symptome

### Systemisches aus den Bereichen Physik, Soziologie, Psychologie

*„Seit langem schon dient die Musik den Philosophen und Naturforschern, die sich über die Rätsel des Kosmos den Kopf zerbrechen, als Lieblingsmetapher. ... Mit der Entdeckung der Superstring-Theorie gewinnen diese musikalischen Metaphern eine verblüffende Realität, denn die Theorie geht davon aus, dass die mikroskopische Landschaft mit winzigen Saiten (den Strings) – gefüllt ist. Nach der Superstring-Theorie bringt der Wind der Veränderung das ganze Universum wie eine riesige Äolsharfe zum Klingen. ... In der Physik – wie in der Kunst – ist die Symmetrie ein entscheidender Aspekt der Ästhetik. Doch anders als in der Kunst hat die Symmetrie in der Physik eine sehr konkrete, exakte Bedeutung. ... Richtig ist auch, dass sich die eine oder andere Entscheidung theoretischer Physiker auf ein ästhetisches Urteil gründet – welche Theorien in ihrem Aufbau ähnliche Eleganz und Schönheit besitzen, wie sie unsere Erfahrungswelt aufweist. Natürlich gibt es keine Gewähr dafür, dass diese Strategie zur Wahrheit führt. Trotzdem: ... Bislang hat sich diese Methode als nützliches und erkenntnisförderndes Hilfsmittel erwiesen."* [1] Dies sagt einer der führenden Physiker auf dem Gebiet der „Superstrings" und leitender Professor an der Columbia University in New York, Brian Greene in seinem wissenschaftlichen Bestseller: *„Das elegante Universum."* Diese Art von *Schönheits-Suche* ist ähnlich der Prämisse des naturwissenschaftlichen Ansatzes, wie ihn Albert Einstein formuliert: *„Wir suchen nach dem einfachsten möglichen Gedankenschema, das die beobachteten Tatsachen miteinander verbindet."* [2]

Es gibt viele Phänomene, die sich in unterschiedlichsten Bereichen und Zusammenhängen unseres Kosmos gleichermaßen finden lassen. Was im physikalischen Kosmos Gültigkeit hat, bestätigt sich als Kontext auch im sozialen Kosmos. Irgendwie scheinen wesentliche Prinzipien

---

[1] B. Greene: *„Das elegante Universum."*, S. 163, S. 199 (gilt auch für das nächste Zitat in Folge); Siehe Kap. 2, Anm. 17f.

[2] A. Einstein, zitiert in: E. Laszlo: *„HOLOS – die Welt der neuen Wissenschaften."*, Petersberg 2002, S. 182; Siehe *„In-forma-tion / Bd. I"* Kap. 3: Das Primat der Information, Anm. 17f sowie Kap. 4: In-*forma*-tion – und andere Felder, Anm. 28.

gleicher Art da wie dort am Werk. Der Physiker Frank Close: *„Sich selbst überlassen, nehmen physikalische Systeme über kurz oder lang den Zustand mit der geringsten Energie ein. ... In der flüssigen Phase bewegen sich die Wassermoleküle ungeordnet umher; im Eis schwingen sie nur um feste Positionen."* [3] Können wir nicht dasselbe – systemisch betrachtet – auch in Partnerschaften erleben und formulieren? Schwingt in derartigen Systemen, wenn sie in eine Phase des Erstarrens übergehen, nicht auch alles nur noch um *„feste Positionen"*? Aussagen wie jene des Biochemikers Friedrich Cramer, Direktor am Max-Planck-Institut in Göttingen, mögen befremden, scheinen vom Standpunkt seiner *Evolutionsfeldtheorie* aber schlüssig. Er kommentiert diese Phänomene lakonisch und formuliert, dass *„Materie, weit vom energetischen Gleichgewicht entfernt, substanziell lebend"* sei, es sich um eine *„physikalische Eigenschaft handle, lebend zu sein."* [4] Alles eben, auch in seinen Augen: EIN GROSSES GANZES.

Was in der Physik der Gegenwart mittlerweile zu den tragfähigsten Theorien bezüglich des Kosmos gezählt wird, nämlich die Bedeutung von Symmetrien, beziehungsweise auch von Symmetriebrechungen, wird zunehmend auch in den Bereichen Biophysik und Biologie als grundlegend erkannt. Professor Close: *„Negative Ladungen (Elektronen) vermitteln und steuern die biochemischen Prozesse in Lebewesen, während die positiven Ladungen (Protonen), zu schwer um groß umherbewegt zu werden, eher an ihrem Platz verweilen und so ein festes Gerüst bilden. Diese Asymmetrie der Massen ist für die Struktur der Materie wesentlich."* [5]. Und dies gilt ebenso, für das Zusammenspiel der Materie in lebenden Organismen.

Weiters begreift man heute Symmetrien auch in der Soziologie und Psychologie als entscheidend. Zum Beispiel jene in der Fachpresse als *„sensationell"* eingestuften Entdeckungen der Spiegelneuronen im Gehirn, welche die Fähigkeit erschaffen, gegenseitige Empathie

---

[3] F. Close: *„Luzifers Vermächtnis – Eine physikalische Schöpfungsgeschichte."*, Berlin 2004, S. 220, S. 267.

[4] F. Cramer: *„Chaos und Ordnung ...."*, Stuttgart 1989, S. 238; Siehe selbes Kapitel, Anm. 16; Siehe Kap. 5, Anm. 2; Siehe *„In-forma-tion / Bd. 1"*, Kap. 4: In-*forma*-tion – und andere Felder, Anm. 14f.

[5] F. Close: *„Luzifers Vermächtnis ..."*, Berlin 2004, S. 18f.

aufzubringen sowie eine physiologische Grundlage für Intuition und Resonanz ermöglichen. Aber auch Vertrauens-Bildung wäre nicht ohne derartige, zwischenmenschliche Symmetrien möglich. Ebenso bestätigte sich in der Psychotherapie ihre heilende Wirkung: Spiegelung und Resonanz werden eingesetzt und bilden die Basis für den therapeutischen Prozess.[6] Der Mediziner, Neurobiologe und Psychotherapeut, Univ.-Prof. Joachim Bauer von der Abteilung für Psychosomatik an der Freiburger Uni Klinik, verdeutlicht ihre eminente Bedeutung, wenn er sagt: *„Spiegelung: eine Art Gravitationsgesetz lebender Systeme."*

**Lernen aus Beobachtung: Spiegelneuronen & Intuitionsentwicklung**

*„Die Gefühle sind die verbindenden Elemente, sie fließen zwischen den Individuen und nehmen die Gestalt von Einfühlungsvermögen, Mitgefühl, Trauer, Freude an. ... Wir bezeichnen den Vorgang als emotionale Resonanz. ... Das Einssein allen Lebens beruht auf diesem simplen Tatbestand:* **Alle unsere Gefühlsmoleküle schwingen in Resonanz.**"[7] Soweit Dr. Candace Pert, seit mehr als dreißig Jahren erfolgreich in der Erforschung von körpereigenen Botenstoffen (Peptiden) und deren Kommunikationsprozessen tätig. *„Spiegelneuronen sind vor wenigen Jahren von Rizzolatti entdeckt worden. Er hat dabei Experimente mit Affen gemacht und entdeckt, dass eine Nervenzelle, die er eben dann ‚Spiegelneuron' nennt, auch feuert, wenn ein Affe eine Handlung nur beobachtet und nicht nur selbst ausführt. Also diese Zelle ist zuständig für Handlungen, aber eben auch, wenn man Handlungen nur beobachtet. Das nennt man biologische Resonanz."*[8] Dies sagt Dr.[in] Gabriele Heyers, Fachärztin für Psychosomatische Medizin und Psychotherapie am Trauma-Hilfe-Zentrum München. Die Entdeckung der sogenannten Spiegelneuronen im Gehirn war bahnbrechend für ein tiefgreifendes Verständnis, wie „implizites Wissen" beim Menschen wirksam wird. Spiegelneuronen sind der Beweis dafür, dass es auf der

---

[6]   J. Bauer: *„Warum ich fühle, was du fühlst – Intuitive Kommunikation und das Geheimnis der Spiegelneurone."*, Hamburg 2006, S. 8, S. 172 (gilt auch für die nächsten Zitate).

[7]   C. Pert: *„Moleküle der Gefühle – Körper, Geist und Emotionen."*, Reinbeck 1997, S. 480; Siehe *„In-forma-tion / Bd. 1"*, Kap. 10: Überzeugung und Gesundheit, Anm. 48.

[8]   G. Heyers, in: *„Learning by doing – Wie Erfahrung und Gespür unser Können prägen."* Transkription, in: *ORF Radiokolleg, 2007,* von: J. Kaup (gilt auch fürs nächste Zitat).

biologischen Ebene Resonanz auf eine Handlung gibt, die wir im Außen lediglich beobachten. Wichtig sind Spiegelneuronen für die Fähigkeit, empathisch in Verbindung zu sein und zu handeln. *„Wenn wir verstehen, was Spiegelneuronen können, dann verstehen wir auch, dass sie unsere Umwelterfahrung, unsere Biologie beeinflussen, indem bestimmte neuronale Verschaltungen gefördert werden – oder nicht. ... Und da* **haben wir eine große Verantwortung, finde ich, was wir da in uns hineinnehmen, welchen Bildern und Situationen wir uns aussetzen. Also wenn Sie sich klarmachen, dass jede Handlung, die wir auch nur beobachten – ganz zu schweigen, wenn wir sie erleben – dieses Handlungsprogramm in uns abspeichert, simultan, als hätten wir es auch selbst getan, dann können Sie sich vorstellen, was es für uns in** *unserem Leben bedeutet, welches Repertoire an Handlungsmustern wir zur Verfügung haben. Und das ist, finde ich, ganz besonders wichtig, wenn wir mit Kindern umgehen, was die da lernen."* Gehirnaktivitäten auf Grund gefühlter Vorstellungen sind also exakt die gleichen, wie wenn wir diese Inhalte real tun. Diese höchst erstaunliche Tatsache wird in verschiedenen Bewusstseins-Trainings sowie von mir im Coaching [9] genutzt, um Menschen auf rein mentale Weise durch emotional besetzte Gefühlswahrnehmungen zu leiten und ihnen auf einem sanften Erlebens-Weg, Integration zu ermöglichen.

Doch nochmals zurück zur Ebene der Physik und dem „teuersten-Experiment-aller-Zeiten" am CERN sowie dem Bemühen, mittels des „Higgs Boson", dem Phänomen der Symmetrie und dem Entstehen von Masse, als Grundlage des physischen Universums, auf die Schliche zu kommen. Frank Close: *„Die fundamentalen Gleichungen sind nur dann vollkommen symmetrisch, wenn alle Teilchen – sowohl die Teilchen der Materie als auch die Vermittlerteilchen der Kräfte – masselos sind. Doch das vertraute Universum ist anders ... Masse bricht die Symmetrie der Schöpfung, und ist die Ursache für alle je entstandenen Strukturen und Asymmetrien."* [10] Die Experimente waren im Jahr 2012 erfolgreich. Peter Higgs und François Englert erhielten 2013 den Nobelpreis. [11]

---

[9]  Persönliche Anleitung im Coaching unter: http://www.twogetherwien.com/coaching.

[10]  F. Close: *„Luzifers Vermächtnis – Eine physikalische Schöpfungsgeschichte.",* Berlin 2004, S. 19.

[11]  *In-forma-tion / Bd. I",* Kap. 4: Information und andere Felder, Anm. 5-7.

**Materie, weit vom energetischen Gleichgewicht, ist lebendig** [12]

Sollte stimmen, was heutige Wissenschaft wieder-entdeckt hat, nämlich, dass „alles-mit-allem-zusammenhängt" und dass daher im Makrokosmos auch keine grundsätzlich anderen Gesetzlichkeiten wirken können als im Mikrokosmos (wie beispielsweise *„Resonanzen"*; KP.), dann können wir davon ausgehen, dass Systeme sich auf den verschiedensten Skalierungen (Größenordnungen) durchaus analog verhalten; entsprechend dem alten Satz: *„Wie im Großen, so im Kleinen".* – Was ja bereits lange vor unserer heutigen, wissenschaftlich dominierten Zeit, allen großen Geistern klar war.

„Symmetrien", wie auch sogenannte „Symmetriebrechungen" und Spiegelungen lassen sich nachweislich auch auf allen anderen Ebenen, nicht nur den physikalischen, auffinden. Und sie sind auch da (wenig überraschend!), von herausragender Bedeutung: Zum Beispiel in den „Immun-Antworten" des Immunsystems. Auch hier dominiert eine höchst individualistische, auf die Gesundheit des Gesamt-Organismus bezogene Arbeitsweise der Immunzellen. So spiegelt sich daran auch die Arbeitsweise des individuellen Bewusstseins, das in seinen intuitiv gefundenen „Sozial-Antworten" gleichfalls auf die Gesundheit des Gesamtorganismus Menschheit bezogen agieren will. Symmetrien hier wie da also. Wer diese Einsicht anzuerkennen vermag, für den bekleiden die angeführten Aspekte nicht den Rang billiger Analogien, sondern erscheinen in anderem Licht: als synonymes Prinzip eines Werk-Zusammenhangs – des Lebens als Gesamtkonzeption.

Was ist es, das im Immunsystem – und vor allem: im Bewusstsein – zu entsprechenden Phänomenen wie jenen der *„Symmetriebrechung"* in der Physik führt? Phänomene also, welche zeigen, wie die Vollkommenheit energetischen Seins (Gesundheit) gebrochen wird? Wie ist es weiters möglich „Gesundheit" als etwas für den Gesamtorganismus Heilsames und Förderliches zu unterstützen? Und: Welche Bedeutung haben dabei *Intuition* und *Verstand* sowie deren unterschiedliche sowie höchst spezifische *„Spiegelungen"*? Vieles dazu – mehr im Detail – in *„In-forma-tion / Band 1: Evolution vom Standpunkt der Information."*

---

[12] Siehe selbes Kapitel, Anm. 4.

## *Leben* versus: *Sorgen ums Selbstbild.* – Immunsystem & Bewusstsein

Man spricht in Medizinerkreisen oft und gern von DEM Immunsystem. Es handelt sich jedoch weniger um ein homogenes System, sondern es verbirgt sich dahinter etwas in mannigfaltiger Hinsicht höchst Individuelles. Es kommt nämlich nicht nur darauf an, WO die Immunzellen entstehen beziehungsweise herangereift werden (Knochenmark oder Thymusdrüse [13]), sondern auch, wohin diese Zellen dann auswandern.

Sie werden entscheidend durch ihre später eingenommene Umgebung beeinflusst und dementsprechend ihre Reaktionsweise ausbilden. D.h.: Obwohl alle Zellen von der gleichen Linie abstammen, wird erst vor Ort entschieden, wie die aktuelle Reaktionsweise ausfällt. Immunzellen können sich somit in ihren Funktionen fast unbegrenzt verwandeln. Das Entscheidungsprinzip, ob eine Zelle in der jeweiligen Situation etwas tun wird oder nicht, hängt ausschließlich davon ab, ob jene Zelle vor Ort etwas als für den Organismus schädigend empfindet. Mittels Botenstoffen, ohne die auch da nichts funktioniert, kommunizieren sie essentielle In-*forma*-tionen als vernetzte Entscheidung.

Wie hat es unser Immunsystem geschafft, der herausfordernden Unzahl an eventuell gefährlichen Mikroorganismen, gewachsen zu sein? Der Mikrobiologe und Professor am Vienna Biocenter der Medizinischen Uni Wien, Thomas Decker meint, das angeborene Immunsystem habe das Problem dadurch gelöst, dass in der Evolution das Prinzip der „Mustererkennung" erfunden wurde. Erkennungsstrukturen wurden erschaffen und befähigt, molekulare Muster auf der Oberfläche von Mikroben zu erkennen, die alle durch etwas jeweils Grundsätzliches im Muster charakterisiert sind. [14] Diese Art von Präsenz unseres Immunsystems gibt uns als biologisches Synonym ein Vorbild, wie auch wir Menschen das Feld unseres Lebens und die hier wirksamen Eigentümlichkeiten präsent erfassen können. In der Psychologie nennt man diese eigen-artigen Wirksamkeiten „Schatten-Anteile". Entsprechend der Eigenart unseres Immunsystems und seines Prinzips der „Muster-Erkennung" ist es auch uns als Menschen

---

[13] Siehe „*In-forma-tion / Bd.1*", Kap. 8: Immunsystem, Anm. 6, 7.

[14] T. Decker, in: „*Von Killerzellen und Antikörpern. – Das menschliche Immunsystem.*", Transkription in: *Radiokolleg, 2009*, von: E. Schütz.

möglich, solche seelischen Muster zu identifizieren und sie anschließend als zu einem selbst gehörig anzuerkennen. So können sie fühlend integriert (wertfrei und achtsam wahrgenommen) und bezüglich ihrer Wirksamkeit aufgelöst werden.

Auch hier gibt es somit auffällige Entsprechungen, spiegelt sich ein höchst individuelles Geschehen der biologischen Ebene in einem auf seelischer Ebene. Im Setting von Bewusstseins-Trainings bezeichnet man diese Art der Muster-Erkennung als *„Arbeit an Identitäten"*. Als Identitäten werden Teile der eigenen Psyche identifiziert, deren (Über) Leben darauf gründen, ihren „Wirt", nennen wir es mal: „unser Wesen", zu belasten, zu beherrschen und letztlich ungesund und unfrei zu machen. Unser auf höchst individuelle Weise tätiges Immunsystem, darf in seinem Vorgehen wohl auch für unser menschliches Bewusstsein als vorbildlich eingestuft werden. Ja – so geht es Richtung Gesundheit!

Und noch einem synonym höchst interessanten Aspekt bezüglich des sozialen Lebens können wir, an der Art und Weise wie unser Immunsystem arbeitet, begegnen: Gemäß der aktuell gültigen Hypothese für die Zunahme von Allergien, sind es die Auswüchse eines überbordenden Sauberkeits-Fetischismus, welcher den entscheidenden Anteil an der fast epidemischen Ausbreitung trägt. Die aus Brasilien stammende Allergologin der Uni Salzburg, Dr.[in] Fatima Ferreira: *„Die Umwelt ist heute viel sauberer und keimfreier als zu der Zeit, als sich das menschliche Immunsystem entwickelt hat. Früher musste sich das Immunsystem mit einer sehr ‚schmutzigen Umwelt' auseinandersetzen und hatte mit weitaus mehr Mikroorganismen Kontakt, als dies heute der Fall ist. Dass die Lebensbedingungen von heute Ursache für das Ansteigen von Allergien sind, das ist der zentrale Punkt der Hygiene-Hypothese. ... Nach der Hygiene-Hypothese kann das Immunsystem, durch den fehlenden Kontakt mit Mikroorganismen nicht lernen, die richtigen Immunantworten zu setzen."* [15]

Was hier angesprochen ist, bedeutet die medizinische Konfrontation mit einer fehl verstandenen, weil gesundheitspolitisch schwächenden Vermeidungs-Strategie, der unsere Gesellschaft heute auf fast allen

---

[15] F. Ferreira, ebenda; Siehe *„In-forma-tion / Bd.1"*, Kap. 6: Chaos und Strukturen der Ordnung, Anm. 24.

Ebenen verfallen ist: Mangelnde Bereitschaft und zunehmende Angst vor echter Begegnung mit vielem was als fremd eingestuft wird, sind in der Gesellschaft nicht zu übersehen. Man kann es durchaus als eine Form des Sozial-Autismus [16] bezeichnen: „*Das Fremde sei pfui.*"

Was braucht es, um im Sozialen die richtigen Immun-Antworten setzen zu lernen? – Eine entscheidende Antwort darauf: MUT! – Einerseits zur bewussten Kontaktaufnahme und wertschätzenden Konfrontation mit dem zunächst irritierend Fremden. Gerade auch, um sinnvollen Antworten entgegen zu wachsen. Noch entscheidender für die Entwicklung angemessen intuitiver Sozial-Antworten sowie der Integration selbstschädigender Muster aber ist der Umgang mit sich selbst und dem irritierend-Fremden in einem selbst. Hier wird die wertschätzende Bedeutung von Ehrlichkeit für die Herausbildung von Toleranz augenfällig. Wie für das Immunsystem gilt: Ohne das Fremde entsteht kein starkes und gesundes Eigen-Leben, sondern Dekadenz und die Gefahr, des Lebendigen in uns verlustig zu gehen. Heuchlerischen Sauberkeits-Wahn, krank-machenden Kontrollismus, Angst-vor-Fehlern sowie die beständige Sorge um das eigene Selbstbild kennen wir doch alle! – Ignorieren oder ableugnen, so lehrt uns das Immunsystem, stellt jedenfalls keinen sinnvollen Umgang mit der eigenen Gesundheit dar; weder beim Erkennen eines Tumors für das Immunsystem, noch bei Wucherungen wie Besserwisserei, Gier, Missgunst, Kritik etc. für den Bereich seelischer Gesundheit. Verpassen wir besser nicht den rechten Zeitpunkt, um uns mit der notwendigen Ehrlichkeit zu begegnen. Täuschen wir uns nicht ad infinitum selbst. Liebevolle „Ent-Täuschung" tut Not. – Aus Einsicht! [17] Denn irgendwann beginnen diese Teile ihr „Eigenleben" zu führen, richten sich gegen den Organismus und tricksen diesen letztlich regelrecht aus. Was zunächst vielleicht nur Kränkung war und psychosomatisch, führt letztlich zur Krankheit – bzw. zum Absterben des Gesamtorganismus.

Das Immunsystem kann somit Ratgeber der weisheitsvollen-Natur-in-uns sein – wenn wir es so sehen wollen und auch zulassen.

---

[16]  Siehe Kap. 1, Anm. 19.
[17]  Siehe die Bewusstseins-Übung „*Ent-Täuschung*", in „*In-forma-tion / Bd.1*", am Ende von Kapitel 7: Epigenetik: In-*forma*-tion fürs Genom.

## Wir Menschen: Spirituelle Wesen auf dem Feld irdischer Erfahrung

Können wir Menschen uns auch hier als Teil dieses Großen Ganzen begreifen und trotz unserer großartigen Emanzipation, als freie Wesen bald die rechten Schlüsse folgen lassen ...? Es wäre wohl mehr als nur heilsam. Wenn wir bereit sind, unsere einzelindividuellen Daseinsängste zu überwinden und uns zu einer globalen Gemeinschaft zusammenfinden, kann auch für uns Menschen, auf einer nächsten Ebene, eine *„glorreiche Epoche"* beginnen. Eine ähnlich glorreiche und dem Leben dienende wie jene in der Evolution vor etwa 700 Millionen Jahren, als sich Einzeller zum Zweck der Weiterentwicklung zu mehrzelligen Lebewesen zusammenschlossen. [18]

Diese Einzeller verfügten mit Sicherheit über kein Gehirn und auch über keinerlei Nervensystem, und doch gab es irgendeine Art von Information, der sie weisheitsvoll nachkamen ... Der bereits andernorts im Buch zitierte Genetiker Kazuo Murakami: *„Meine Genforschungen haben mir gezeigt, dass unsere Existenz selbst ein fantastisches Wunder ist. Das wird mir besonders deutlich, wenn ich die Beziehung zwischen der einzelnen Zelle und dem Organismus als Ganzes betrachte. Wir bestehen aus 60 Billionen Zellen, die auf Grund einer äußerst differenzierten Ordnung Organe, Gewebe und andere Körperteile bilden. Sehen Sie einmal eine Leberzelle an. Es sind nur diejenigen Gene eingeschaltet, die notwendig sind, dass sie als individuelle Zelle funktioniert, gleichzeitig aber bildet sie einen Teil der Leber."* [19] Oder zur Niere: *„Obwohl sie ein unabhängiges Organ ist, besteht sie aus individuellen Zellen mit unterschiedlichen Aufgaben, darunter Blutgefäße von verschiedener Größe sowie Filterungsmechanismen, und diese bilden gemeinsam die Niere und arbeiten zusammen, um eine grundlegende Funktion im menschlichen Körper zu erfüllen. Wenn wir uns die individuellen Zellen ansehen, aus denen sie besteht, sehen wir, dass jede Zelle, während sie gewissenhaft ihre Aufgaben für die Niere erfüllt, gleichzeitig auch effizient und unabhängig Funktionen wie Zellpflege und -reparatur ausübt, die einzig mit der individuellen Zelle*

---

[18] Siehe *„In-forma-tion / Bd. 1"*, Kap. 10: Überzeugung und Gesundheit.
[19] K. Murakami: *„Der göttliche Code des Lebens – Ein neues Verständnis der Genetik."*, Güllesheim 2008, S. 133f (gilt auch für das nächste Zitat in Folge).

*zu tun haben. Wenn die Zellen in einem Blutgefäß zum Beispiel nicht alle autonom arbeiten würden, dann könnte die gitterartige Struktur des Blutgefäßes nicht ständig repariert werden. Wenn sich aber Zellen zusammentun, um ein Blutgefäß zu bilden, stimmen sie die Geschwindigkeit der Zellteilung auf die anderer Zellen ab. Während die Zelle nur einen Teil bildet, wird sie mit den Eigenschaften des Ganzen versehen."*

Spannend, von diesem Standpunkt auf die Beziehung zwischen Mensch und Welt hinzusehen. Wir leben auf vielfältigste Art verbunden mit der Naturordnung dieses Planeten und nehmen auf höchst komplexe Weise an der Erschaffung dieser Ordnung teil. Alles hier ist von diesem Standpunkt betrachtet somit unser Leben, das uns im Grunde genommen als Menschen ausmacht. Wir *sind* „es". Wir erschaffen „es" – indem wir leben. Welch' unglaubliche Größe und Freigebigkeit dieses Leben sein zu dürfen!

Die Arbeitsteiligkeit heutiger Wirtschaft zeigt, wenn auch noch mit deutlich sozial-darwinistischem Gehabe befrachtet, die Möglichkeiten derartiger, sozialer Zusammenschlüsse auf. *„Das Heil einer Gesamtheit von zusammenarbeitenden Menschen ist umso größer, je weniger der Einzelne die Erträgnisse seiner Leistungen für sich beansprucht, d.h. je mehr er von diesen Erträgnissen an seine Mitarbeiter abgibt, und je mehr seine eigenen Bedürfnisse nicht aus seinen Leistungen, sondern aus den Leistungen der anderen befriedigt werden."* [20] Der Querdenker und Freigeist sowie Begründer der *„Anthroposophie"*, Rudolf Steiner, hat diese „Überlegung" aufgeschrieben. Ja, er meinte sogar: *„Dieses (soziale) Hauptgesetz gilt für das soziale Leben mit einer solchen Ausschließlichkeit und Notwendigkeit, wie nur irgendein Naturgesetz in Bezug auf irgend ein gewisses Gebiet von Naturwirkungen gilt."*

Dass die Zellen jedes Organismus, ohne ihre spezifische Eigenart einzubüßen, in exakt dieser Weise dienend zusammenarbeiten, zum Wohl ihres Gesamtorganismus und nur insofern auch zum eigenen Wohl, liegt auf der Hand. Wären wir Menschen imstande auf unsere Intuition zu hören, könnten wir das mühelos mit unseren Herzen einsehen. Und, wir könnten problemlos Wert und Bedeutung dieser

---

[20]  R. Steiner: *„Das soziale Hauptgesetz." (1905)*, in: *„Geisteswissenschaft und soziale Frage."*, Dornach 1982, S. 34 (gilt auch für das nächste Zitat in Folge).

Einheit und Gesamtheit von Menschheit und Erde empfinden und als einen Organismus an-erkennen. Vor allem, wenn wir den Wortlaut von Steiners Aussage umkehren, wird ihr Realitätsgehalt mehr als deutlich: *Das Heil einer Gesamtheit von zusammenarbeitenden Menschen ist umso kleiner, je mehr der Einzelne die Erträgnisse seiner Leistungen für sich beansprucht, d.h. je weniger er von diesen Erträgnissen an seine Mitarbeiter abgibt, und je weniger seine eigenen Bedürfnisse aus den Leistungen der anderen, sondern aus den eigenen Leistungen befriedigt werden.* Kein Organismus kann (über)leben, wenn seine Zellen so „heillos" veranlagt wären, wie wir als Menschheits-Organismus unterwegs sind. [21] Rudolf Steiner: *„Alle Einrichtungen innerhalb einer Gesamtheit von Menschen, welche diesem Gesetz widersprechen, müssen auf längere Dauer irgendwo Elend und Not erzeugen."* [22]

Das Nord-Süd-Gefälle auf der Erde und die 2008 stattgefundene Finanz- und Wirtschaftskrise repräsentieren tiefe Verletzung dieses Sozialen Hauptgesetzes. Doch: In-*forma*-tion liegt vor und Intuition kann uns immer wieder Entscheidendes bewusst machen. Es ist an der Zeit, sich dafür zu öffnen, nicht, um ein besserer Mensch zu sein, sondern um diese ebenso simple wie nüchterne Einsicht zu leben: Weil es so geht und anders eben nicht. Der Wind dieses Gesetztes mag dem Ego ungelegen kommen und ziemlich steif um die Ohren brausen. Dennoch gilt auch da die alte Seglerweisheit: *„Es kommt nicht drauf an, woher der Wind weht, sondern wie man die Segel setzt!"* Welche Genugtuung, die eigene Nase im Vollbesitz seiner schöpferischen Freiheit, in solchen Wind zu stecken!

Spirituelle Wesen, die sich ihrer großartigen Möglichkeiten bewusst werden um in Kooperation zu leben – das sind wir Menschen. Vielleicht klingt das sehr nach hehrem Idealismus. Es kann aber genauso gut Realismus sein, wenn wir sachgemäß „unsere-Segel-setzen" telepathisch Bruce Lipton sagt es auf seine Weise: *„Das Überleben des Liebevollsten ist die einzige Ethik, die uns nicht nur ein gesundes persönliches Leben, sondern auch einen gesunden Planeten sichert."* [23]

---

[21] Siehe *„In-forma-tion / Bd.1"*, Kap. 10: Überzeugung u. Gesundheit.

[22] R. Steiner: in: *„Geisteswissenschaft und soziale Frage."* *(1905)*, Dornach 1982, S. 34.

[23] B.H. Lipton: *„Intelligente Zellen ..."*, Burgrain 2006, S. 202.

## Entwicklungen im Spiel-Verständnis. – Wie der Film gedreht wird

Das Leben kann auf gewisse Weise als Spiel betrachtet werden. Und wir selbst und unsere nahen / fernen (Mit)Menschen sind dabei die kongenialen (Mit)Spieler, auch wenn uns das im Normalfall kaum bewusst ist. Man kann sich dieses Bewusstsein schaffen, um seinem *„wahren Mensch-Sein"* [24] (Schiller) einen Schritt näherzukommen. Einfache Bewusstseins-Übungen können entscheidend dabei unterstützen, diesen Standpunkt einnehmen zu lernen, um ihn dann auch lebendig zu verwirklichen. Als Menschen und lebendige Wesen, die auf Freiheit hin konzipiert sind, wachsen wir in diese Freiheit hinein. Entwicklungspädagogisch gesehen bedeutet das: Ein heranwachsendes Menschen-Kind wiederholt während seiner individuell-biographischen Entwicklung exemplarisch nochmals die menschheitliche Kulturentwicklung. Es versucht sich in der magischen Phase, es sucht die geliebte Autorität, um sie nachzuahmen und findet sich selbst in der Mündigkeit der Selbsterziehung im Erwachsenenalter. Diese exemplarische Wiederholung wird in der Soziologie als *„Psychogenetisches Grundprinzip"* bezeichnet und stellt auf kultureller Ebene das Pendant zum *„Biogenetischen Grundprinzip"* auf der embryonalen Ebene dar. Hier durchläuft der Embryo nochmals alle wesentlichen Stadien der Evolution des irdischen Lebens: vom Einzeller bis zum Menschen.

In der kindlichen Pubertät beginnt jene Zeit, welche potenziell bereits die Keime für eine moralisch organisierte, auf Autonomie und Zusammenarbeit basierende Gesellschaftsform in sich trägt. Kinder lernen in Absprache untereinander jene Regel zu finden, die für sie im Spiel gelten will – durchaus auch abweichend von überlieferten Regeln. In diesen Kindergesellschaften geht dann die Regel bereits vom Souverän, den mitspielenden Akteuren – wenn man so will: „dem Volk" – aus. Nicht mehr von alten, aufgezwungenen Überlieferungen.

Im Spiel zeigt sich da ein kindlich-jugendlicher Vorgriff auf jene, menschheitlich betrachtet, heute anstehenden Lösungsansätze im gesellschaftlichen Kontext. [25] Dies bildet die Grundlage jeder späteren,

---

[24]  Siehe *„In-forma-tion / Bd. I"*, Kap. 12: Visionen und Ziele, Anm. 8-10.

[25]  J. Piaget: *„Das moralische Urteil beim Kinde."*, Stuttgart 1983, S. 89ff, S. 127, S. 21 (gilt auch für das nächste Zitat in Folge).

als echt gefühlten und erkannten Moralität – IST aber noch nicht Moral, weil es noch äußerlich ist. Was hier jedoch als moralisch bezeichnet werden kann, ist diese neue Gesetzgebung in Zusammenarbeit:Als eine Morgenröte dessen, was im eigenverantwortlichen, späteren Leben tragend werden kann.

Der Biologe und Pionier der kognitiven Entwicklungs-Psychologie Jean Piaget formulierte dies bereits vor mehr als hundert Jahren, folgendermaßen: *„Vernunft als eine Moral des Denkens"* und *„Moral als eine Vernunft des Handelns."*

Wenn jeder von uns lebt, was er – intuitiv, authentisch und frei von Angst – IST, dann und nur dann, ist es uns Menschen möglich, an einander die rechten sozialen Antworten und Fähigkeiten zu entwickeln, Gesundheit und Freiheit zu fördern und zu (be)wahren. Wir erstarken an einander, an jeglicher individuellen und kulturellen Andersartigkeit, dankbar, dass es so viel herausfordernde Vielfalt unter uns gibt. Zum Wohl und zur Gesundheit des gesamten Menschheits-Organismus auf dieser Erde. Es ist möglich. Es ist möglich, wenn wir uns entschließen, präsente, liebevoll klare Beobachter dessen zu werden, was ist. Auf unsere Intuitionen zu hören, auf unser Gefühl, das uns nicht nur über „uns-in-uns" Auskunft gibt, sondern auch über „uns-in-der-Welt": Was in uns ist, was mit uns ist, was um uns ist. Die Reihenfolge, bei uns selbst beginnend, scheint mir zentral und entscheidend für den Erfolg, uns stimmig mit dem Leben zu konfrontieren. Mit dem Leben in uns, mit dem Leben um uns.

Das bedeutet auch, unsere maskenhaften Tarnkappen der Selbst-Täuschung aufgeben und sie unserer liebevollen Wertschätzung anvertrauen. Leben in der Liebe zum Eigenen und auch zum Fremden. *„Liebet eure Feinde, tut Gutes, denen die euch hassen."* [26] Was für eine Wahrheit?! – Welch' intuitives Begreifen des Sinnzusammenhanges zwischen den „eigenen Schatten" und dem, was sich als „Signale-der-Selbsttäuschung" [27] in unserer Umgebung spiegelt, um es zu erkennen, zu sehen und in der Folge annehmen und integrieren zu lernen.

---

[26] Jesus, zitiert in: *„Die Bibel / Neues Testament"*, Matthäus 5/44; Siehe *„In-forma-tion / Bd.1"*, Kap. 6: Chaos und Strukturen der Ordnung, Anm. 24.

[27] Siehe Bewusstseins-Übung *„The Symptom is the Messenger"* am Ende von Kapitel 4.

## *Schwingung & Resonanz*: Prinzip aller Bezogenheit und Entwicklung

Die wenig überraschende Conclusio: Alles im physikalischen Kosmos Entstandene scheint, basierend auf dem Prinzip von Schwingung und Resonanz, Existenz erlangt zu haben. In diesen evolutiven Tenor reiht sich auch die gesamte biologische Evolution ein.

Angenommen es stimmt, dass In-*forma*-tion ALL-ES durchdringt – ja IST –, was je Form annahm und annimmt: Masse, auch biologische Masse, die ja letztlich gar noch zum Träger von Psyche avancierte. Und wenn weiters gilt, dass alles mit allem eins ist – wie es die Erkenntnisse der Quantenphysik nahelegen, dann kann es wohl kaum verwundern, dass das „*Prinzip-von-Schwingung-und-Resonanz*" generelle Gültigkeit hat. „Über-All!" Die schlüssige Konsequenz daraus wäre, dass unser Bewusstsein in unserem Leben grundsätzlich nur mit all dem in der Welt in Resonanz kommen kann, was unserer individuellen Eigenart, unserer „Sonderheit", „Be-Sonderheit", entspricht. Und nur so vermag das Universum, über unser Bewusstsein, mit uns in Verbindung zu treten. Alles das: Informationen aus der Ebene von In-*forma*-tion. Information darüber, was in unserem Bewusstsein real lebt und hier sein Wesen – beziehungsweise auch sein Un-Wesen – treibt. Diese *Außenwelt* dient somit unserem eigenen seelischen Kennenlernen („*Mensch, erkenne Dich selbst.*") und den daran anschließenden, eigenen Entwicklungen. Was wir, identifiziert mit den Identitäten unseres Bewusstseins, an der Welt emotional-abwertend wahrnehmen, sind alle jene noch abgespaltenen Aspekte unseres (unbewussten) Da-Seins, die anzunehmen – gut-zu-lieben und zu integrieren – wir bislang verabsäumten. „*Liebet eure Feinde, tut Gutes denen, die euch hassen.*" Ja, so könnte es beginnen – bei uns selbst und den sogenannten (scheinbaren) Feinden in uns selbst: Schmerz, Krankheit, Enttäuschung – alles zunächst Feinde ... Oder aber: wertvolle, weil lebensrettende In-*forma*-tion, durch die unser Bewusstsein aufgerufen wird, auf-zu-merken, um Not-wendige Veränderungen einzuleiten. Veränderung beginnt bei uns selbst – oder nirgendwo. Was diesem Prozess zuliebe jedoch zu opfern sein wird, ist unser aller Neigung zur betulichen Pflege unseres illusionären Selbst-Bildes (... und: ich weiß, wovon ich spreche!).

Fassen wir es doch einfach ganz pragmatisch auf: Welch' geniale, großartige Möglichkeit für unser Bewusstsein, eigene Entwicklungszustände zu erahnen, zu erkennen und zu verwandeln, so wir dazu willens sind. Auf diese Weise besteht auch in realiter die Möglichkeit Gleiches-mit-Gleichem-zu-heilen: Die ungeliebten Schattenanteile in uns, durch die Anerkennung und Wertschätzung dieser Schattenteile im Außen, an den anderen – die ja auch wir sind. *„Liebe Deinen Nächsten wie Dich selbst."* [28] *„Richtet nicht, so werdet ihr auch nicht gerichtet. Verdammet nicht, so werdet ihr nicht verdammt. Vergebet, so wird euch vergeben. Gebet, so wird euch gegeben."* [29] – Scheint ganz so, als hätte da vor 2000 Jahren bereits jemand dieses Grundprinzip der Resonanz im Kosmos gefühlt, erkannt, begriffen und auf seine Weise in einfachen Sätzen ausgedrückt. ... Was Religion daraus leider gemacht hat?!

Du musst nicht bemühter Weise „gut" oder gezwungenermaßen „gerecht" sein im Leben. – Doch: sei liebevoll und wertschätzend! Mit Dir, mit den anderen, mit der Welt. Und, vergiss auch nie: *„Nichts ist so wichtig, wie nicht immer alles so wichtig zu nehmen!"* ☺

***Es ist immer das, was wir glauben und für möglich halten, was mit uns in Resonanz kommt und somit in unser Erleben.***

Dies ist im Bereich von Motivations-Trainings, im Spitzensport oder Management, heute längst state-of-art: „self-fulfilling prophecies". Dieses, bewusst gelebt, kann Dir eine neue Haltung zum Schöpfer-Sein vermitteln, um es absichtsvoll und frei zu verantworten, das eigene (Lebens)Künstler-Sein anzuerkennen und sowohl mutig als auch freudig damit umzugehen. So wie im Universum die Eigenart des menschlichen Bewusstseins entstand, werden auch Qualitäten dieses Bewusstseins – wie Bewusstheit und Kooperation, Achtsamkeit, Dankbarkeit, Mut und Demut künftig im Evolutionsprozess mehr und mehr an Bedeutung gewinnen [30] und zwar genau in dem Maß, wie wir Menschen Zugang zu Fühlen & Intuition finden werden. An welchem Scheidepunkt der Entwicklung sind wir da heute letztendlich angelangt ...?!

---

[28] Jesus, zitiert in: *„Die Bibel / Neues Testament."*, Matthäus 22/39.
[29] Jesus, zitiert in: *„Die Bibel / Neues Testament."*, Lukas 6/37f.
[30] Siehe Kap. 6, Anm. 20f; Siehe *„In-forma-tion / Bd.1"*, Kap. 3: Das Primat der Information, Bewusstseins-Übung: *„Dankbar sein"*.

## Freude als Maß Deiner Dinge

Jeder von uns hat wohl bereits Momente erlebt, wo uns unvermittelt etwas sehr Tiefes berührt. Bei mir war es eine unfassbare Freude – obwohl ich vermute, dass Freude nur ein Aspekt davon war. Zugleich war es Wohlwollen für mich selbst und infolge für alles Leben rundum.

Solches Berührt-Werden habe ich im Leben mehrfach erfahren. Das entscheidende Erleben fand aber vor nunmehr zwölf Jahren statt. Ich hatte während einer Bewusstseins-Übung plötzlich etwas Wesentliches erkannt. Ich erkannte, dass ich diesen Klaus noch nie breit gewesen war, zu lieben. Diese Einsicht überfiel mich zunächst wie eine unstillbare Woge des Schmerzes und der Traurigkeit. Ich spürte darin etwas für mich selbst Unverzeihliches. Doch da war noch etwas anderes: Eine machtvolle Klarheit, dass es etwas Bedingungsloses in dieser Existenz gibt, das auf mich schaut. Und, dass dieses Bedingungslose meiner eigenen Liebe zu mir selbst harrt. Es war für mich der Moment, wo ich die Entscheidung für mein „Ja" traf. Für das Ja zu mir, zu diesem Klaus, der bislang keinen Weg zu sich selbst zu finden wagte. Etwas worum ich seither ohne jegliche Begründung, Erklärung oder Rechtfertigung weiß. Und dieses „Ja", das mir damals unter einem Strom von Tränen entsprang, schwemmte alles Halbherzige meines bisher erstrebten Selbstbildes hinweg und machte mich für die Wirklichkeit von „Klaus" fühlfähig. Etwas gänzlich Neues entstand in mir. Etwas Versöhnliches, das aus mir lächelte und in meinen Tränen überfloss, gepaart mit jener unverblümten Gewissheit, dass ich bedingungslos gemeint bin, von dieser ganzen Existenz und: seit damals auch von mir. Im Moment dieses Ergriffen-Werdens existierte kein darüber-Nachdenken. Da war nur innige Freude. Ich hätte springen können, doch tat es nicht, tanzen. Es brüllte in mir und war doch still.

Seit diesem Tag der Entscheidung ist etwas entschieden anders. Da lebt ein stetes Gefühl freudigen Muts, dass ich – und alle um mich – unsere menschliche Art Lebendigkeit erfahren mögen und erleben dürfen, um so der wahren Freude anzugehören: Jeder Mensch ein Schlüssel zu solcher Lebens-Freude und Lebens-Lust. Ein Spiegel jener „großen Bedingungslosigkeit", die alles Dasein trägt. Gehe Deinen eigenen Weg und erfreue Dich daran.

*„Wenn sich der Weg gabelt, schlage ihn ein.*" Den Spruch habe ich seit einigen Jahren zuhause hängen, auf ein Holztäfelchen gedruckt. Neue Wege einzuschlagen, braucht Mut, ja. Wer jedoch seine Grundsatz-Entscheidung getroffen hat, der darf auf die rechten Intuitionen zählen. Erlaub es Dir und nimm intuitive Witterung auf, wohin die eigene Spur hinführt. Von *„weglosen Wegen"* hat ein Franziskus gesprochen. [31] Das Verblüffende: Du wirst bemerken, dass Deine Sicherheit für die Spur, die Du ziehen willst, kontinuierlich wächst. Und es ist herrlich, genau diese Selbst-Sicherheit und Frische auch allen anderen zuzugestehen.

Jetzt, da ich diese Zeilen schreibe, ist es Winter und vor drei Tagen war ich selbst auf einer Schi-Tour – erstmals: *„Tabula rasa".* Hänge wie ein großes weißes Tuch. Unverspurt. Aber auch eng gewachsene Fichtenwälder, steil und tief verschneit. Und doch wusste jeder im Fahren intuitiv und entschlossen, welche Spur die seine werden will.

Seit vielen Jahren spüre ich nun schon, was es bedeutet, die Freude als „Maß-meiner-Dinge" zu wählen. Halte es für möglich: *„Freude ist die Luft der neuen Welt."* [32] Begreife die Freude als sicheren Wegweiser! Könnte es sein, dass wir so viel davon erhalten, wie wir auch wieder zu geben bereit sind? Ich las es einmal folgendermaßen: *„Freudenquelle für Freudenlose".* Ja, das trifft es meines Erachtens sehr gut. Das erhalten wir, wenn wir in Resonanz kommen – kommen WOLLEN.

Kennen Sie *„Das Beste kommt zum Schluss"* [33] ? Ein Darsteller spricht das Thema konkret aus: *„Finde die Freude in Deinem Leben wieder!"*

Die kommende Übung hat damit zu tun. Und damit, zu erforschen, was Dir in Deinem Leben wichtig erscheint, um es mutig zu erleben. Unsere Bereitschaft das zu tun, was wir freudig lieben [34], ist entscheidend für die Fülle im eigenen Leben. Dazu braucht es weniger das Außergewöhnliche, als das DEINE. – Finde es!

---

[31] F.v. Assisi: *„Wanderer es gibt keinen Weg, der Weg entsteht im Gehen."*.
[32] G. Mallasc: *„Antwort der Engel (1943/44)"*, Zürich 1981, S. 158ff (siehe nächst.Zitat).
[33] *„Das Beste kommt zum Schluss"* („The Bucket List") ist eine Tragikkomödie aus dem Jahr 2007. Die Hauptrollen spielen Jack Nicholson und Morgan Freeman; http://de.wikipedia.org/wiki/Das_Beste_kommt_zum_Schluss (1/2014).
[34] Siehe *„In-forma-tion / Bd.1"*, Kap.11: Kreative Feldaspekte des Bewusstseins, Anm. 19.

## Bewusstseins-Übung: „*Deines tun*" (Oder: Eins-Sein mit Dir) [35]

Notiere in der Tabelle alles, was Dir zum Thema: *Das will ich endlich WIRKLICH tun / erleben!* – einfällt (linke Spalte). Schreibe daneben in die rechte Spalte, bis wann Du es – spätestens! – real erleben willst.

**Tabelle:**

| Das will ich endlich WIRKLICH tun! | Bis wann will ich es erleben: |
|---|---|
| 1) | 1) |
| 2) | 2) |
| 3) | 3) |
| 4) | 4) |
| 5) | 5) |
| 6) | 6) |
| 7) | 7) |
| 8) | 8) |
| 9) | 9) |
| 10) | 10) |

Was hast Du mittels dieser Übung erkannt?

Wie fühlst Du Dich jetzt? Wie geht es Dir?

**Anmerkung:**

Selbst das Gefühl eigene Lebenszeit würde vergehen und einen selbst verbrauchen, stellt sich genau dann nicht ein, wenn Du bereit bist, DAS zu leben, was wirklich „Deines" ist. So reifst Du – anstatt zu altern. Und: Man sieht solches diesen Menschen durchaus auch äußerlich an. Was es allerdings braucht, ist Klarheit in jenen Dingen, die einem selbst wichtig sind und: eine ansprechende Portion Mut. Der amerikanische Entwicklungspsychologe und Buchautor Joseph Chilton Pearce hat es für sich so auf den Punkt gebracht: „*Um schöpferisch zu leben, müssen wir die Angst vor dem Irrtum verlieren.*" [36]

---

[35] Siehe Kap. 6, Anm. 20..

[36] J.C. Pearce, zitiert in: www.glücksinntrainer.de/philosophie.php?WEBYEP_DI=3.

## Epilog – Nachwort

### Worte auf den Weg

Hätte ich zum Abschluss dieses persönlichen „*Plädoyers für den Menschen*" bei Ihnen nur einen einzigen Coaching-Hinweis gut, den ich Ihnen aus persönlicher Erfahrung mit auf den Weg geben dürfte, er wäre: „*Werden Sie Ihr eigener bester Freund!*" – Freund sein bedeutet für mich, unverstellt und echt sein sowie sich selbst treu – sowie stets bereit für wertschätzende Selbstreflexion. So kann es gelingen, das eigene Selbst-Vertrauen  wieder aufzubauen. Halten Sie absichtsvoll Ihre erkannten Core-Values hoch und lösen Sie gegebene Abmachungen mit Ihnen selbst ein. Entscheiden Sie sich im Herzen für sich als „besten Freund". Das hilft! Unser Leben hier kann ein lebenslanges Abenteuer sein, eine spannende Reise, um diesen eigen-artigen und wunderbaren Platz Erde kennenzulernen sowie vertraut zu werden mit seinen Bewohnern. Stattdessen sind viele von uns hier primär auf der Hut, dass bloß nichts passiert. – Irgendwie ein Witz! – Kennst Du den: „*Ein Mann kommt aus New York zurück. Sein Freund: WOW!!! – Was hast Du denn in New York so alles gemacht?' Er: ,Ich habe jeden Tag darauf geschaut, dass mir nichts passiert'!*"

Wir stehen als Menschheit, wie zu Anfang beschrieben, an einer essentiellen Schwelle: Uns von der „Macht-des-Stärkeren" über das Schwächere im Außen, hin zur „Macht-des-Stärkeren" (Bewusstheit) über die „Macht-des-Schwächeren" (Unbewusstheit) im eigenen Innern zu entwickeln. Dieser Lernprozess braucht viel Bereitschaft zu Leichtigkeit, Mitgefühl, Wohlwollen, Fröhlichkeit und Mut! – Ja, ich weiß: Es gibt sie einfach, unsere Ängste, die den Mut bremsen. Wie wär es mit einer Haltungsänderung als Alternative: Freunden wir uns mit unserer Angst an – fühlen wir sie, aber lassen wir uns nicht von ihr dominieren oder domestizieren! Sie ist kein Gegner sondern ein natürlicher Signalgeber [1], der Bescheid gibt, dass wir den uns bekannten Bereich (Komfortzone) verlassen. Sie meldet sich und sagt uns: *Ich kenne mich da nicht aus und kann nicht versprechen, dass das, was jetzt kommt, sicher ist.* Unsere Angst möchte uns schützen, es gibt somit

---

[1] Wichtige andere reaktive Signalgeber des Lebens in uns, sind: Müdigkeit, Hunger, Durst, Schmerz, Fieber, Erbrechen, Durchfall, Burn-Out; auch „schlechtes Gewissen".

keinen Grund „Angst-vor-der-Angst" zu haben. Achten wir sie, ohne uns diktieren zu lassen, was wir zu tun oder zu unterlassen haben. Der Coach und Autor Veit Lindau bringt es in seinem Buch „*Heirate Dich selbst*" auf den Punkt, wenn er schreibt: „*Das Phänomen Angst auf körperlicher Ebene mag unangenehm sein, aber so, wie es kommt, geht es auch wieder. ... Spür Deinen erhöhten Pulsschlag, die schlackernden Knie, die enge Brust und sag innerlich: ‚Ok, da ist es wieder! Wieder einmal stehe ich am Rande einer unbekannten Welt.' Ich weiß, das klingt banal, doch probier es aus. NUR: Wenn wir gegen diese Symptome kämpfen, wird es schlimmer. ... In meinen Augen, gibt es keine Feiglinge, sondern nur Menschen, denen der richtige Grund abhanden gekommen ist, es trotz aller Widerstände zu versuchen. Was ist ein richtiger Grund? Alles, was Dich stark berührt und entflammt. ... Es erinnert Dich an ein Versprechen, das Du Dir selbst gegenüber einlösen musst. Dieses Feuer ist mächtiger als jede Angst.*" [2]

Ja, Herzenswünsche haben ein Schöpfungs-Potenzial. – Widerstände aber auch! [3] Daher ist es alles-entscheidend, Ängste und Widerstände zuzulassen und zu fühlen: absichtsvoll und freien Willens, dürfen sie sich lösen. Sie haben in den Bewusstseins-Übungen dieses Buches sehr praktikable Möglichkeiten kennengelernt.[4] Schön, wenn Sie sie nutzen.

Wir alle leben heute herausfordernde Entwicklungen. Vergessen Sie dennoch nicht: Man darf auch Ernstes mit der rechten Portion Humor und auf spielerische Weise nehmen. Es nimmt ihm nichts von seinem Ernst, verleiht aber die notwendige Leichtigkeit statt Schwere. Schon der Philosoph Seneca wusste: „*Nicht weil es schwer ist, wagen wir es nicht, sondern weil wir es nicht wagen, ist es schwer.*" [5] Es braucht eben nicht nur die angesprochene Erneuerung der Pädagogik, sondern auch eine Erneuerung unseres Umgangs mit dem eigenen Bewusstsein, um von der Natur-gegebenen „Macht-des-Stärkeren-über-das-Schwächere" zu einer Kultur-bestimmenden Veränderung und gelebter „Selbstbestimmtheit" vorzudringen. Haben Sie bloß keine Sorge vor

[2]  V. Lindau: „*Heirate Dich Selbst*", München 2013, S. 185f.
[3]  Siehe Kap. 7, Anm. 21f-23.
[4]  Siehe dazu die Bewusstseins-Übung: „*Ego – Vermeiden*" (Ende Kap. 10). Lies dort auch nochmals über die „Möchte-gern- und Möchte-bloß-nicht-Persönlichkeit".
[5]  Seneca, zitiert in: https://de.wikiquote.org/wiki/Seneca_d.J. (8/2016).

der Möglichkeit eigener Kraft, eigener Macht! Nur: Gehen Sie damit integer um. [6] – *„Ohne Macht, keine Verantwortung!"* Verantwortung meint nicht Verpflichtung! Tun Sie es einfach freien Willens! Nicht um ein „besserer Mensch" zu werden, sondern weil es SO geht – und anders eben nicht. ☺ Dazu will dieses Buch ermutigen.

Einige von uns können auf dieser Welt scheinbar ALLES schaffen. Seien Sie nicht missgünstig: Die wahren Herausforderungen um weiter zu wachsen, liegen für diese Menschen einfach nur gänzlich woanders als bei jenen, die scheinbar weniger schaffen. [7] Es sind Menschen, an denen man spürt, dass sie – noch – „zu-allem-fähig-sind", bloß um Ihres zu erreichen. Ich persönlich fühle mich gut geschützt und nicht „zu-allem-fähig" und weiß aus eigener Erfahrung: Es geht sehr gut auch anders. Ja, das eigene Commitment für sich selbst IST wichtig! Es wird in Zukunft aber mehr und mehr einschließen dürfen. Letztlich auch diesen kleinen, blauen Planeten: Die Menschheit geht diesen Weg. Er fällt zugegeben nicht immer leicht. Gehen Sie es zuversichtlich an! Wohlwollen mit sich selbst und anderen begleite Sie dabei. [8] Es gilt: *Sei achtsam mit der Welt und den Menschen – auch mit Dir!* Miss Dich nicht primär an anderen, sondern lass vielmehr die Freude im Leben Dein Maß sein.

**Wunsch an die Leser von *„In-forma-tion …"***

Weitere Anstöße, um zu tieferem Verständnis „des Lebens" vorzustoßen sowie zu einem achtsameren Umgang mit uns selbst, den Menschen und diesem Planeten, bietet *„In-forma-tion / Band 1 – Evolution vom Standpunkt der Information."*. Es ist mein Plädoyer fürs Leben: Mit spannenden Themen aus Evolution, In-*forma*-tion und Bewusstsein. Primär aus Sicht zeitgenössischer Kosmologie, Medizin und Epigenetik.

Abschließend wünsche ich Ihnen: Leben Sie ein Leben, das sich zu leben lohnt. – *Vertrauen Sie sich: Sie können es fühlen, wenn es so ist.*

Hier nun noch eine letzte Bewusstseins-Übung mit auf Ihren Weg:

---

[6]   Siehe Kap. 9, Bewusstseins-Übung: *„Integrität eigener Stärken"*.
[7]   Siehe Kap. 11, Bewusstseins-Übung: *„Selbstachtung & Mut"*.
[8]   Siehe *„In-forma-tion / Bd.1"*, Kap. 11: Kreative Feldaspekte des Bewusstseins, Bewusstseins-Übung: *„Wohlwollen"*.

## Die Umsetzung

Vielleicht kennst Du den folgenden Witz: *„Ein Chinese reißt die Tür zu seinem Stammlokal auf und ruft seinen bass-erstaunten Freunden begeistert zu: Übellaschung, Übellaschung: rrrrrr!! rrrrrrrrrrrrr!!!"*

Also für mich hat der Witz „etwas". Etwas durchaus Tiefersinniges! Ich gestehe, ich merke mir absolut keine Witze. Diesen aber schon. Tja, warum wohl? Irgendwann dämmerte mir, dass er wohl irgendwie mit mir zu tun haben müsse. ☺ Jedenfalls kam etwas in mir in Resonanz und so konnte ich ihn behalten. Ist es nicht herrlich, auf welch humorvoll-bildhafte Art er veranschaulicht, wo der feine, aber entscheidende Unterschied liegt zwischen: etwas können oder es – dann auch anzuwenden, d.h.: etwas Erworbenes, Erfahrenes, Erkanntes ins tägliche Leben zu integrieren. Wir wissen: Nachhaltig erfolgreich werden bezüglich jeglicher Wandlung, können wir erst dann.

Lass uns mit der abschließenden Bewusstseins-Übung schauen, wo jeder von uns Kennender oder sogar bereits Könnender, ein „Könner" ist, um den letztlich entscheidenden Schritt zu innovativer Umsetzung zu gehen. Frag Dich doch mal: *Was mache ich aus Interesse und echter Freude?* (Bitte ohne jegliches Schielen auf mögliche Erfolge!) Der Erfolg kommt ganz natürlich aus Deiner Begeisterung ins Fließen und ermöglicht auch spielerische Beharrlichkeit. Und: DIESE wirst Du eventuell noch gut brauchen, so Du Dich entscheidest, etwas verändern zu wollen. „Möchten" / „Nicht-Möchten" reicht erfahrungsgemäß leider nicht. Der Wille zur Freude sowie der Wille zur Verantwortung sind hier die entscheidenden Schlüssel! Darin liegt die meines Erachtens einzig nachhaltige Chance.

## Bewusstseins-Übung: *„Übellaschung, Übellaschung"* (auf zur Tat!)

Diese abschließende Übung wird Dich bei der Umsetzung Deiner Core-Values sowie innovativer Ziele, in welchen Bereichen Deines Lebens auch immer, unterstützen. Fokussiere Dich zunächst auf Deine persönlichen Stärken und biographischen Gaben (Jeder Mensch hat sie!!! – Ob Begabungen ganz allgemein, Eigenschaften, Haltungen, Beharrlichkeit, Mut, Fähigkeiten, Humor, Freunde, Geldmittel, etc.). Dann erst vergegenwärtige Dir wieder Deine Ziele ...

**Übungs-Anleitung:**

1.) Beginne stets bei Dir selbst und gehe von Deinen Gaben aus. Schreibe in Tabelle 1 (links) Deine persönlichen Qualitäten, Gaben, Fertigkeiten, die Du von Dir kennst. Fühle absichtsvoll Freude und Dankbarkeit, während Du schreibst. Nichts davon ist selbstverständlich! Jetzt ergänze jene Aspekte, die Du liebend-gern noch entwickeln willst. (rechts).

2.) Formuliere Ziele und Visionen, oder übernimm Deine Herzens-Anliegen (Core-Values) aus der Übung: *„Hänsl & Gretl im Glück"* [9]. Trage sie in Tabelle 2 ein (links). Gehe dann für jedes Ziel Reihe für Reihe vor: Lege Deine nächsten konkreten Schritte fest (mittl. Spalte). Forsche, welche von den in Tabelle 1 angeführten persönlichen Gaben, Qualitäten etc. Dich dabei am besten unterstützen können (re. Spalte).

3.) Bist Du mit einer Reihe fertig, visualisiere Dich mitfühlend in der konkreten Situation des nächsten Schrittes (mit den gewählten Qualitäten begabt) bis Du Dich stimmig und entspannt fühlen kannst. Sollten sich Zweifel oder entgegenstehende Emotionen melden, fühle und anerkenne sie. Entscheide, diesbezügliche Bewertungen absichtsvoll loszulassen.

**Tabelle 1:**

| Ich weiß von mir, dass ich . . . bin: | Mir würde Spaß machen . . . zu sein: |
|---|---|
| Andere sagen mir, dass ich . . . bin: | So zu sein, wäre spannend / herausfordernd: |

**Tabelle 2:**

| Ziele / Visionen / Core-Values: | konkrete Schritte | unterstützende Gabe |
|---|---|---|
| | *(exakte Phantasie)* | (wähle aus Tabelle 1) |

Wie fühlst Du Dich jetzt nach der Übung?
Zu welcher Erkenntnis oder Einsicht bist Du gekommen?

**Bemerke:** In dieser umwälzenden Zeitqualität kann es im Umgang miteinander sowie für eine Erleichterung der Sozialität in Beziehungen hilfreich sein, Folgendes zu achten: *„Lerne nicht nur DEIN Leben mit dem / der anderen zu teilen, sondern DAS Leben."* Ich weiß, das ist für viele von uns die wahre Herausforderung. Nichtsdestotrotz aber entscheidend wichtig, um diesen Weg nicht alleine gehen zu müssen.

---

[9]  Siehe dazu auch *„Jn-forma-tion / Bd. 1"*, Kap. 8: Immunsystem, Bewusstseins-Übung: *„Hänsl & Gretl im Glück"* (Geben & Nehmen) sowie dort: *Core-Values*.

### *augenblicklich-t* [10]

zwischen den zeilen der zeit
kommst du,
sprichst mit mir
die neue sprache –
ich staune, ich fühle,
wie du
geduldig
mein werk betrachtest
und mich schweigend fragst,
welchen weg
zu gehen ich bereit bin:
alle offen,
keiner zu lang,
keiner unwürdig, oder
zu gewaltig.

... wenn die zeit beginnt
still zu stehen
und auf
mein eintreten wartet ...
irgendwo zwischen
omega & alpha.

kp. / 28. märz 2005

---

[10] K. Podirsky: „*sehend hörend sprechend. texte*", Wien 2011, S. 12.

## ... über den Autor:

### Klaus Podirsky

Von seiner Grundausbildung ist Klaus Podirsky Architekt (TU-Wien; Dipl.-Ing.) und Waldorfpädagoge (Uni Krems; MA). Er ist Vater zweier erwachsener Kinder. Der Autor lebt in Wien. Er war fast 20 Jahre als Oberstufenlehrer in den Fachbereichen Physik, Mathematik, Geometrie tätig sowie ein Jahrzehnt als Dozent für Waldorfpädagogik.

Persönliche Entwicklungen führten den Autor später in angewandte Bewusstseins-Forschungen und somit nochmals in Ausbildung. Zuletzt arbeitet er viele Jahre als Sozialpädagoge mit Jugendlichen und im Bereich Potenzial- und Krisen-Coaching mit Erwachsenen. Seit seinen Zwanzigern ist der Autor als freischaffender Künstler (Maler/Lyriker) tätig. Weitere Bücher: *„Fremdkörper Erde"* – der Goldene Schnitt im Sonnensystem (2004); *„Zeiten der Zeitlosigkeit"*, 33 Lebens-Gespräche im Zuge einer Sterbebegleitung (2006); weiter: *„Quantensprung"* und der Lyrikband *„sehend hörend sprechend. texte"* (2011); *„Pädagogische Erziehungsökonomie"* – Ideen für eine Pädagogik der Zukunft (2014). *„Wissenschaft trifft Spiritualität Bd.1 / Bd.2"* (2016; Buchpräsentation: **www.youtube.com/watch**?v=QOg9WfnwaHU&t=410s); *„Der Eisberg des Gender Gap. – Hommage an die Verletzlichkeit des Mannes"* (2021).

Klaus Podirsky ist Gründer des zivilgesellschaftlichen Friedens- und Versöhnungs-Projekts „twogether.wien: Men 4 Women, Women 4 Men, HUMANS 4 HUMANS!" (**www.twogether.wien**).

Der Autor beschreibt sein Lebensanliegen so: *Naturwissenschaft und Spiritualität sind eins! Ich bin Brückenbauer in Sachen Sinn & Selbstwert.*

**www.twogetherwien.com/coaching**          **www.klauspodirsky.at**